Statistiques de l'OCDE sur les assurances 2019

2011-2018

OCDE

DES POLITIQUES MEILLEURES POUR UNE VIE MEILLEURE

Merci de citer cet ouvrage comme suit :
OCDE (2020), *Statistiques de l'OCDE sur les assurances 2019*, Éditions OCDE, Paris, *https://doi.org/10.1787/g2g9fadf-fr*.

ISBN 978-92-64-31316-3 (imprimé)
ISBN 978-92-64-31315-6 (pdf)

Statistiques de l'OCDE sur les assurances
ISSN 2226-5791 (imprimé)
ISSN 2226-5805 (en ligne)

Les corrigenda des publications sont disponibles sur : *www.oecd.org/about/publishing/corrigenda.htm*.

Table des matières

Signes conventionnels et abréviations

Signes conventionnels

c	Donnée confidentielle
..	Non disponible
.	Point décimal
|	Rupture de série

Codes ISO des pays et abréviations monétaires ISO

	Code ISO	Unité monétaire	Abréviation
Australie	AUS	dollar	AUD
Autriche	AUT	euro	EUR
Belgique	BEL	euro	EUR
Canada	CAN	dollar	CAD
Chili	CHL	peso	CLP
République tchèque	CZE	couronne	CZK
Danemark	DNK	couronne	DKK
Estonie	EST	euro	EUR
Finlande	FIN	euro	EUR
France	FRA	euro	EUR
Allemagne	DEU	euro	EUR
Grèce	GRC	euro	EUR
Hongrie	HUN	forint	HUF
Islande	ISL	couronne	ISK
Irlande	IRL	euro	EUR
Israël	ISR	shekel	ILS
Italie	ITA	euro	EUR
Japon	JPN	yen	JPY
Corée	KOR	won	KRW
Lettonie	LVA	euro	EUR
Lithuanie	LTU	euro	EUR
Luxembourg	LUX	euro	EUR
Mexique	MEX	peso	MXN
Pays-Bas	NLD	euro	EUR
Nouvelle-Zélande	NZL	dollar	NZD
Norvège	NOR	couronne	NOK
Pologne	POL	zloty	PLN
Portugal	PRT	euro	EUR
République slovaque	SVK	euro	EUR
Slovénie	SVN	euro	EUR
Espagne	ESP	euro	EUR
Suède	SWE	krona	SEK
Suisse	CHE	franc	CHF
Turquie	TUR	livre	TRY
Royaume-Uni	GBR	livre sterling	GBP
États-Unis	USA	dollar	USD

Définitions communes et notes

Notes sur les sources des données

Toutes les données dans cette publication ont été communiquées par les autorités nationales compétentes en matière d'assurance. En ce qui concerne les tableaux d'indicateurs comparatifs, les données sont surtout tirées des tableaux par pays. Les données sur les taux de change sont extraites de la base de données des Statistiques Financières Internationales du FMI. Les données sur la population sont extraites de la publication du FMI *Perspectives de l'économie mondiale*. Les données sur le PIB proviennent de la base de données OCDE des Comptes nationaux annuels pour les pays de l'OCDE et de la publication du FMI, *Perspectives de l'économie mondiale*, pour tous les autres pays.

Pour plus de clarté, le nombre de variables choisies et présentées dans cette publication a été limité. Les données ont été extraites de la base de données des statistiques des assurances au niveau mondial. La base de données complète peut être consultée en ligne en utilisant le lien suivant :

Statistiques des assurances de l'OCDE, *http://dx.doi.org/10.1787/ins-data-fr*.

Un effort important a été fait pour assurer la comparabilité entre les pays. Les définitions, classifications, méthodes de calcul, et unités ont été normalisées autant que possible.

Notes générales

a) Les catégories vie et non-vie correspondent aux définitions utilisées dans la législation nationale. Cependant, les primes pour les contrats d'assurance maladie et accidents conclus par les entreprises d'assurance-vie doivent être incluses dans les chiffres sur l'activité non-vie.

b) Jusqu'en 2008, les activités dans le secteur de l'assurance sont ventilées entre les opérations vie et non-vie. À partir de 2009, les activités sont décomposées entre les opérations des entreprises d'assurance-vie, celles des entreprises d'assurance non-vie et celles des entreprises mixtes. Les activités des entreprises mixtes sont ensuite subdivisées entre les opérations vie et non-vie. Certains pays n'autorisent pas les entreprises d'assurance à exercer à la fois des activités vie et non-vie et, par conséquent, il n'existe pas d'entreprises mixtes dans ces pays. Cependant, dans d'autres pays (comme l'Autriche, la Hongrie, le Mexique et l'Espagne), les entreprises mixtes représentent plus de 25% de l'ensemble des entreprises d'assurance opérant dans ces pays. Aussi, pour disposer au fil des ans de données comparables sur les opérations vie (respectivement non-vie), il faut additionner à partir de 2009 les opérations vie (respectivement non-vie) des entreprises d'assurance-vie (respectivement non-vie) et les opérations vie (respectivement non-vie) des entreprises mixtes.

c) Les chiffres fournis sur le nombre d'entreprises et les primes d'assurance doivent prendre en compte toutes les entreprises d'assurance agréées ou autorisées dans le pays déclarant, *y compris* les réassureurs professionnels, qu'ils soient ou non contrôlés, mais *à l'exclusion* de tout système réglementaire de sécurité sociale administré par l'État.

d) Les entreprises nationales signifient les entreprises constituées en sociétés en vertu du droit national, ainsi que les entreprises dans le pays déclarant qui ne sont pas constituées en sociétés, mais à l'exclusion des succursales et agences d'entreprises étrangères.

e) Les *entreprises sous contrôle étranger* signifient les entreprises nationales contrôlées par des intérêts étrangers, ce « contrôle » étant défini en fonction de la législation nationale (voir la définition des entreprises sous contrôle étranger dans les remarques par pays). Les données concernant les *entreprises sous contrôle étranger* sont intégrées dans celles sur les *entreprises nationales*.

f) Les *entreprises étrangères* signifient les entreprises constituées en sociétés en dehors du pays déclarant.

En 2016, un nouveau cadre de supervision pour les compagnies d'assurance et de réassurance a été mis en place dans l'Union Européenne (UE) et dans l'Espace Économique Européen (EEE). Ce cadre comprend des exigences de déclaration harmonisées entre les pays de l'UE/EEE. Ces exigences ont conduit à des changements dans la collecte des données nationales, ce qui peut limiter la comparabilité des données avec celles collectées avant 2016 pour certains pays qui collectent uniquement des données dans le cadre de Solvabilité II.

Comparaisons internationales

Voir les métadonnées détaillées : *http://metalinks.oecd.org/ins/20190221/2c3c*.

Tableaux et notes méthodologiques par pays

Dans cette partie, les principales statistiques des assurances sont présentées par l'intermédiaire de tableaux distincts par pays membre de l'OCDE. Les chiffres correspondent à l'année civile. Les primes et autres montants sont donnés en millions dans la monnaie nationale.

Comparaisons internationales

Tableau 1. Bilan et ressource, assurance directe (Toutes compagnies d'assurance)

2018

Millions de dollars des États-Unis

	Paiements bruts des sinistres	Dépenses brutes d'exploitation	Commissions	Provision, dommages exceptionnels (changements)	Actifs totaux	Provisions techniques brutes	Provisions techniques brutes, unit-linked	Capitaux propres	Revenu net
Argentina	9 516	4 084	2 528	2 941	20 846	5 674	..	4 578	1 864
Australie	55 957	10 685	3 143	..	221 170	53 615	..	29 114	3 000
Autriche	17 146	1 081	3 792	487	144 798	105 110	20 367	11 820	..
Belgique	28 963	3 246	3 121	128	326 815	278 930	41 208	15 100	2 829
Bolivie	283	212	49	..	1 063	487	..	1 567	36
Brésil	12 973	13 569	6 168	631	282 620	198 348	167 796	21 777	5 317
Canada	41 762	19 101	10 705	1 916	1 181 358	462 098	..	92 124	10 280
Chili	8 622	2 042	1 125	2 191	67 002	57 887	5 685	6 402	790
Colombie	283	212	49	..	1 063	487	..	1 567	36
Costa Rica	676	285	219	-33	3 951	1 440	0	1 667	125
Cuba	..	..	..	..	..	..	..	..	..
République tchèque	4 173	2 203	399	99	21 883	14 699	3 926	3 940	641
Danemark	27 732	2 603	315	8 093	497 500	407 749	171 435	29 202	-227
République dominicaine	607	375	127	..	1 431	..	..	400	81
Équateur	784	..	..	..	..	..	..	..	..
Égypte	838	..	..	..	..	..	..	..	..
El Salvador	321	128	85	94	893	223	..	397	38
Estonie	509	222	..	..	2 179	1 310	546	528	97
Finlande	8 467	1 305	319	52	80 464	71 846	41 527	6 401	1 083
France	279 259	54 245	..	-18 307	3 102 905	2 473 624	389 067	..	..
Allemagne	187 607	18 058	22 540	7 898	1 851 278	1 682 893	118 451	68 630	3 197
Grèce	2 322	1 290	..	..	19 534	14 417	2 758	3 767	..
Guatemala	507	290	152	..	1 376	629	..	502	118
Honduras	176	63	60	87	554	214	..	132	921
Hong-Kong, Chine	2 854	640	871	..	..	..	..	..	..
Hongrie	2 236	945	582	66	9 666	7 956	4 081	1 080	267
Inde	..	..	..	..	..	..	..	..	..
Indonesie	..	..	..	..	..	..	..	..	..
Islande	492	124	..	..	1 322	727	53	473	61
Irlande	33 994	1 238	3 652	0	346 296	301 836	237 079	27 971	..
Israël[1]	10 797	3 906	2 214	624	144 525	126 563	86 248	7 065	381
Italie	114 227	16 285	12 838	-383	993 100	857 424	155 646	74 889	4 931
Japon	313 425	72 428	11 921	18 518	3 774 580	2 972 432	..	141 537	21 723
Corée	102 708	48 406	..	..	1 021 484	730 449	90 415	97 578	6 455
Lettonie	479	146	77	120	949	690	64	185	15
Lithuanie	381	201	14	-22	1 770	1 277	556	360	53
Luxembourg	18 297	2 790	1 621	716	225 900	212 166	142 873	6 645	421
Malaysie	9 490	2 559	1 393	63	71 332	58 685	11 093	8 399	1 665
Mexique	14 222	1 807	3 922	5 771	78 140	60 316	..	10 831	2 531
Maroc	..	..	..	..	..	..	..	..	..
Pays-Bas	87 392	9 535	..	-384	533 928	428 165	98 051	67 644	4 880
Nouvelle-Zélande	..	..	..	..	..	..	..	..	..
Nicaragua	98	25	20	33	372	157	..	135	33
Norvège	14 016	2 975	487	-183	204 096	171 863	36 363	20 749	1 856
Panama	..	..	..	..	..	..	..	..	..
Paraguay	..	..	..	..	..	..	..	..	..
Pérou	2 110	1 115	580	128	14 484	10 759	..	2 134	320
Pologne	11 743	5 474	548	2 408	51 021	28 163	11 460	17 537	1 828
Portugal	11 718	1 907	828	65	60 633	32 859	13 610	4 833	473
Porto Rico	..	..	..	..	..	..	..	..	..
Russie	8 337	6 842	4 435	4 263	42 016	26 358	..	9 749	2 630
Singapour	..	..	..	..	..	..	..	..	..
République slovaque	..	..	..	..	..	..	..	..	..
Slovénie	1 790	557	133	-51	8 128	5 616	1 236	1 608	157
Afrique du Sud	..	..	..	..	..	..	..	..	..
Espagne	53 724	11 086	6 715	527	353 958	255 380	17 519	46 156	5 242
Sri Lanka	561	340	116	87	3 286	773	10	1 009	314
Suède	17 798	3 836	1 085	32 841	516 908	209 870	153 340	120 183	1 155
Suisse	56 924	4 800	5 090	-507	483 050	355 456	..	52 147	7 460
Thaïlande	..	..	..	..	..	..	..	..	..
Tunisie	445	..	..	..	..	..	..	..	..
Turquie	5 546	2 008	1 572	953	33 144	13 337	..	4 084	1 121
Royaume-Uni	448 352	52 134	..	30 713	2 917 083	2 468 099	1 515 378	205 847	..
États-Unis	1 434 074	414 609	140 970	67 309	6 603 672	1 175 367	..	1 382 623	131 833
Uruguay	..	..	..	..	..	..	..	..	..

.. Non disponible

Note : Voir les métadonnées détaillées sur : *http://metalinks.oecd.org/ins/20200312/52bc*.

1. Informations sur les données concernant Israël : *http://oe.cd/israel-disclaimer*.

Source : Bilan et ressource, Statistiques de l'OCDE sur les assurances (base de données)

COMPARAISONS INTERNATIONALES

Tableau 2. Bilan et ressource, assurance directe (Compagnies d'assurance-vie)

2018

Millions de dollars des États-Unis

	Paiements bruts des sinistres	Dépenses brutes d'exploitation	Commissions	Provision, dommages exceptionnels (changements)	Actifs totaux	Provisions techniques brutes	Provisions techniques brutes, unit-linked	Capitaux propres	Revenu net
Argentina	304	153	27	5	3 182	2 636	..	356	214
Australie	32 005	5 038	1 795	..	143 235	..	..	12 766	780
Autriche	1 101	44	87	0	12 076	10 194	3 670	427	..
Belgique	863	72	76	8	13 643	11 654	1 282	993	47
Bolivie	125	93	22	..	659	408	..	618	13
Brésil	622	1 863	468	-2	144 965	110 969	108 295	3 066	610
Canada	4	27	0	0	2 553	397	..	64	2
Chili	6 388	1 210	562	2 197	60 413	53 019	5 685	5 170	644
Colombie	125	93	22	..	659	408	..	618	13
Costa Rica	..	..	..	..	..	..	..	..	..
Cuba	..	..	..	..	..	..	..	..	..
République tchèque	270	103	2	0	2 070	1 892	893	98	33
Danemark	20 404	814	64	7 645	471 391	393 149	171 435	21 238	-1 101
République dominicaine	64	45	2	..	..	..	..	..	..
Équateur	89	..	..	..	..	..	..	..	..
Égypte	431	..	..	..	..	..	..	..	..
El Salvador	154	57	35	55	312	107	..	100	12
Estonie	.. c	.. c	..	..	.. c	.. c	.. c	.. c	.. c
Finlande	5 470	424	137	109	64 812	60 803	41 527	2 726	781
France	158 174	19 338	..	-19 454	488 097	421 297	73 131	..	..
Allemagne	83 696	4 607	5 938	434	1 240 773	1 162 439	118 400	19 695	1 067
Grèce	195	46	..	..	3 425	3 001	140	326	..
Guatemala	..	..	..	..	..	..	..	..	..
Honduras	..	3	1	4	15	73	..	3	55
Hong-Kong, Chine	..	..	..	..	..	..	..	..	..
Hongrie	581	121	56	-6	2 993	2 671	1 178	223	25
Inde	..	..	..	..	..	..	..	..	..
Indonesie	..	..	..	..	..	..	..	..	..
Islande	16	13	..	..	159	65	53	56	15
Irlande	27 403	495	2 002	..	293 871	270 292	237 079	14 540	..
Israël[1]	..	..	..	..	..	..	..	..	..
Italie	24 919	1 090	705	297	261 504	246 975	85 608	8 631	-11
Japon	257 147	43 587	..	18 219	3 496 164	2 972 432	..	100 200	15 601
Corée	71 391	33 921	..	..	766 656	542 070	90 415	66 181	3 664
Lettonie	0	0	0	0	0	0	..	..	..
Lithuanie	39	19	0	0	320	282	240	34	13
Luxembourg	15 703	1 482	798	80	209 041	201 278	142 873	3 629	256
Malaysie	6 701	1 487	1 062	..	62 154	53 731	11 093	3 432	962
Mexique	949	77	100	77	17 487	15 750	..	1 479	263
Maroc	..	..	..	..	..	..	..	..	..
Pays-Bas	23 771	2 172	..	-477	456 702	383 280	98 051	40 888	3 874
Nouvelle-Zélande	..	..	..	..	..	..	..	..	..
Nicaragua	..	..	..	..	..	..	..	..	..
Norvège	7 278	977	91	..	177 324	158 611	36 363	12 200	1 119
Panama	..	..	..	..	..	..	..	..	..
Paraguay	..	..	..	..	..	..	..	..	..
Pérou	286	116	31	15	1 807	1 397	..	277	22
Pologne	5 925	1 577	37	2 406	25 226	16 340	11 460	7 216	678
Portugal	3 904	330	105	39	32 236	16 116	13 459	1 474	75
Porto Rico	..	..	..	..	..	..	..	..	..
Russie	1 226	1 776	1 452	27	15 071	13 110	..	1 245	482
Singapour	..	..	..	..	..	..	..	..	..
République slovaque	..	..	..	..	..	..	..	..	..
Slovénie	..	..	..	..	..	..	..	..	..
Afrique du Sud	..	..	..	..	..	..	..	..	..
Espagne	3 656	572	345	49	31 166	24 404	3 951	2 815	414
Sri Lanka	120	144	58	1	1 525	358	10	412	239
Suède	8 908	1 737	405	4 243	446 450	173 856	153 340	105 441	297
Suisse	33 602	1 145	849	-107	333 795	289 506	..	14 807	1 378
Thaïlande	..	..	..	..	..	..	..	..	..
Tunisie	33	..	..	..	..	..	..	..	..
Turquie	748	613	414	31	21 601	2 028	..	1 426	569
Royaume-Uni	351 870	11 978	..	25 090	2 090 532	1 834 313	1 375 357	83 804	..
États-Unis	385 960	74 099	51 212	43 085	4 328 971	18 139	..	448 858	43 784
Uruguay	..	..	..	..	..	..	..	..	..

.. Non disponible ; c Donnée confidentielle

Note : Voir les métadonnées détaillées sur : *http://metalinks.oecd.org/ins/20200312/52bc.*

1. Informations sur les données concernant Israël : *http://oe.cd/israel-disclaimer.*

Source : Bilan et ressource, Statistiques de l'OCDE sur les assurances (base de données)

Tableau 3. Bilan et ressource, assurance directe (Compagnies d'assurance non-vie)

2018

Millions de dollars des États-Unis

	Paiements bruts des sinistres	Dépenses brutes d'exploitation	Commissions	Provision, dommages exceptionnels (changements)	Actifs totaux	Provisions techniques brutes	Provisions techniques brutes, unit-linked	Capitaux propres	Revenu net
Argentina	4 391	1 050	561	1 481	6 434	522	..	1 213	356
Australie	23 952	5 647	1 348	..	77 935	53 615	..	16 348	2 220
Autriche	2 227	162	894	165	16 263	4 668	0	5 056	..
Belgique	1 756	451	473	-19	13 346	8 117	..	2 608	226
Bolivie	158	120	27	..	404	79	..	949	22
Brésil	2 291	1 596	799	81	7 134	4 438	0	1 409	181
Canada	27 816	4 050	6 590	1 459	106 787	20 493	..	18 066	1 625
Chili	2 235	832	563	-6	6 589	4 867	..	1 232	147
Colombie	158	120	27	..	404	79	..	949	22
Costa Rica	31	14	12	3	89	51	0	26	-1
Cuba	..	..	..	..	..	..	..	..	..
République tchèque	185	202	34	14	635	308	..	192	30
Danemark	7 328	1 789	252	448	26 109	14 601	0	7 964	874
République dominicaine	544	330	126	..	..	..	..	..	..
Équateur	144	..	..	..	..	..	..	..	..
Égypte	407	..	..	..	..	..	..	..	..
El Salvador	52	30	20	13	212	37	..	118	5
Estonie	372	181	..	..	958	434	0	416	65
Finlande	2 997	881	182	-57	15 652	11 044	0	3 674	302
France	121 086	34 907	..	1 148	337 544	152 782	..	..	..
Allemagne	103 911	13 451	16 602	7 464	610 504	520 455	52	48 936	2 130
Grèce	314	286	..	..	1 992	1 074	0	716	..
Guatemala	6	15	5	..	148	31	..	79	14
Honduras	..	3	2	10	22	2	..	4	30
Hong-Kong, Chine	2 854	640	871	..	..	..	..	..	..
Hongrie	126	71	54	18	424	186	0	164	28
Inde	..	..	..	..	..	..	..	..	..
Indonesie	..	..	..	..	..	..	..	..	..
Islande	476	111	..	..	1 162	662	0	416	46
Irlande	5 879	743	1 488	..	52 425	31 544	0	13 431	..
Israël[1]	610	9	100	121	4 229	3 093	0	510	67
Italie	6 483	3 304	2 598	-22	26 282	16 262	0	6 960	533
Japon	56 278	28 841	11 921	299	278 416	..	..	35 334	6 122
Corée	31 317	14 485	..	..	254 828	188 378	..	31 397	2 791
Lettonie	372	140	76	120	730	494	..	162	19
Lithuanie	283	155	13	-23	749	426	0	205	31
Luxembourg	2 594	1 308	824	636	16 859	10 888	0	3 016	165
Malaysie	2 789	1 073	332	63	9 177	4 954	..	4 967	702
Mexique	1 707	429	574	1 506	8 005	4 714	..	1 781	260
Maroc	..	..	..	..	..	..	..	..	..
Pays-Bas	63 620	7 363	..	93	77 227	44 885	..	26 756	1 006
Nouvelle-Zélande	..	..	..	..	..	..	..	..	..
Nicaragua	..	..	..	..	..	..	..	..	..
Norvège	6 738	1 998	396	-183	26 772	13 251	..	8 550	737
Panama	..	..	..	..	..	..	..	..	..
Paraguay	..	..	..	..	..	..	..	..	..
Pérou	298	216	103	5	1 179	499	..	314	36
Pologne	5 817	3 896	511	2	25 795	11 823	0	10 321	1 150
Portugal	1 807	606	306	26	4 055	1 302	0	294	4
Porto Rico	..	..	..	..	..	..	..	..	..
Russie	6 394	4 650	2 748	4 043	24 525	12 322	..	7 472	1 848
Singapour	..	..	..	..	..	..	..	..	..
République slovaque	..	..	..	..	..	..	..	..	..
Slovénie	473	63	10	3	314	103	0	168	3
Afrique du Sud	..	..	..	..	..	..	..	..	..
Espagne	11 458	3 620	1 856	103	29 258	14 096	0	9 122	1 118
Sri Lanka	318	135	39	30	642	306	..	256	39
Suède	8 890	2 100	680	28 598	70 457	36 014	..	14 742	859
Suisse	23 322	3 655	4 241	-400	149 255	65 950	..	37 340	6 082
Thaïlande	..	..	..	..	..	..	..	..	..
Tunisie	84	..	..	..	..	..	..	..	..
Turquie	4 799	1 394	1 157	923	11 544	11 309	..	2 658	552
Royaume-Uni	30 035	17 412	..	167	140 474	84 682	..	34 918	..
États-Unis	1 048 114	340 510	89 758	24 224	2 274 701	1 157 228	..	933 765	88 049
Uruguay	..	..	..	..	..	..	..	..	..

.. Non disponible

Note : Voir les métadonnées détaillées sur : *http://metalinks.oecd.org/ins/20200312/52bc.*

1. Informations sur les données concernant Israël : *http://oe.cd/israel-disclaimer.*

Source : Bilan et ressource, Statistiques de l'OCDE sur les assurances (base de données)

Tableau 4. Allocation de portefeuille, assurance directe (Toutes compagnies d'assurance)

2018

Millions de dollars des États-Unis

	Numéraires et dépôts	Immobilier	Actions	Bons et obligations	Emprunts	Fonds communs de placement	Fonds de capital-investissement	Fonds spéculatifs	Produits structurés	Placements en unités de compte	Total des investissements
Argentina	264	229	1 021	8 602	47	4 064	0	0	0	0	16 330
Australie	7 324	3 489	5 973	47 020	2 115	7 527	..	..	..	95 979	169 914
Autriche	4 711	9 727	16 546	56 339	4 654	24 005	108	..	1 386	21 017	138 560
Belgique	8 277	10 033	17 822	217 402	35 738	13 354	983	..	1 427	40 981	346 637
Bolivie	18	132	9	408	27	0	46	0	0	0	655
Brésil	317	337	672	19 878	112	21 124	6 413	392	0	205 343	254 631
Canada	18 274	17 531	34 389	378 283	63 625	16 949	..	..	..	..	566 231
Chili	1 949	8 867	681	33 022	7 528	3 855	0	0	0	5 720	61 530
Colombie	18	132	9	408	27	0	46	0	0	0	655
Costa Rica	96	54	139	2 439	358	58	0	0	0	0	3 145
Cuba	..	..	..	..	..	..	..	..	..	..	..
République tchèque	..	..	..	..	..	..	..	..	..	..	..
Danemark	13 490	1 857	129 010	114 985	5 509	22 611	..	..	..	177 673	497 500
République dominicaine	461	93	12	99	1	..	..	..	..	..	695
Équateur	..	..	..	..	..	..	..	..	..	..	..
Égypte	..	..	..	..	..	..	..	..	..	..	..
El Salvador	79	7	52	361	36	..	..	..	..	..	674
Estonie	323	0	2	1 021	9	85	0	0	6	616	2 064
Finlande	3 608	1 442	3 545	17 897	2 005	6 073	..	..	..	41 506	77 842
France	62 020	39 161	225 245	1 609 764	..	443 183	..	..	..	399 401	2 886 616
Allemagne	14 290	33 722	138 388	878 742	108 106	616 816	4 360	..	..	117 576	1 934 263
Grèce	1 036	700	143	11 359	139	1 383	0	0	1	2 677	17 858
Guatemala	222	45	17	536	6	..	..	..	..	..	933
Honduras	32	6	..	172	24	..	..	..	..	..	234
Hong-Kong, Chine	..	..	..	..	..	..	..	..	..	..	..
Hongrie	235	92	60	4 350	23	387	..	..	..	4 108	9 449
Inde	..	..	..	..	..	..	..	..	..	..	..
Indonesie	4 358	1 139	3 041	7 367	14	7 176	..	..	..	17 082	40 362
Islande	56	15	292	468	24	203	..	..	..	52	1 110
Irlande	..	..	..	..	..	..	..	..	..	..	..
Israël[1]	3 444	1 818	1 424	27 219	5 299	1 984	1 491	135	129	86 006	131 065
Italie	10 184	6 312	70 197	554 851	6 772	..	..	..	..	155 930	924 288
Japon	..	..	..	..	..	..	..	..	..	..	..
Corée	20 177	16 652	34 211	378 040	184 476	..	..	..	..	91 407	974 882
Lettonie	94	15	8	502	8	75	0	2	0	66	773
Lithuanie	70	7	12	728	11	108	0	0	6	556	1 521
Luxembourg	19 016	217	19 523	43 026	98	50 739	..	..	..	32 380	220 590
Malaysie	4 473	1 225	10 698	35 723	2 983	..	..	..	..	11 879	71 255
Mexique	325	891	905	47 273	1 545	7 976	0	..	..	..	62 955
Maroc	..	..	..	..	..	..	..	..	..	..	..
Pays-Bas	14 782	7 460	10 934	193 673	93 804	26 501	..	..	8 708	87 086	475 194
Nouvelle-Zélande	..	..	..	..	..	..	..	..	..	..	..
Nicaragua	124	9	3	96	10	..	..	..	..	..	259
Norvège	1 719	14 162	10 092	76 514	16 729	35 646	..	..	..	36 592	193 921
Panama	..	..	..	..	..	..	..	..	..	..	..
Paraguay	..	..	..	..	..	..	..	..	..	..	..
Pérou	513	838	490	7 857	4	221	5	0	0	1 444	12 120
Pologne	1 639	499	7 180	20 822	954	4 452	26	7	12	12 485	48 001
Portugal	3 643	521	3 029	31 962	87	2 224	109	23	215	13 665	55 525
Porto Rico	..	..	..	..	..	..	..	..	..	..	..
Russie	11 790	1 090	2 993	19 885	258	163	..	..	..	..	47 795
Singapour	..	..	..	..	..	..	..	..	..	..	..
République slovaque	..	..	..	..	..	..	..	..	..	..	..
Slovénie	214	277	673	4 298	94	341	..	..	15	1 704	7 623
Afrique du Sud	..	..	..	..	..	..	..	..	..	..	..
Espagne	22 473	12 724	16 650	242 326	3 141	12 794	593	447	6 015	20 163	330 231
Sri Lanka	274	78	779	993	133	9	..	..	..	..	2 417
Suède	10 764	11 892	128 831	144 111	10 377	59 286	..	..	..	128 388	511 935
Suisse	25 198	50 754	19 512	204 402	55 904	20 004	3 049	3 611	260	18 305	457 035
Thaïlande	..	..	..	..	..	..	..	..	..	..	..
Tunisie	..	..	..	..	..	..	..	..	..	..	..
Turquie	7 182	94	424	3 387	40	177	..	..	..	872	12 175
Royaume-Uni	338 090	22 563	88 368	1 447 584	231 233	187 101	1 681	6 587	674	5 944 610	9 987 138
États-Unis	..	..	..	..	..	..	..	..	..	..	..
Uruguay	..	..	..	..	..	..	..	..	..	..	..

.. Non disponible

Note : Voir les métadonnées détaillées sur : *http://metalinks.oecd.org/ins/20200312/d1f2.*

1. Informations sur les données concernant Israël : *http://oe.cd/israel-disclaimer.*

Source : Encours des placements des entreprises d'assurance directe, Statistiques de l'OCDE sur les assurances (base de données)

Tableau 5. Allocation de portefeuille, assurance directe (Compagnies d'assurance-vie)

2018

Millions de dollars des États-Unis

	Numéraires et dépôts	Immobilier	Actions	Bons et obligations	Emprunts	Fonds communs de placement	Fonds de capital-investissement	Fonds spéculatifs	Produits structurés	Placements en unités de compte	Total des investissements
Argentina	7	32	20	2 024	5	726	0	0	0	0	3 082
Australie	4 225	3 415	4 930	18 947	564	..	..	..	..	95 979	128 232
Autriche	74	10	93	3 190	189	4 560	5	..	67	3 695	11 883
Belgique	745	301	540	6 753	2 241	1 650	16	..	415	1 284	14 165
Bolivie	11	105	5	284	27	0	36	0	0	0	479
Brésil	75	27	12	4 458	76	5 686	127	184	0	131 545	142 190
Canada	26	0	11	493	1	..	..	..	..	..	531
Chili	1 410	8 806	672	31 641	7 518	3 742	0	0	0	5 720	59 360
Colombie	11	105	5	284	27	0	36	0	0	0	479
Costa Rica	..	..	..	..	..	..	..	..	..	..	..
Cuba	..	..	..	..	..	..	..	..	..	..	..
République tchèque	..	..	..	..	..	..	..	..	..	..	..
Danemark	10 478	1 506	124 452	100 313	5 052	21 183	..	..	..	177 673	471 391
République dominicaine	..	..	..	..	..	..	..	..	..	..	..
Équateur	..	..	..	..	..	..	..	..	..	..	..
Égypte	..	..	..	..	..	..	..	..	..	..	..
El Salvador	29	6	0	150	4	..	..	..	..	..	290
Estonie	.. c	..	.. c	.. c	.. c	.. c	..	..	..	.. c	.. c
Finlande	2 156	808	1 903	13 437	1 150	3 079	..	..	..	41 506	64 113
France	8 867	8 489	28 869	266 419	..	59 465	..	..	..	74 553	463 377
Allemagne	5 545	21 789	55 871	560 979	90 611	427 372	2 360	..	..	117 525	1 298 893
Grèce	162	1	55	2 920	0	8	0	0	0	139	3 367
Guatemala	..	..	..	..	..	..	..	..	..	..	..
Honduras	..	..	..	..	..	..	..	..	..	..	..
Hong-Kong, Chine	..	..	..	..	..	..	..	..	..	..	..
Hongrie	64	6	14	1 576	4	132	..	..	..	1 191	3 006
Inde	..	..	..	..	..	..	..	..	..	..	..
Indonesie	2 175	1 071	2 288	6 082	11	6 026	..	..	..	17 082	34 888
Islande	6	0	3	66	0	13	..	..	..	52	140
Irlande	..	..	..	..	..	..	..	..	..	..	..
Israël[1]	..	..	..	..	..	..	..	..	..	..	..
Italie	1 875	311	5 491	139 321	64	..	..	..	..	85 708	250 687
Japon	81 094	54 058	242 957	2 399 703	287 402	..	..	..	..	..	3 428 786
Corée	13 995	11 462	28 897	300 119	123 261	..	..	..	..	91 407	743 126
Lettonie	..	..	..	..	..	..	..	..	..	..	..
Lithuanie	13	0	0	59	0	2	0	0	0	240	315
Luxembourg	17 864	56	19 052	37 195	98	50 193	..	..	..	32 380	207 585
Malaysie	2 253	1 091	7 916	33 062	2 972	..	..	..	..	11 879	62 154
Mexique	12	18	6	16 437	193	46	0	..	..	..	17 244
Maroc	..	..	..	..	..	..	..	..	..	..	..
Pays-Bas	10 856	6 925	7 801	164 922	90 286	15 869	..	..	8 089	87 086	418 334
Nouvelle-Zélande	..	..	..	..	..	..	..	..	..	..	..
Nicaragua	..	..	..	..	..	..	..	..	..	..	..
Norvège	909	13 606	8 053	66 346	16 344	32 187	..	..	..	36 592	176 181
Panama	..	..	..	..	..	..	..	..	..	..	..
Paraguay	..	..	..	..	..	..	..	..	..	..	..
Pérou	55	151	71	1 054	1	26	0	0	0	198	1 578
Pologne	622	108	587	8 776	335	1 937	0	0	6	12 485	24 853
Portugal	604	167	151	15 537	42	966	27	0	48	13 547	31 088
Porto Rico	..	..	..	..	..	..	..	..	..	..	..
Russie	3 318	116	196	12 478	6	25	..	..	..	..	17 121
Singapour	..	..	..	..	..	..	..	..	..	..	..
République slovaque	..	..	..	..	..	..	..	..	..	..	..
Slovénie	..	..	..	..	..	..	..	..	..	..	..
Afrique du Sud	..	..	..	..	..	..	..	..	..	..	..
Espagne	1 337	310	504	20 938	432	668	122	25	1 038	3 929	29 331
Sri Lanka	190	65	773	743	131	9	..	..	..	19	2 036
Suède	8 561	9 265	111 589	121 450	8 390	49 719	..	..	..	125 491	450 427
Suisse	14 788	43 038	14 273	161 510	43 902	10 937	2 052	2 278	202	18 295	323 847
Thaïlande	..	..	..	..	..	..	..	..	..	..	..
Tunisie	..	..	..	..	..	..	..	..	..	..	..
Turquie	1 761	47	37	1 050	40	29	..	..	..	872	3 836
Royaume-Uni	14 315	4 310	35 249	641 491	188 139	92 522	553	3 238	605	5 537 745	7 286 689
États-Unis	94 740	20 649	147 900	3 012 831	649 544	..	..	24 395	2 796	..	4 161 392
Uruguay	..	..	..	..	..	..	..	..	..	..	..

.. Non disponible ; c Donnée confidentielle

Note : Voir les métadonnées détaillées sur : *http://metalinks.oecd.org/ins/20200312/d1f2.*

1. Informations sur les données concernant Israël : *http://oe.cd/israel-disclaimer.*

Source : Encours des placements des entreprises d'assurance directe, Statistiques de l'OCDE sur les assurances (base de données)

Tableau 6. Allocation de portefeuille, assurance directe (Compagnies d'assurance non-vie)

2018

Millions de dollars des États-Unis

	Numéraires et dépôts	Immobilier	Actions	Bons et obligations	Emprunts	Fonds communs de placement	Fonds de capital-investissement	Fonds spéculatifs	Produits structurés	Placements en unités de compte	Total des investissements
Argentina	80	55	102	2 710	3	1 457	0	0	0	0	5 299
Australie	3 099	74	1 043	28 073	1 551	7 527	..	..	..	..	41 681
Autriche	1 561	729	8 729	1 543	266	2 188	0	..	5	0	15 020
Belgique	828	326	1 281	6 287	312	1 085	1	..	47	..	10 198
Bolivie	8	27	4	124	0	0	10	0	0	0	176
Brésil	66	6	15	1 920	0	1 273	2	29	0	0	3 312
Canada	2 782	221	4 783	40 628	464	16 949	..	..	..	..	68 571
Chili	540	61	9	1 382	10	113	0	0	0	0	2 170
Colombie	8	27	4	124	0	0	10	0	0	0	176
Costa Rica	15	0	0	33	17	0	0	0	0	0	65
Cuba	..	..	..	..	..	..	..	..	..	..	..
République tchèque	..	..	..	..	..	..	..	..	..	..	..
Danemark	3 012	350	4 558	14 672	457	1 428	..	..	..	0	26 109
République dominicaine	..	..	..	..	..	..	..	..	..	..	..
Équateur	..	..	..	..	..	..	..	..	..	..	..
Égypte	..	..	..	..	..	..	..	..	..	..	..
El Salvador	18	0	52	52	0	..	..	..	..	..	160
Estonie	254	0	1	561	2	24	0	0	6	0	851
Finlande	1 452	633	1 642	4 461	855	2 994	..	..	..	..	13 729
France	15 746	7 140	72 901	123 142	..	50 339	..	..	..	0	279 250
Allemagne	8 745	11 933	82 518	317 763	17 495	189 444	2 000	..	..	52	635 369
Grèce	220	164	26	1 048	1	228	0	0	0	0	1 732
Guatemala	38	3	0	68	3	0	0	0	0	0	130
Honduras	..	..	..	..	..	..	..	..	..	..	..
Hong-Kong, Chine	..	..	..	..	..	..	..	..	..	..	..
Hongrie	38	3	0	293	0	12	..	..	..	0	360
Inde	..	..	..	..	..	..	..	..	..	..	..
Indonesie	2 183	69	753	1 284	3	1 150	..	..	..	..	5 474
Islande	50	15	289	402	24	190	..	..	..	0	970
Irlande	..	..	..	..	..	..	..	..	..	..	..
Israël[1]	358	54	87	1 608	199	805	51	8	6	0	3 200
Italie	798	561	2 164	14 276	27	..	..	..	..	0	19 786
Japon	17 835	7 723	59 071	67 377	12 943	..	..	..	..	..	248 906
Corée	6 181	5 190	5 314	77 021	61 216	..	..	..	..	0	231 756
Lettonie	87	15	8	411	8	22	0	0	0	0	553
Lithuanie	37	7	4	389	4	61	0	0	0	0	523
Luxembourg	1 152	160	471	5 831	0	546	..	..	..	0	13 005
Malaysie	2 220	133	2 783	2 661	11	..	..	..	..	..	9 101
Mexique	106	190	102	2 812	31	244	0	..	..	..	3 876
Maroc	..	..	..	..	..	..	..	..	..	..	..
Pays-Bas	3 926	535	3 133	28 751	3 519	10 632	..	..	618	..	56 861
Nouvelle-Zélande	..	..	..	..	..	..	..	..	..	..	..
Nicaragua	..	..	..	..	..	..	..	..	..	..	..
Norvège	810	556	2 039	10 167	384	3 459	..	..	..	..	17 740
Panama	..	..	..	..	..	..	..	..	..	..	..
Paraguay	..	..	..	..	..	..	..	..	..	..	..
Pérou	78	65	101	187	0	28	0	0	0	0	619
Pologne	1 017	391	6 593	12 046	619	2 515	26	7	7	0	23 148
Portugal	222	109	44	2 479	7	214	2	20	18	0	3 115
Porto Rico	..	..	..	..	..	..	..	..	..	..	..
Russie	7 263	882	2 247	5 577	194	38	..	..	..	..	25 833
Singapour	..	..	..	..	..	..	..	..	..	..	..
République slovaque	..	..	..	..	..	..	..	..	..	..	..
Slovénie	33	20	1	191	0	5	..	..	0	0	250
Afrique du Sud	..	..	..	..	..	..	..	..	..	..	..
Espagne	3 031	2 151	2 523	10 508	482	3 049	158	246	112	0	22 373
Sri Lanka	83	13	6	246	2	0	..	..	..	..	376
Suède	2 204	2 627	17 242	22 661	1 987	9 567	..	..	..	2 897	61 507
Suisse	10 409	7 715	5 238	42 892	12 003	9 067	996	1 333	58	10	133 188
Thaïlande	..	..	..	..	..	..	..	..	..	..	..
Tunisie	..	..	..	..	..	..	..	..	..	..	..
Turquie	5 421	47	387	2 337	0	148	..	..	..	0	8 339
Royaume-Uni	31 418	1 629	26 295	347 203	2 911	62 449	1 128	3 309	..	365	472 270
États-Unis	149 209	19 651	437 944	1 236 457	20 973	..	..	0	-21	..	2 024 693
Uruguay	..	..	..	..	..	..	..	..	..	..	..

.. Non disponible

Note : Voir les métadonnées détaillées sur : *http://metalinks.oecd.org/ins/20200312/d1f2.*

1. Informations sur les données concernant Israël : *http://oe.cd/israel-disclaimer.*

Source : Encours des placements des entreprises d'assurance directe, Statistiques de l'OCDE sur les assurances (base de données)

Tableau 7. Primes brutes totales (Vie et Non-vie)

Millions de dollars des États-Unis

	2011	2012	2013	2014	2015	2016	2017	2018
Argentina	..	13 983	16 643	18 622	19 376	19 749	18 519	20 137
Australie	84 541	85 880	87 591	97 011	78 796	74 145	72 339	69 991
Autriche	..	..	25 084	25 102	21 091	20 647	20 485	21 880
Belgique	40 872	41 936	37 521	38 345	30 746	30 432	30 839	33 703
Bolivie	..	316	..	..	..	468	499	549
Brésil	..	..	..	69 867	55 519	58 914	66 431	57 595
Canada	94 024	97 020	98 512	93 189	83 612	81 909	87 408	87 012
Chili	9 699	11 298	11 776	10 976	11 413	12 401	12 860	14 006
Colombie	..	316	..	..	..	468	499	549
Costa Rica	793	927	1 036	1 157	1 049	1 211	1 319	1 337
Cuba	..	..	..	..	..	..	..	..
République tchèque	8 764	7 846	7 998	7 608	6 173	6 002	6 402	7 052
Danemark	33 844	32 745	225 775	37 098	31 997	33 498	37 549	40 976
République dominicaine	..	..	..	..	..	..	..	1 222
Équateur	..	..	..	..	2 316	2 135	..	..
Égypte	..	..	..	..	..	..	..	..
El Salvador	478	503	546	572	609	619	..	658
Estonie	561	617	774	839	764	815	924	1 092
Finlande	10 133	9 352	13 061	14 125	11 917	10 012	10 084	5 156
France	289 082	258 641	275 750	294 033	250 873	314 251	314 319	338 708
Allemagne	255 708	302 739	333 713	338 764	293 086	294 660	311 208	335 669
Grèce	6 893	5 781	5 407	5 056	3 964	3 908	4 213	4 485
Guatemala	..	611	683	749	804	856	953	964
Honduras	..	..	368	379	398	..	..	631
Hong-Kong, Chine	29 268	33 191	37 856	43 121	47 901	59 301	64 310	69 089
Hongrie	4 054	3 377	3 582	3 584	2 991	3 146	3 484	3 767
Inde	71 625	..	..	..	70 878	..	100 841	..
Indonesie	..	16 249	15 782	14 325	14 629	17 290	19 483	18 967
Islande	415	404	419	444	420	487	611	652
Irlande	44 591	45 586	45 314	52 557	48 802	54 182	49 821	48 129
Israël[1]	12 665	12 471	13 941	14 366	14 117	15 142	17 427	18 560
Italie	156 982	138 232	161 161	193 455	165 854	151 423	150 732	163 781
Japon	590 342	475 139	349 905	347 080	313 822	434 737	390 096	402 773
Corée	137 828	163 065	169 186	187 068	183 642	185 646	189 587	192 810
Lettonie	555	574	626	687	589	589	730	893
Lithuanie	686	665	753	798	716	786	895	1 037
Luxembourg	19 176	25 168	24 705	28 945	21 278	20 289	24 314	24 539
Malaysie	14 878	16 338	16 974	17 588	15 346	15 100	15 156	16 716
Mexique	22 683	23 596	27 184	27 349	24 929	24 150	26 569	28 250
Maroc	..	..	..	..	..	..	..	..
Pays-Bas	58 654	51 267	51 142	48 603	37 399	77 358	80 465	86 997
Nouvelle-Zélande	..	4 590	5 139	5 359	4 657	4 753	5 144	..
Nicaragua	..	138	157	178	191	204	..	224
Norvège	23 794	25 748	25 536	26 461	20 647	20 210	20 407	21 993
Panama	..	1 159	1 316	..	..	..	..	..
Paraguay	..	226	363	..	428	368	390	..
Pérou	2 660	3 041	3 392	3 602	3 709	3 354	3 500	3 938
Pologne	19 289	19 231	18 307	17 412	14 539	14 213	16 495	17 211
Portugal	15 642	13 559	17 003	18 667	13 945	12 079	12 941	14 868
Porto Rico	..	..	9 610	9 108	11 145	13 470	..	..
Russie	23 718	..	..	26 658	17 299	18 218	22 517	24 301
Singapour	23 470	24 947	27 186	30 379	30 331	33 160	36 830	..
République slovaque	2 998	2 772	2 959	2 986	2 400	..	5 047	..
Slovénie	3 039	2 816	2 808	2 783	2 386	2 416	2 596	2 863
Afrique du Sud	56 005	51 452	54 268	51 527	47 054	42 473	..	..
Espagne	86 378	72 880	77 177	76 604	65 514	73 655	74 242	78 578
Sri Lanka	..	..	..	746	931	..	1 128	1 147
Suède	28 062	24 669	27 203	49 890	40 254	39 107	44 382	49 044
Suisse	71 482	70 214	74 264	74 480	70 367	67 483	67 772	69 456
Thaïlande	15 644	..	..	..	..	..	..	..
Tunisie	..	..	..	..	..	864	909	..
Turquie	10 247	11 399	13 212	12 314	11 775	13 718	13 074	11 333
Royaume-Uni	339 365	368 525	340 385	365 688	336 743	403 794	394 114	469 120
États-Unis	2 154 851	2 279 817	2 289 921	2 431 323	2 621 083	2 703 793	2 836 293	2 632 284
Uruguay	..	1 062	1 208	1 303	1 277	..	1 576	..
Total-OCDE	4 637 901	4 689 617	4 864 790	4 951 051	4 843 302	5 205 837	5 335 868	5 298 667

.. Non disponible

Note : Voir les métadonnées détaillées sur : *http://metalinks.oecd.org/ins/20200312/d441.*

1. Informations sur les données concernant Israël : *http://oe.cd/israel-disclaimer.*

Source : Indicateurs des activités d'assurances, Statistiques de l'OCDE sur les assurances (base de données)

COMPARAISONS INTERNATIONALES

Tableau 8. Primes brutes totales (Vie)

Millions de dollars des États-Unis

	2011	2012	2013	2014	2015	2016	2017	2018
Argentina	..	2 891	2 969	3 076	2 966	3 158	2 724	2 886
Australie	47 949	46 069	48 122	59 315	46 633	41 066	37 668	34 664
Autriche	..	..	8 556	8 901	7 440	6 701	6 493	6 543
Belgique	25 829	27 140	21 651	21 664	17 045	16 560	16 547	18 437
Bolivie	..	69	..	..	..	157	202	238
Brésil	..	..	..	42 061	34 819	38 935	44 172	37 052
Canada	32 014	31 143	32 379	26 712	24 001	23 795	25 754	26 213
Chili	6 067	7 400	7 830	7 224	7 795	8 726	8 930	9 633
Colombie	..	69	..	..	..	157	202	238
Costa Rica	84	110	139	142	133	186	194	216
Cuba	..	..	..	..	..	..	..	..
République tchèque	4 069	3 680	3 657	3 429	2 537	2 435	2 451	2 583
Danemark	23 069	22 489	215 331	25 124	22 055	23 001	25 945	28 664
République dominicaine	..	..	..	..	..	..	..	196
Équateur	..	..	..	..	453	471	..	..
Égypte	..	..	..	..	..	..	..	..
El Salvador	99	114	146	147	156	153	..	165
Estonie	223	209	227	254	238	245	252	275
Finlande	5 185	4 786	7 423	8 108	6 943	5 063	5 115	5 156
France	184 602	160 618	172 187	188 634	160 946	182 414	173 606	186 967
Allemagne	116 788	107 425	120 293	121 746	99 628	97 651	99 769	106 802
Grèce	3 012	2 497	2 238	2 500	2 000	1 846	2 125	2 220
Guatemala	..	124	136	156	156	170	196	197
Honduras	..	..	114	134	145	..	..	210
Hong-Kong, Chine	24 808	28 123	32 425	37 459	41 972	53 421	58 134	62 257
Hongrie	2 212	1 790	1 951	1 965	1 529	1 559	1 679	1 742
Inde	61 214	..	..	..	55 415	..	71 312	..
Indonesie	..	11 465	10 720	9 490	10 093	12 560	14 530	13 832
Islande	30	29	33	36	35	43	54	54
Irlande	35 321	36 584	36 525	43 221	38 853	37 127	39 617	36 272
Israël[1]	6 682	6 602	7 374	7 426	7 568	7 986	9 368	10 016
Italie	105 316	91 858	115 147	148 645	129 077	114 779	112 984	122 310
Japon	476 138	475 139	349 905	347 080	313 822	328 210	293 005	302 966
Corée	79 314	96 195	100 261	106 188	104 801	104 560	102 273	102 507
Lettonie	102	101	118	142	128	137	164	171
Lithuanie	226	213	241	286	262	273	261	293
Luxembourg	17 331	23 497	22 711	27 166	19 641	18 568	22 318	22 523
Malaysie	8 976	9 907	10 200	10 594	9 306	9 317	9 603	10 709
Mexique	10 143	10 900	12 523	12 812	11 530	11 266	11 421	12 672
Maroc	..	..	..	..	..	..	..	..
Pays-Bas	30 172	24 392	24 263	23 202	16 307	15 198	14 654	14 136
Nouvelle-Zélande	..	..	..	..	..	..	..	..
Nicaragua	..	22	27	32	33	38	..	46
Norvège	12 771	14 051	13 838	14 629	11 383	11 202	11 313	12 291
Panama	..	447	523	..	..	..	..	..
Paraguay	..	..	44	..	57	1	54	..
Pérou	1 276	1 435	1 587	1 768	1 794	1 519	1 644	1 909
Pologne	10 749	11 170	9 892	9 087	7 302	6 051	6 499	6 009
Portugal	10 043	8 582	11 984	13 617	9 411	7 200	7 581	9 188
Porto Rico	..	..	411	570	542	1 279	..	..
Russie	1 777	..	..	3 353	2 408	3 721	6 171	7 784
Singapour	15 723	16 402	18 449	20 808	21 033	23 739	27 593	..
République slovaque	1 594	1 493	1 642	1 621	1 229	..	3 712	..
Slovénie	670	623	629	637	552	545	582	621
Afrique du Sud	43 695	40 746	42 679	41 476	37 576	33 870	..	..
Espagne	40 552	33 821	34 397	33 612	28 532	34 695	33 262	34 263
Sri Lanka	..	..	..	265	395	..	467	474
Suède	13 923	13 311	14 190	34 734	29 507	29 302	33 761	37 087
Suisse	34 589	33 598	35 791	36 140	34 407	31 672	30 486	30 835
Thaïlande	10 794	..	..	..	..	..	..	..
Tunisie	..	..	..	..	..	175	179	..
Turquie	1 880	1 758	2 072	1 510	1 390	2 048	2 268	1 801
Royaume-Uni	249 303	277 966	246 475	268 267	246 702	277 703	269 267	336 122
États-Unis	864 830	919 547	881 541	880 040	973 634	970 503	1 009 291	1 139 513
Uruguay	..	280	347	384	427	..	665	..
Total-OCDE	2 452 699	2 496 676	2 563 397	2 485 677	2 384 864	2 420 127	2 420 477	2 661 550

.. Non disponible

Note : Voir les métadonnées détaillées sur : *http://metalinks.oecd.org/ins/20200312/d441.*

1. Informations sur les données concernant Israël : *http://oe.cd/israel-disclaimer.*

Source : Indicateurs des activités d'assurances, Statistiques de l'OCDE sur les assurances (base de données)

COMPARAISONS INTERNATIONALES

Tableau 9. Primes brutes totales (Non-vie)

Millions de dollars des États-Unis

	2011	2012	2013	2014	2015	2016	2017	2018
Argentina	..	11 092	13 673	15 546	16 410	16 591	15 795	17 251
Australie	36 592	39 812	39 469	37 695	32 163	33 079	34 671	35 328
Autriche	..	..	16 527	16 201	13 651	13 946	13 992	15 337
Belgique	15 043	14 796	15 870	16 681	13 701	13 871	14 292	15 266
Bolivie	..	248	..	..	..	312	297	311
Brésil	..	..	..	27 806	20 699	19 979	22 258	20 543
Canada	62 010	65 877	66 133	66 477	59 610	58 115	61 654	60 799
Chili	3 633	3 898	3 946	3 751	3 619	3 676	3 930	4 373
Colombie	..	248	..	..	..	312	297	311
Costa Rica	709	816	897	1 014	916	1 024	1 125	1 121
Cuba	..	..	..	..	..	..	..	..
République tchèque	4 695	4 165	4 341	4 179	3 636	3 566	3 951	4 469
Danemark	10 775	10 256	10 445	11 974	9 943	10 497	11 604	12 312
République dominicaine	..	..	..	..	..	..	..	1 026
Équateur	..	..	..	..	1 864	1 665	..	..
Égypte	..	..	..	..	..	..	..	..
El Salvador	379	389	400	412	437	446	..	493
Estonie	338	408	547	584	526	570	672	817
Finlande	4 947	4 566	5 638	6 017	4 974	4 949	4 968	..
France	104 480	98 023	103 563	105 399	89 928	131 837	140 713	151 741
Allemagne	138 920	195 315	213 420	217 018	193 459	197 010	211 439	228 866
Grèce	3 881	3 284	3 169	2 556	1 964	2 063	2 088	2 265
Guatemala	..	487	547	593	648	685	757	767
Honduras	..	..	254	246	253	..	..	421
Hong-Kong, Chine	4 460	5 068	5 431	5 661	5 929	5 880	6 177	6 832
Hongrie	1 842	1 587	1 631	1 619	1 462	1 588	1 804	2 025
Inde	10 411	..	..	..	15 463	..	29 529	..
Indonesie	..	4 784	5 062	4 835	4 537	4 730	4 954	5 136
Islande	385	374	385	408	384	444	556	598
Irlande	9 270	9 002	8 789	9 335	9 949	17 055	9 625	10 006
Israël[1]	5 983	5 868	6 567	6 940	6 548	7 156	8 059	8 544
Italie	51 665	46 374	46 013	44 811	36 777	36 645	37 748	41 470
Japon	114 204	..	..	..	..	106 527	97 090	99 808
Corée	58 515	66 870	68 925	80 880	78 841	81 086	87 315	90 303
Lettonie	453	473	507	546	462	452	566	721
Lithuanie	460	452	512	513	454	513	634	744
Luxembourg	1 845	1 671	1 993	1 779	1 637	1 720	1 996	2 016
Malaysie	5 902	6 431	6 773	6 994	6 041	5 782	5 553	6 007
Mexique	12 540	12 696	14 661	14 536	13 399	12 884	15 148	15 578
Maroc	..	..	..	..	..	..	..	..
Pays-Bas	28 482	26 875	26 878	25 401	21 093	62 160	64 818	71 621
Nouvelle-Zélande	..	4 590	5 139	5 359	4 657	4 753	5 144	..
Nicaragua	..	116	130	146	158	166	..	178
Norvège	11 023	11 697	11 697	11 833	9 264	9 008	9 094	9 702
Panama	..	713	793	..	..	..	..	..
Paraguay	..	161	318	..	371	367	335	..
Pérou	1 384	1 605	1 805	1 834	1 916	1 835	1 856	2 029
Pologne	8 540	8 061	8 416	8 325	7 237	8 162	9 996	11 202
Portugal	5 599	4 977	5 018	5 050	4 534	4 879	5 360	5 680
Porto Rico	..	..	9 199	8 538	10 603	12 191	..	..
Russie	20 193	..	..	16 937	14 891	14 497	16 346	16 518
Singapour	7 748	8 544	8 737	9 571	9 298	9 421	9 238	..
République slovaque	1 404	1 279	1 318	1 366	1 171	..	1 335	..
Slovénie	2 370	2 192	2 179	2 146	1 833	1 871	2 014	2 242
Afrique du Sud	12 310	10 706	11 589	10 051	9 478	8 602	..	..
Espagne	45 826	39 059	42 780	42 992	36 982	38 959	40 979	44 315
Sri Lanka	..	..	..	481	535	..	661	673
Suède	14 140	11 357	13 013	15 156	10 746	9 805	10 621	11 957
Suisse	36 893	36 616	38 474	38 340	35 959	35 811	37 287	38 621
Thaïlande	4 850	..	..	..	..	..	..	..
Tunisie	..	..	..	..	..	689	730	..
Turquie	8 367	9 641	11 140	10 804	10 386	11 670	10 806	9 532
Royaume-Uni	90 062	90 559	93 910	97 421	90 041	126 091	124 847	132 998
États-Unis	1 290 021	1 360 270	1 408 380	1 551 283	1 647 449	1 733 290	1 827 002	1 492 771
Uruguay	..	782	862	918	850	..	911	..
Total-OCDE	2 185 203	2 192 942	2 301 393	2 465 374	2 458 438	2 785 711	2 913 818	2 634 027

.. Non disponible

Note : Voir les métadonnées détaillées sur : *http://metalinks.oecd.org/ins/20200312/d441*.

1. Informations sur les données concernant Israël : *http://oe.cd/israel-disclaimer*.

Source : Indicateurs des activités d'assurances, Statistiques de l'OCDE sur les assurances (base de données)

Tableau 10. Part de marché dans l'OCDE (Vie et Non-vie)

Pourcentage

	2011	2012	2013	2014	2015	2016	2017	2018
Australie	1.8	1.8	1.8	2.0	1.6	1.4	1.4	1.3
Autriche	..	..	0.5	0.5	0.4	0.4	0.4	0.4
Belgique	0.9	0.9	0.8	0.8	0.6	0.6	0.6	0.6
Canada	2.0	2.1	2.0	1.9	1.7	1.6	1.6	1.6
Chili	0.2	0.2	0.2	0.2	0.2	0.2	0.2	0.3
République tchèque	0.2	0.2	0.2	0.2	0.1	0.1	0.1	0.1
Danemark	0.7	0.7	4.6	0.7	0.7	0.6	0.7	0.8
Estonie	0.0	0.0	0.0	0.0	0.0	0.0	0.0	0.0
Finlande	0.2	0.2	0.3	0.3	0.2	0.2	0.2	0.1
France	6.2	5.5	5.7	5.9	5.2	6.0	5.9	6.4
Allemagne	5.5	6.5	6.9	6.8	6.1	5.7	5.8	6.3
Grèce	0.1	0.1	0.1	0.1	0.1	0.1	0.1	0.1
Hongrie	0.1	0.1	0.1	0.1	0.1	0.1	0.1	0.1
Islande	0.0	0.0	0.0	0.0	0.0	0.0	0.0	0.0
Irlande	1.0	1.0	0.9	1.1	1.0	1.0	0.9	0.9
Israël	0.3	0.3	0.3	0.3	0.3	0.3	0.3	0.4
Italie	3.4	2.9	3.3	3.9	3.4	2.9	2.8	3.1
Japon	12.7	10.1	7.2	7.0	6.5	8.4	7.3	7.6
Corée	3.0	3.5	3.5	3.8	3.8	3.6	3.6	3.6
Lettonie	0.0	0.0	0.0	0.0	0.0	0.0	0.0	0.0
Lithuanie	0.0	0.0	0.0	0.0	0.0	0.0	0.0	0.0
Luxembourg	0.4	0.5	0.5	0.6	0.4	0.4	0.5	0.5
Mexique	0.5	0.5	0.6	0.6	0.5	0.5	0.5	0.5
Pays-Bas	1.3	1.1	1.1	1.0	0.8	1.5	1.5	1.6
Nouvelle-Zélande	..	0.1	0.1	0.1	0.1	0.1	0.1	..
Norvège	0.5	0.5	0.5	0.5	0.4	0.4	0.4	0.4
Pologne	0.4	0.4	0.4	0.4	0.3	0.3	0.3	0.3
Portugal	0.3	0.3	0.4	0.4	0.3	0.2	0.2	0.3
République slovaque	0.1	0.1	0.1	0.1	0.1	..	0.1	..
Slovénie	0.1	0.1	0.1	0.1	0.0	0.0	0.0	0.1
Espagne	1.9	1.6	1.6	1.5	1.4	1.4	1.4	1.5
Suède	0.6	0.5	0.6	1.0	0.8	0.8	0.8	0.9
Suisse	1.5	1.5	1.5	1.5	1.5	1.3	1.3	1.3
Turquie	0.2	0.2	0.3	0.2	0.2	0.3	0.2	0.2
Royaume-Uni	7.3	7.9	7.0	7.4	7.0	7.8	7.4	8.9
États-Unis	46.5	48.6	47.1	49.1	54.1	51.9	53.2	49.7
Total-OCDE	100.0	100.0	100.0	100.0	100.0	100.0	100.0	100.0

.. Non disponible

Note : Voir les métadonnées détaillées sur : *http://metalinks.oecd.org/ins/20200312/d441.*

Source : Indicateurs des activités d'assurances, Statistiques de l'OCDE sur les assurances (base de données)

COMPARAISONS INTERNATIONALES

Tableau 11. Part de marché dans l'OCDE (Vie)

Pourcentage

	2011	2012	2013	2014	2015	2016	2017	2018
Australie	2.0	1.8	1.9	2.4	2.0	1.7	1.6	1.3
Autriche	..	..	0.3	0.4	0.3	0.3	0.3	0.2
Belgique	1.1	1.1	0.8	0.9	0.7	0.7	0.7	0.7
Canada	1.3	1.2	1.3	1.1	1.0	1.0	1.1	1.0
Chili	0.2	0.3	0.3	0.3	0.3	0.4	0.4	0.4
République tchèque	0.2	0.1	0.1	0.1	0.1	0.1	0.1	0.1
Danemark	0.9	0.9	8.4	1.0	0.9	1.0	1.1	1.1
Estonie	0.0	0.0	0.0	0.0	0.0	0.0	0.0	0.0
Finlande	0.2	0.2	0.3	0.3	0.3	0.2	0.2	0.2
France	7.5	6.4	6.7	7.6	6.7	7.5	7.2	7.0
Allemagne	4.8	4.3	4.7	4.9	4.2	4.0	4.1	4.0
Grèce	0.1	0.1	0.1	0.1	0.1	0.1	0.1	0.1
Hongrie	0.1	0.1	0.1	0.1	0.1	0.1	0.1	0.1
Islande	0.0	0.0	0.0	0.0	0.0	0.0	0.0	0.0
Irlande	1.4	1.5	1.4	1.7	1.6	1.5	1.6	1.4
Israël	0.3	0.3	0.3	0.3	0.3	0.3	0.4	0.4
Italie	4.3	3.7	4.5	6.0	5.4	4.7	4.7	4.6
Japon	19.4	19.0	13.7	14.0	13.2	13.6	12.1	11.4
Corée	3.2	3.9	3.9	4.3	4.4	4.3	4.2	3.9
Lettonie	0.0	0.0	0.0	0.0	0.0	0.0	0.0	0.0
Lithuanie	0.0	0.0	0.0	0.0	0.0	0.0	0.0	0.0
Luxembourg	0.7	0.9	0.9	1.1	0.8	0.8	0.9	0.8
Mexique	0.4	0.4	0.5	0.5	0.5	0.5	0.5	0.5
Pays-Bas	1.2	1.0	0.9	0.9	0.7	0.6	0.6	0.5
Nouvelle-Zélande	..	..	..	..	..	..	..	..
Norvège	0.5	0.6	0.5	0.6	0.5	0.5	0.5	0.5
Pologne	0.4	0.4	0.4	0.4	0.3	0.3	0.3	0.2
Portugal	0.4	0.3	0.5	0.5	0.4	0.3	0.3	0.3
République slovaque	0.1	0.1	0.1	0.1	0.1	..	0.2	..
Slovénie	0.0	0.0	0.0	0.0	0.0	0.0	0.0	0.0
Espagne	1.7	1.4	1.3	1.4	1.2	1.4	1.4	1.3
Suède	0.6	0.5	0.6	1.4	1.2	1.2	1.4	1.4
Suisse	1.4	1.3	1.4	1.5	1.4	1.3	1.3	1.2
Turquie	0.1	0.1	0.1	0.1	0.1	0.1	0.1	0.1
Royaume-Uni	10.2	11.1	9.6	10.8	10.3	11.5	11.1	12.6
États-Unis	35.3	36.8	34.4	35.4	40.8	40.1	41.7	42.8
Total-OCDE	100.0	100.0	100.0	100.0	100.0	100.0	100.0	100.0

.. Non disponible

Note : Voir les métadonnées détaillées sur : *http://metalinks.oecd.org/ins/20200312/d441.*

Source : Indicateurs des activités d'assurances, Statistiques de l'OCDE sur les assurances (base de données)

Tableau 12. Part de marché dans l'OCDE (Non-vie)

Pourcentage

	2011	2012	2013	2014	2015	2016	2017	2018
Australie	1.7	1.8	1.7	1.5	1.3	1.2	1.2	1.3
Autriche	..	..	0.7	0.7	0.6	0.5	0.5	0.6
Belgique	0.7	0.7	0.7	0.7	0.6	0.5	0.5	0.6
Canada	2.8	3.0	2.9	2.7	2.4	2.1	2.1	2.3
Chili	0.2	0.2	0.2	0.2	0.1	0.1	0.1	0.2
République tchèque	0.2	0.2	0.2	0.2	0.1	0.1	0.1	0.2
Danemark	0.5	0.5	0.5	0.5	0.4	0.4	0.4	0.5
Estonie	0.0	0.0	0.0	0.0	0.0	0.0	0.0	0.0
Finlande	0.2	0.2	0.2	0.2	0.2	0.2	0.2	..
France	4.8	4.5	4.5	4.3	3.7	4.7	4.8	5.8
Allemagne	6.4	8.9	9.3	8.8	7.9	7.1	7.3	8.7
Grèce	0.2	0.2	0.1	0.1	0.1	0.1	0.1	0.1
Hongrie	0.1	0.1	0.1	0.1	0.1	0.1	0.1	0.1
Islande	0.0	0.0	0.0	0.0	0.0	0.0	0.0	0.0
Irlande	0.4	0.4	0.4	0.4	0.4	0.6	0.3	0.4
Israël	0.3	0.3	0.3	0.3	0.3	0.3	0.3	0.3
Italie	2.4	2.1	2.0	1.8	1.5	1.3	1.3	1.6
Japon	5.2	..	..	..	..	3.8	3.3	3.8
Corée	2.7	3.0	3.0	3.3	3.2	2.9	3.0	3.4
Lettonie	0.0	0.0	0.0	0.0	0.0	0.0	0.0	0.0
Lithuanie	0.0	0.0	0.0	0.0	0.0	0.0	0.0	0.0
Luxembourg	0.1	0.1	0.1	0.1	0.1	0.1	0.1	0.1
Mexique	0.6	0.6	0.6	0.6	0.5	0.5	0.5	0.6
Pays-Bas	1.3	1.2	1.2	1.0	0.9	2.2	2.2	2.7
Nouvelle-Zélande	..	0.2	0.2	0.2	0.2	0.2	0.2	..
Norvège	0.5	0.5	0.5	0.5	0.4	0.3	0.3	0.4
Pologne	0.4	0.4	0.4	0.3	0.3	0.3	0.3	0.4
Portugal	0.3	0.2	0.2	0.2	0.2	0.2	0.2	0.2
République slovaque	0.1	0.1	0.1	0.1	0.0	..	0.0	..
Slovénie	0.1	0.1	0.1	0.1	0.1	0.1	0.1	0.1
Espagne	2.1	1.8	1.9	1.7	1.5	1.4	1.4	1.7
Suède	0.6	0.5	0.6	0.6	0.4	0.4	0.4	0.5
Suisse	1.7	1.7	1.7	1.6	1.5	1.3	1.3	1.5
Turquie	0.4	0.4	0.5	0.4	0.4	0.4	0.4	0.4
Royaume-Uni	4.1	4.1	4.1	4.0	3.7	4.5	4.3	5.0
États-Unis	59.0	62.0	61.2	62.9	67.0	62.2	62.7	56.7
Total-OCDE	100.0	100.0	100.0	100.0	100.0	100.0	100.0	100.0

.. Non disponible

Note : Voir les métadonnées détaillées sur : *http://metalinks.oecd.org/ins/20200312/d441.*

Source : Indicateurs des activités d'assurances, Statistiques de l'OCDE sur les assurances (base de données)

COMPARAISONS INTERNATIONALES

Tableau 13. Densité (Vie et Non-vie)

Dollars des États-Unis par habitant

	2011	2012	2013	2014	2015	2016	2017	2018
Argentina	..	333	393	405	418	422	393	427
Australie	3 378	3 328	3 350	3 688	2 926	2 660	2 540	2 383
Autriche	2 744	2 492	2 603	2 657	2 227	2 143	2 176	2 284
Belgique	3 601	3 684	3 260	3 308	2 653	2 613	2 653	2 900
Bolivie	..	31	..	..	..	43	43	47
Brésil	319	334	337	346	273	287	321	276
Canada	2 517	2 562	2 538	2 168	1 930	1 919	2 011	2 086
Chili	560	645	665	613	630	675	694	748
Colombie	..	31	..	..	..	43	43	47
Costa Rica	172	198	218	241	216	246	265	265
Cuba	..	35	..	..	..	..	..	..
République tchèque	822	733	747	712	574	555	590	652
Danemark	6 069	5 823	6 079	6 543	5 610	5 699	6 315	6 842
République dominicaine	..	..	..	..	..	..	..	119
Équateur	..	..	..	..	139	127	..	..
Égypte	..	..	..	..	..	..	..	..
El Salvador	..	..	..	..	..	..	..	94
Estonie	422	466	587	638	581	619	702	828
Finlande	1 850	1 699	2 371	2 556	2 150	1 797	1 803	933
France	4 186	3 645	3 893	4 110	3 554	4 108	4 248	4 569
Allemagne	..	2 890	3 112	3 131	2 597	2 602	2 838	3 049
Grèce	609	511	480	457	361	359	388	414
Guatemala	41	39	43	46	48	50	55	54
Honduras	..	42	43	43	44	..	..	67
Hong-Kong, Chine	3 917	4 403	5 003	5 658	6 259	7 652	8 266	8 807
Hongrie	403	336	357	360	300	317	350	381
Inde	58	..	..	..	55	63	72	..
Indonesie	60	63	60	55	56	66	73	71
Islande	1 281	1 232	1 270	1 329	1 245	1 436	1 783	1 840
Irlande	9 575	9 702	9 606	11 052	10 154	11 107	10 207	9 531
Israël[1]	1 631	1 577	1 731	1 749	1 685	1 772	2 001	2 090
Italie	2 553	2 239	2 600	3 125	2 678	2 445	2 437	2 645
Japon	4 416	3 355	2 545	2 580	2 370	3 201	2 893	3 010
Corée	2 612	3 090	3 182	3 502	3 417	3 436	3 478	3 501
Lettonie	264	277	309	343	297	299	374	461
Lithuanie	226	222	254	272	246	274	317	372
Luxembourg	36 749	47 314	45 569	51 995	37 506	35 103	41 043	40 668
Malaysie	478	514	520	530	454	441	439	481
Mexique	192	198	226	224	203	194	211	223
Maroc	..	..	..	..	..	..	..	..
Pays-Bas	3 488	3 018	2 998	2 840	2 172	4 519	4 610	4 968
Nouvelle-Zélande	..	1 024	1 141	1 169	964	983	1 006	..
Nicaragua	21	24	26	30	31	33	35	36
Norvège	4 785	5 111	5 011	5 132	3 967	3 972	3 858	4 131
Panama	278	286	321	..	..	..	..	..
Paraguay	..	46	54	..	63	53	56	..
Pérou	88	99	110	116	118	106	109	122
Pologne	502	500	475	453	372	361	420	436
Portugal	1 427	1 237	1 570	1 735	1 293	1 110	1 189	1 369
Porto Rico	..	..	2 661	2 552	3 182	3 927	..	..
Russie	159	..	..	179	117	123	152	164
Singapour	3 391	3 728	4 047	4 489	4 400	4 631	5 411	..
République slovaque	551	508	542	544	434	..	927	..
Slovénie	1 305	1 202	1 209	1 198	1 012	1 028	1 105	1 223
Afrique du Sud	1 086	..	998	934	840	742	..	..
Espagne	1 737	1 518	1 529	1 521	1 295	1 458	1 471	1 559
Sri Lanka	..	..	..	35	44	..	51	52
Suède	2 781	2 376	2 644	4 908	3 961	3 796	4 248	4 646
Suisse	7 969	7 634	7 898	7 892	7 456	7 025	6 904	6 962
Thaïlande	232	..	..	..	..	..	..	..
Tunisie	..	..	..	..	..	75	75	..
Turquie	133	146	168	151	145	162	152	126
Royaume-Uni	4 937	5 316	4 793	5 098	4 598	3 950	5 113	5 643
États-Unis	5 493	5 752	5 686	5 970	6 305	6 500	6 717	7 082
Uruguay	268	310	351	377	368	..	451	..
Total-OCDE	3 297	3 197	3 131	3 294	3 157	3 313	3 424	3 630

.. Non disponible

Note : Voir les métadonnées détaillées sur : *http://metalinks.oecd.org/ins/20200312/d441*.

1. Informations sur les données concernant Israël : *http://oe.cd/israel-disclaimer*.

Source : Indicateurs des activités d'assurances, Statistiques de l'OCDE sur les assurances (base de données)

COMPARAISONS INTERNATIONALES

Tableau 14. Densité (Vie)

Dollars des États-Unis par habitant

	2011	2012	2013	2014	2015	2016	2017	2018
Argentina	..	68	70	70	67	70	60	63
Australie	1 993	1 856	1 898	2 321	1 781	1 521	1 335	1 180
Autriche	1 145	981	1 007	1 039	860	765	735	735
Belgique	2 337	2 445	1 937	1 930	1 512	1 458	1 454	1 611
Bolivie	..	7	..	..	..	14	18	20
Brésil	190	210	204	209	171	190	214	178
Canada	856	820	834	629	555	561	604	625
Chili	351	424	444	406	432	475	482	515
Colombie	..	7	..	..	..	14	18	20
Costa Rica	18	24	29	30	27	38	39	43
Cuba	..	..	..	..	..	..	..	..
République tchèque	388	350	348	326	241	229	230	242
Danemark	4 147	4 005	4 236	4 443	3 878	4 006	4 495	4 939
République dominicaine	..	..	..	..	..	..	..	19
Équateur	..	..	..	..	28	28	..	..
Égypte	..	..	..	..	..	..	..	..
El Salvador	..	..	..	..	..	..	..	24
Estonie	168	158	172	193	181	186	191	209
Finlande	963	885	1 366	1 485	1 268	923	929	933
France	2 762	2 305	2 486	2 684	2 344	2 391	2 450	2 641
Allemagne	..	1 326	1 445	1 456	1 180	1 148	1 197	1 282
Grèce	268	225	203	228	184	171	197	207
Guatemala	8	8	9	10	9	10	11	11
Honduras	..	20	21	15	16	..	..	22
Hong-Kong, Chine	3 454	3 882	4 446	5 082	5 644	7 041	7 642	8 152
Hongrie	221	180	197	199	155	159	171	178
Inde	50	..	..	..	43	48	54	..
Indonesie	44	47	43	38	39	49	56	52
Islande	95	92	103	111	107	128	161	155
Irlande	7 637	7 851	7 803	9 158	8 141	7 729	8 198	7 395
Israël[1]	861	835	915	904	903	935	1 076	1 128
Italie	1 714	1 487	1 866	2 413	2 096	1 864	1 837	1 994
Japon	3 651	3 355	2 545	2 580	2 370	2 496	2 252	2 348
Corée	1 566	1 894	1 966	2 069	2 031	2 015	1 959	1 950
Lettonie	40	40	59	71	64	70	84	89
Lithuanie	75	71	81	97	90	95	93	105
Luxembourg	33 218	44 173	41 868	48 768	34 604	32 123	37 673	37 331
Malaysie	305	332	333	340	294	290	295	325
Mexique	87	93	105	106	95	92	92	101
Maroc	..	..	..	..	..	..	..	..
Pays-Bas	1 806	1 455	1 444	1 375	962	892	854	822
Nouvelle-Zélande	..	..	..	..	..	..	..	..
Nicaragua	3	4	5	5	5	6	7	7
Norvège	2 568	2 789	2 715	2 837	2 187	2 133	2 139	2 309
Panama	18	112	128	..	..	..	..	..
Paraguay	..	..	7	..	8	0	8	..
Pérou	42	47	51	57	57	48	52	59
Pologne	282	293	260	239	192	159	171	158
Portugal	951	816	1 146	1 309	908	697	736	893
Porto Rico	..	..	114	161	156	373	..	..
Russie	12	..	..	23	17	26	43	54
Singapour	2 723	2 725	3 045	3 392	3 404	3 611	4 374	..
République slovaque	296	276	303	299	227	..	683	..
Slovénie	327	303	305	309	268	264	282	300
Afrique du Sud	847	..	804	769	686	609	..	..
Espagne	858	722	729	712	606	737	706	727
Sri Lanka	..	..	..	13	19	..	22	22
Suède	1 466	1 362	1 469	3 562	2 994	2 931	3 335	3 625
Suisse	4 372	4 177	4 385	4 378	4 113	3 739	3 573	3 592
Thaïlande	163	..	..	..	..	..	..	..
Tunisie	..	..	..	..	..	15	15	..
Turquie	25	23	26	19	17	25	27	21
Royaume-Uni	3 670	4 054	3 488	3 781	3 411	2 508	3 652	4 112
États-Unis	2 518	2 641	2 472	2 475	2 576	2 587	2 641	2 779
Uruguay	65	82	101	111	123	..	190	..
Total-OCDE	1 906	1 849	1 737	1 824	1 701	1 654	1 706	1 810

.. Non disponible

Note : Voir les métadonnées détaillées sur : *http://metalinks.oecd.org/ins/20200312/d441.*

1. Informations sur les données concernant Israël : *http://oe.cd/israel-disclaimer.*

Source : Indicateurs des activités d'assurances, Statistiques de l'OCDE sur les assurances (base de données)

COMPARAISONS INTERNATIONALES

Tableau 15. Densité (Non-vie)

Dollars des États-Unis par habitant

	2011	2012	2013	2014	2015	2016	2017	2018
Argentina	..	265	323	335	351	352	333	364
Australie	1 385	1 473	1 453	1 367	1 145	1 139	1 205	1 204
Autriche	1 599	1 511	1 596	1 617	1 367	1 377	1 441	1 550
Belgique	1 265	1 239	1 323	1 378	1 142	1 156	1 200	1 289
Bolivie	..	24	..	..	..	28	26	27
Brésil	129	124	133	138	102	97	108	99
Canada	1 660	1 743	1 704	1 539	1 375	1 358	1 407	1 461
Chili	209	221	221	208	198	200	212	233
Colombie	..	24	..	..	..	28	26	27
Costa Rica	154	174	189	211	188	208	226	222
Cuba	..	35	..	..	..	..	..	..
République tchèque	434	383	399	386	333	325	360	410
Danemark	1 923	1 818	1 843	2 101	1 732	1 692	1 820	1 903
République dominicaine	..	..	..	..	..	..	..	100
Équateur	..	..	..	..	112	98	..	..
Égypte	..	..	..	..	..	..	..	..
El Salvador	..	..	..	..	..	..	..	70
Estonie	254	308	415	444	400	433	510	620
Finlande	886	814	1 005	1 071	882	875	873	..
France	1 424	1 340	1 407	1 427	1 209	1 717	1 798	1 928
Allemagne	..	1 564	1 667	1 674	1 417	1 454	1 641	1 767
Grèce	341	286	277	229	177	188	190	207
Guatemala	33	31	34	36	39	40	43	43
Honduras	..	22	22	28	28	..	..	45
Hong-Kong, Chine	463	521	557	577	615	611	624	655
Hongrie	182	156	160	161	145	158	179	203
Inde	8	..	..	..	12	15	18	..
Indonesie	16	17	17	18	17	17	18	18
Islande	1 186	1 140	1 166	1 217	1 138	1 308	1 621	1 685
Irlande	1 938	1 851	1 803	1 894	2 013	3 378	1 890	1 910
Israël[1]	771	742	815	845	782	838	925	962
Italie	840	752	735	712	582	581	600	651
Japon	765	..	..	..	..	705	641	662
Corée	1 046	1 196	1 215	1 433	1 386	1 421	1 519	1 552
Lettonie	214	228	250	273	232	230	290	373
Lithuanie	152	151	173	175	156	179	224	267
Luxembourg	3 531	3 141	3 700	3 227	2 902	2 980	3 370	3 337
Malaysie	173	182	187	190	160	150	144	156
Mexique	105	105	121	118	108	103	119	122
Maroc	..	..	..	..	..	..	..	..
Pays-Bas	1 681	1 563	1 554	1 464	1 209	3 627	3 756	4 146
Nouvelle-Zélande	..	1 024	1 141	1 169	964	983	1 006	..
Nicaragua	18	20	22	24	26	27	29	28
Norvège	2 217	2 322	2 295	2 295	1 780	1 840	1 719	1 822
Panama	..	174	192	..	..	..	..	..
Paraguay	..	27	48	..	54	53	48	..
Pérou	46	53	59	59	61	58	58	62
Pologne	220	207	216	214	180	202	249	278
Portugal	476	421	424	426	385	413	454	476
Porto Rico	..	..	2 546	2 391	3 026	3 554	..	..
Russie	135	..	..	112	100	97	109	110
Singapour	668	1 004	1 001	1 098	996	1 021	1 037	..
République slovaque	256	232	238	244	207	..	244	..
Slovénie	978	899	904	889	744	765	823	923
Afrique du Sud	239	..	195	165	154	133	..	..
Espagne	879	795	800	809	690	721	765	833
Sri Lanka	..	..	..	22	25	..	30	30
Suède	1 315	1 015	1 175	1 346	967	865	913	1 021
Suisse	3 597	3 458	3 513	3 514	3 343	3 286	3 331	3 370
Thaïlande	69	..	..	..	..	..	..	..
Tunisie	..	..	..	..	..	60	59	..
Turquie	108	123	141	131	128	137	125	105
Royaume-Uni	1 267	1 262	1 306	1 317	1 188	1 441	1 461	1 530
États-Unis	2 975	3 111	3 214	3 495	3 729	3 913	4 076	4 304
Uruguay	203	228	250	266	245	..	261	..
Total-OCDE	1 392	1 348	1 394	1 471	1 455	1 659	1 717	1 819

.. Non disponible

Note : Voir les métadonnées détaillées sur : *http://metalinks.oecd.org/ins/20200312/d441.*

1. Informations sur les données concernant Israël : *http://oe.cd/israel-disclaimer.*

Source : Indicateurs des activités d'assurances, Statistiques de l'OCDE sur les assurances (base de données)

COMPARAISONS INTERNATIONALES

Tableau 16. Pénétration (Vie et Non-vie)

Pourcentage

	2011	2012	2013	2014	2015	2016	2017	2018
Argentina	..	2.3	2.4	2.4	2.6	2.6	2.6	2.3
Australie	4.9	4.8	5.1	6.0	5.6	4.9	4.4	4.1
Autriche	5.3	5.1	5.1	5.1	5.0	4.7	4.6	4.5
Belgique	7.6	8.2	7.0	6.9	6.4	6.2	6.0	6.1
Bolivie	..	1.2	..	..	..	1.4	1.3	1.3
Brésil	2.4	2.7	2.7	2.8	3.1	3.3	3.2	3.1
Canada	4.8	4.9	4.8	4.2	4.4	4.5	4.4	4.5
Chili	3.8	4.2	4.2	4.2	4.6	4.9	4.6	4.7
Colombie	..	1.2	..	..	..	1.4	1.3	1.3
Costa Rica	1.9	2.0	2.1	2.3	1.9	2.1	2.3	2.2
Cuba	..	..	..	..	..	..	..	..
République tchèque	3.8	3.7	3.8	3.6	3.2	3.0	2.9	2.8
Danemark	9.8	9.9	9.9	10.4	10.5	10.4	11.0	11.1
République dominicaine	..	..	..	..	..	..	..	1.5
Équateur	..	..	..	..	2.3	2.1	..	..
Égypte	..	..	..	..	..	..	..	..
El Salvador	..	..	..	..	..	..	..	2.4
Estonie	2.4	2.7	3.1	3.1	3.3	3.4	3.4	3.6
Finlande	3.6	3.6	4.7	5.1	5.0	4.1	3.9	1.9
France	9.2	8.6	8.8	9.2	9.4	10.7	10.6	10.6
Allemagne	..	6.6	6.7	6.5	6.3	6.2	6.4	6.4
Grèce	2.4	2.3	2.2	2.1	2.0	2.0	2.1	2.0
Guatemala	1.3	1.2	1.2	1.2	1.2	1.2	1.2	1.2
Honduras	..	1.9	2.0	1.9	1.9	..	..	2.6
Hong-Kong, Chine	11.2	12.0	13.1	14.1	14.8	17.6	17.9	18.2
Hongrie	2.9	2.6	2.6	2.5	2.4	2.4	2.4	2.4
Inde	3.8	..	..	..	3.4	3.6	3.6	..
Indonesie	1.6	1.7	1.6	1.6	1.7	1.8	1.9	1.8
Islande	2.7	2.7	2.6	2.4	2.4	2.3	2.5	2.5
Irlande	18.5	19.9	18.6	19.9	16.4	17.6	14.7	12.2
Israël[1]	4.8	4.8	4.8	4.6	4.7	4.7	4.9	5.0
Italie	6.7	6.5	7.3	8.8	8.9	7.9	7.5	7.7
Japon	8.8	6.8	6.4	6.8	6.8	7.7	7.4	7.8
Corée	10.4	12.1	11.7	12.0	11.9	11.7	11.0	10.5
Lettonie	1.9	2.0	2.1	2.2	2.2	2.1	2.4	2.6
Lithuanie	1.6	1.6	1.6	1.6	1.7	1.8	1.9	1.9
Luxembourg	31.3	43.8	39.6	43.2	36.6	33.3	37.8	34.5
Malaysie	4.7	4.8	4.9	4.8	4.8	4.7	4.5	4.4
Mexique	1.9	1.9	2.1	2.0	2.1	2.2	2.3	2.3
Maroc	..	..	..	..	..	..	..	..
Pays-Bas	6.4	6.0	5.7	5.4	4.8	9.8	9.5	9.3
Nouvelle-Zélande	..	2.6	2.7	2.7	2.5	2.5	2.4	..
Nicaragua	1.3	1.3	1.4	1.5	1.5	1.6	1.6	1.7
Norvège	4.8	5.1	4.9	5.3	5.4	5.7	5.1	5.1
Panama	3.0	2.7	2.7	..	..	..	..	..
Paraguay	..	0.9	0.9	..	1.0	1.0	1.0	..
Pérou	1.5	1.6	1.7	1.8	1.9	1.7	1.6	1.7
Pologne	3.6	3.8	3.5	3.2	3.0	2.9	3.0	2.8
Portugal	6.1	6.0	7.2	7.8	6.7	5.6	5.5	5.8
Porto Rico	..	..	9.3	8.8	10.7	12.9	..	..
Russie	1.1	..	..	1.3	1.2	1.4	1.4	1.4
Singapour	6.4	6.8	7.2	7.8	8.0	8.2	9.0	..
République slovaque	3.0	2.9	3.0	2.9	2.7	..	5.3	..
Slovénie	5.2	5.3	5.1	4.9	4.8	4.8	4.7	4.7
Afrique du Sud	13.4	..	14.5	14.4	14.5	13.9	..	..
Espagne	5.5	5.4	5.3	5.2	5.0	5.5	5.2	5.1
Sri Lanka	..	..	..	0.9	1.1	..	1.3	1.3
Suède	4.6	4.1	4.4	8.2	7.7	7.4	8.0	8.5
Suisse	9.0	9.1	9.2	9.1	9.0	8.7	8.5	8.4
Thaïlande	4.1	..	..	..	..	..	..	..
Tunisie	..	..	..	..	..	2.0	2.2	..
Turquie	1.2	1.3	1.4	1.3	1.3	1.5	1.4	1.3
Royaume-Uni	11.7	12.5	11.0	10.7	10.2	9.6	12.7	13.1
États-Unis	11.0	11.2	10.7	10.9	11.1	11.2	11.2	11.3
Uruguay	1.9	2.1	2.1	2.3	2.4	..	2.7	..
Total-OCDE	8.6	8.3	8.1	8.4	8.6	8.8	8.8	8.9

.. Non disponible

Note : Voir les métadonnées détaillées sur : *http://metalinks.oecd.org/ins/20200312/d441.*

1. Informations sur les données concernant Israël : *http://oe.cd/israel-disclaimer.*

Source : Indicateurs des activités d'assurances, Statistiques de l'OCDE sur les assurances (base de données)

COMPARAISONS INTERNATIONALES

Tableau 17. Pénétration (Vie)

Pourcentage

	2011	2012	2013	2014	2015	2016	2017	2018
Argentina	..	0.5	0.4	0.4	0.4	0.4	0.4	0.3
Australie	2.9	2.7	2.9	3.7	3.4	2.8	2.3	2.0
Autriche	2.2	2.0	2.0	2.0	1.9	1.7	1.5	1.4
Belgique	4.9	5.5	4.1	4.0	3.7	3.5	3.3	3.4
Bolivie	..	0.3	..	..	..	0.5	0.5	0.6
Brésil	1.4	1.7	1.7	1.7	1.9	2.2	2.2	2.0
Canada	1.6	1.6	1.6	1.2	1.3	1.3	1.3	1.3
Chili	2.4	2.8	2.8	2.8	3.2	3.4	3.2	3.2
Colombie	..	0.3	..	..	..	0.5	0.5	0.6
Costa Rica	0.2	0.2	0.3	0.3	0.2	0.3	0.3	0.4
Cuba	..	..	..	..	..	..	..	..
République tchèque	1.8	1.8	1.7	1.7	1.4	1.2	1.1	1.0
Danemark	6.7	6.8	6.9	7.1	7.3	7.3	7.8	8.0
République dominicaine	..	..	..	..	..	..	..	0.2
Équateur	..	..	..	..	0.5	0.5	..	..
Égypte	..	..	..	..	..	..	..	..
El Salvador	..	..	..	..	..	..	..	0.6
Estonie	1.0	0.9	0.9	0.9	1.0	1.0	0.9	0.9
Finlande	1.9	1.9	2.7	2.9	3.0	2.1	2.0	1.9
France	6.1	5.4	5.6	6.0	6.2	6.2	6.1	6.2
Allemagne	..	3.0	3.1	3.0	2.9	2.7	2.7	2.7
Grèce	1.0	1.0	0.9	1.1	1.0	0.9	1.0	1.0
Guatemala	0.2	0.2	0.3	0.3	0.2	0.2	0.3	0.2
Honduras	..	0.9	1.0	0.7	0.7	..	..	0.9
Hong-Kong, Chine	9.9	10.6	11.6	12.6	13.3	16.2	16.6	16.8
Hongrie	1.6	1.4	1.4	1.4	1.2	1.2	1.2	1.1
Inde	3.3	..	..	..	2.7	2.7	2.7	..
Indonesie	1.2	1.2	1.2	1.1	1.2	1.3	1.4	1.3
Islande	0.2	0.2	0.2	0.2	0.2	0.2	0.2	0.2
Irlande	14.7	16.1	15.1	16.5	13.2	12.3	11.8	9.5
Israël[1]	2.6	2.6	2.5	2.4	2.5	2.5	2.7	2.7
Italie	4.5	4.3	5.3	6.8	6.9	6.0	5.7	5.8
Japon	7.3	6.8	6.4	6.8	6.8	6.0	5.8	6.1
Corée	6.2	7.4	7.2	7.1	7.1	6.9	6.2	5.9
Lettonie	0.4	0.4	0.4	0.5	0.5	0.5	0.5	0.5
Lithuanie	0.5	0.5	0.5	0.6	0.6	0.6	0.5	0.5
Luxembourg	28.3	40.9	36.4	40.5	33.7	30.5	34.7	31.7
Malaysie	3.0	3.1	3.1	3.1	3.1	3.1	3.0	3.0
Mexique	0.9	0.9	1.0	1.0	1.0	1.0	1.0	1.0
Maroc	..	..	..	..	..	..	..	..
Pays-Bas	3.3	2.9	2.8	2.6	2.1	1.9	1.8	1.5
Nouvelle-Zélande	..	..	..	..	..	..	..	..
Nicaragua	0.2	0.2	0.2	0.3	0.3	0.3	0.3	0.3
Norvège	2.6	2.8	2.6	2.9	3.0	3.0	2.8	2.8
Panama	0.2	1.0	1.1	..	..	..	..	..
Paraguay	..	..	0.1	..	0.1	0.0	0.1	..
Pérou	0.7	0.7	0.8	0.9	0.9	0.8	0.8	0.8
Pologne	2.0	2.2	1.9	1.7	1.5	1.3	1.2	1.0
Portugal	4.1	4.0	5.3	5.9	4.7	3.5	3.4	3.8
Porto Rico	..	..	0.4	0.6	0.5	1.2	..	..
Russie	0.1	..	..	0.2	0.2	0.3	0.4	0.5
Singapour	5.1	5.0	5.4	5.9	6.2	6.4	7.3	..
République slovaque	1.6	1.6	1.7	1.6	1.4	..	3.9	..
Slovénie	1.3	1.3	1.3	1.3	1.3	1.2	1.2	1.1
Afrique du Sud	10.5	..	11.6	11.8	11.8	11.4	..	..
Espagne	2.7	2.5	2.5	2.4	2.4	2.8	2.5	2.4
Sri Lanka	..	..	..	0.3	0.5	..	0.5	0.5
Suède	2.4	2.4	2.4	6.0	5.9	5.7	6.2	6.7
Suisse	4.9	5.0	5.1	5.0	5.0	4.6	4.4	4.3
Thaïlande	2.9	..	..	..	..	..	..	..
Tunisie	..	..	..	..	..	0.4	0.4	..
Turquie	0.2	0.2	0.2	0.2	0.2	0.2	0.3	0.2
Royaume-Uni	8.7	9.5	8.0	8.0	7.6	6.1	9.0	9.6
États-Unis	5.1	5.1	4.7	4.5	4.5	4.5	4.4	4.4
Uruguay	0.5	0.5	0.6	0.7	0.8	..	1.1	..
Total-OCDE	5.0	4.8	4.5	4.7	4.7	4.4	4.4	4.4

.. Non disponible

Note : Voir les métadonnées détaillées sur : *http://metalinks.oecd.org/ins/20200312/d441.*

1. Informations sur les données concernant Israël : *http://oe.cd/israel-disclaimer.*

Source : Indicateurs des activités d'assurances, Statistiques de l'OCDE sur les assurances (base de données)

COMPARAISONS INTERNATIONALES

Tableau 18. Pénétration (Non-vie)

Pourcentage

	2011	2012	2013	2014	2015	2016	2017	2018
Argentina	..	1.8	2.0	2.0	2.2	2.1	2.2	2.0
Australie	2.0	2.1	2.2	2.2	2.2	2.1	2.1	2.1
Autriche	3.1	3.1	3.1	3.1	3.1	3.0	3.0	3.0
Belgique	2.7	2.8	2.8	2.9	2.8	2.7	2.7	2.7
Bolivie	..	0.9	..	..	..	0.9	0.8	0.7
Brésil	1.0	1.0	1.1	1.1	1.1	1.1	1.1	1.1
Canada	3.2	3.3	3.2	3.0	3.2	3.2	3.1	3.1
Chili	1.4	1.4	1.4	1.4	1.5	1.4	1.4	1.5
Colombie	..	0.9	..	..	..	0.9	0.8	0.7
Costa Rica	1.7	1.8	1.8	2.0	1.7	1.8	1.9	1.9
Cuba	..	..	..	..	..	..	..	..
République tchèque	2.0	1.9	2.0	2.0	1.9	1.8	1.8	1.8
Danemark	3.1	3.1	3.0	3.3	3.2	3.1	3.2	3.1
République dominicaine	..	..	..	..	..	..	..	1.3
Équateur	..	..	..	..	1.8	1.6	..	..
Égypte	..	..	..	..	..	..	..	..
El Salvador	..	..	..	..	..	..	..	1.8
Estonie	1.4	1.8	2.2	2.2	2.3	2.4	2.5	2.7
Finlande	1.7	1.7	2.0	2.1	2.1	2.0	1.9	..
France	3.1	3.2	3.2	3.2	3.2	4.5	4.5	4.5
Allemagne	..	3.6	3.6	3.5	3.4	3.5	3.7	3.7
Grèce	1.3	1.3	1.3	1.1	1.0	1.0	1.0	1.0
Guatemala	1.0	0.9	1.0	1.0	1.0	1.0	1.0	0.9
Honduras	..	1.0	1.0	1.2	1.2	..	..	1.8
Hong-Kong, Chine	1.3	1.4	1.5	1.4	1.5	1.4	1.4	1.4
Hongrie	1.3	1.2	1.2	1.1	1.2	1.2	1.2	1.3
Inde	0.5	..	..	..	0.7	0.9	0.9	..
Indonesie	0.4	0.4	0.5	0.5	0.5	0.5	0.5	0.5
Islande	2.5	2.5	2.3	2.2	2.2	2.1	2.2	2.3
Irlande	3.7	3.8	3.5	3.4	3.3	5.4	2.7	2.4
Israël[1]	2.3	2.3	2.2	2.2	2.2	2.2	2.3	2.3
Italie	2.2	2.2	2.1	2.0	1.9	1.9	1.9	1.9
Japon	1.5	..	..	..	..	1.7	1.7	1.7
Corée	4.2	4.7	4.5	4.9	4.8	4.9	4.8	4.7
Lettonie	1.0	1.7	1.7	1.7	1.7	1.6	1.9	2.1
Lithuanie	1.1	1.1	1.1	1.1	1.1	1.2	1.3	1.4
Luxembourg	3.0	2.9	3.2	2.7	2.8	2.8	3.1	2.8
Malaysie	1.7	1.7	1.7	1.7	1.7	1.6	1.5	1.4
Mexique	1.0	1.0	1.1	1.1	1.1	1.2	1.3	1.2
Maroc	..	..	..	..	..	..	..	..
Pays-Bas	3.1	3.1	3.0	2.8	2.7	7.9	7.7	7.8
Nouvelle-Zélande	..	2.6	2.7	2.7	2.5	2.5	2.4	..
Nicaragua	1.1	1.1	1.2	1.2	1.3	1.3	1.3	1.3
Norvège	2.2	2.3	2.2	2.4	2.4	2.6	2.3	2.2
Panama	..	1.6	1.6	..	..	..	..	..
Paraguay	..	0.5	0.8	..	0.9	1.0	0.9	..
Pérou	0.8	0.8	0.9	0.9	1.0	0.9	0.9	0.9
Pologne	1.6	1.6	1.6	1.5	1.4	1.6	1.8	1.8
Portugal	2.1	2.0	2.0	1.9	2.0	2.1	2.1	2.0
Porto Rico	..	..	8.9	8.3	10.2	11.7	..	..
Russie	0.9	..	..	0.8	1.1	1.1	1.0	1.0
Singapour	1.3	1.8	1.8	1.9	1.8	1.8	1.7	..
République slovaque	1.4	1.3	1.3	1.3	1.3	..	1.4	..
Slovénie	3.9	4.0	3.8	3.7	3.6	3.5	3.5	3.5
Afrique du Sud	3.0	..	2.8	2.5	2.7	2.5	..	..
Espagne	2.8	2.8	2.8	2.7	2.7	2.7	2.7	2.7
Sri Lanka	..	..	..	0.6	0.6	..	0.7	0.7
Suède	2.2	1.8	1.9	2.3	1.9	1.7	1.7	1.9
Suisse	4.0	4.1	4.1	4.0	4.1	4.1	4.1	4.1
Thaïlande	1.2	..	..	..	..	..	..	..
Tunisie	..	..	..	..	..	1.6	1.7	..
Turquie	1.0	1.1	1.1	1.1	1.2	1.3	1.2	1.1
Royaume-Uni	3.0	3.0	3.0	2.8	2.6	3.5	3.6	3.6
États-Unis	6.0	6.0	6.1	6.4	6.6	6.8	6.8	6.8
Uruguay	1.4	1.5	1.5	1.6	1.6	..	1.5	..
Total-OCDE	3.6	4.0	4.0	4.2	4.4	4.4	4.4	4.5

.. Non disponible

Note : Voir les métadonnées détaillées sur : *http://metalinks.oecd.org/ins/20200312/d441.*

1. Informations sur les données concernant Israël : *http://oe.cd/israel-disclaimer.*

Source : Indicateurs des activités d'assurances, Statistiques de l'OCDE sur les assurances (base de données)

Tableau 19. Part de l'assurance-vie
Pourcentage du total de l'assurance

Pourcentage

	2011	2012	2013	2014	2015	2016	2017	2018
Argentina	..	20.7	17.8	16.5	15.3	16.0	14.7	14.3
Australie	56.7	53.6	54.9	61.1	59.2	55.4	52.1	49.5
Autriche	..	..	34.1	35.5	35.3	32.5	31.7	29.9
Belgique	63.2	64.7	57.7	56.5	55.4	54.4	53.7	54.7
Bolivie	..	21.8	..	..	..	33.5	40.4	43.3
Brésil	..	..	..	60.2	62.7	66.1	66.5	64.3
Canada	34.0	32.1	32.9	28.7	28.7	29.1	29.5	30.1
Chili	62.5	65.5	66.5	65.8	68.3	70.4	69.4	68.8
Colombie	..	21.8	..	..	..	33.5	40.4	43.3
Costa Rica	10.6	11.9	13.4	12.3	12.7	15.4	14.7	16.1
Cuba	..	..	..	..	..	..	..	..
République tchèque	46.4	46.9	45.7	45.1	41.1	40.6	38.3	36.6
Danemark	68.2	68.7	95.4	67.7	68.9	68.7	69.1	70.0
République dominicaine	..	..	..	..	..	..	..	16.1
Équateur	..	..	..	..	19.5	22.0	..	..
Égypte	..	..	..	..	..	..	..	..
El Salvador	20.7	22.7	26.7	25.7	25.6	24.7	..	25.1
Estonie	39.8	33.9	29.3	30.3	31.2	30.0	27.3	25.2
Finlande	51.2	51.2	56.8	57.4	58.3	50.6	50.7	100.0
France	63.9	62.1	62.4	64.2	64.2	58.0	55.2	55.2
Allemagne	45.7	35.5	36.0	35.9	34.0	33.1	32.1	31.8
Grèce	43.7	43.2	41.4	49.5	50.5	47.2	50.4	49.5
Guatemala	..	20.3	19.9	20.8	19.4	19.9	20.5	20.5
Honduras	..	..	30.9	35.3	36.4	..	..	33.3
Hong-Kong, Chine	84.8	84.7	85.7	86.9	87.6	90.1	90.4	90.1
Hongrie	54.6	53.0	54.5	54.8	51.1	49.5	48.2	46.2
Inde	85.5	..	..	..	78.2	..	70.7	..
Indonesie	..	70.6	67.9	66.2	69.0	72.6	74.6	72.9
Islande	7.3	7.3	7.9	8.2	8.4	8.8	8.9	8.3
Irlande	79.2	80.3	80.6	82.2	79.6	68.5	79.5	75.4
Israël[1]	52.8	52.9	52.9	51.7	53.6	52.7	53.8	54.0
Italie	67.1	66.5	71.4	76.8	77.8	75.8	75.0	74.7
Japon	80.7	100.0	100.0	100.0	100.0	75.5	75.1	75.2
Corée	57.5	59.0	59.3	56.8	57.1	56.3	53.9	53.2
Lettonie	18.4	17.6	18.9	20.6	21.6	23.2	22.5	19.2
Lithuanie	33.0	32.0	32.0	35.8	36.6	34.7	29.2	28.3
Luxembourg	90.4	93.4	91.9	93.9	92.3	91.5	91.8	91.8
Malaysie	60.3	60.6	60.1	60.2	60.6	61.7	63.4	64.1
Mexique	44.7	46.2	46.1	46.8	46.3	46.7	43.0	44.9
Maroc	..	..	..	..	..	..	..	..
Pays-Bas	51.4	47.6	47.4	47.7	43.6	19.6	18.2	16.2
Nouvelle-Zélande	..	..	..	..	..	..	..	..
Nicaragua	..	15.8	17.2	17.8	17.4	18.6	..	20.4
Norvège	53.7	54.6	54.2	55.3	55.1	55.4	55.4	55.9
Panama	..	38.5	39.7	..	..	..	..	..
Paraguay	..	..	12.2	..	13.3	0.2	13.9	..
Pérou	48.0	47.2	46.8	49.1	48.4	45.3	47.0	48.5
Pologne	55.7	58.1	54.0	52.2	50.2	42.6	39.4	34.9
Portugal	64.2	63.3	70.5	72.9	67.5	59.6	58.6	61.8
Porto Rico	..	..	4.3	6.3	4.9	9.5	..	..
Russie	7.5	..	..	12.6	13.9	20.4	27.4	32.0
Singapour	67.0	65.8	67.9	68.5	69.3	71.6	74.9	..
République slovaque	53.2	53.9	55.5	54.3	51.2	..	73.6	..
Slovénie	22.0	22.1	22.4	22.9	23.1	22.5	22.4	21.7
Afrique du Sud	78.0	79.2	78.6	80.5	79.9	79.7	..	..
Espagne	46.9	46.4	44.6	43.9	43.6	47.1	44.8	43.6
Sri Lanka	..	..	..	35.5	42.5	..	41.4	41.3
Suède	49.6	54.0	52.2	69.6	73.3	74.9	76.1	75.6
Suisse	48.4	47.9	48.2	48.5	48.9	46.9	45.0	44.4
Thaïlande	69.0	..	..	..	..	..	..	..
Tunisie	..	..	..	..	..	20.3	19.7	..
Turquie	18.3	15.4	15.7	12.3	11.8	14.9	17.3	15.9
Royaume-Uni	73.5	75.4	72.4	73.4	73.3	68.8	68.3	71.7
États-Unis	40.1	40.3	38.5	36.2	37.1	35.9	35.6	43.3
Uruguay	..	26.4	28.7	29.5	33.4	..	42.2	..
Total-OCDE	52.9	53.2	52.7	50.2	49.2	46.5	45.4	50.2

.. Non disponible

Note : Voir les métadonnées détaillées sur : *http://metalinks.oecd.org/ins/20200312/d441*.

1. Informations sur les données concernant Israël : *http://oe.cd/israel-disclaimer*.

Source : Indicateurs des activités d'assurances, Statistiques de l'OCDE sur les assurances (base de données)

COMPARAISONS INTERNATIONALES

Tableau 20. Total des primes brutes directes par employé d'entreprise d'assurances

Dollars des États-Unis

	2011	2012	2013	2014	2015	2016	2017	2018
Argentina	..	..	289 071	296 157	290 581	..	264 715	291 050
Australie	..	..	..	..	..	..	..	..
Autriche	831 859	765 392	795 367	816 717	688 586	660 884	676 184	729 985
Belgique	..	..	..	..	..	..	..	..
Bolivie	..	..	..	..	..	112 942	99 464	101 913
Brésil	..	..	..	..	..	..	..	..
Canada	..	..	..	..	..	..	..	..
Chili	448 189	486 192	493 638	454 677	495 261	510 666	519 672	558 276
Colombie	..	..	..	..	..	112 942	99 464	101 913
Costa Rica	..	..	..	..	..	..	..	..
Cuba	..	..	..	..	..	..	..	..
République tchèque	..	..	..	..	..	..	..	..
Danemark	2 092 465	2 052 306	2 215 121	2 158 639	1 927 585	2 018 459	2 661 767	3 419 049
République dominicaine	..	..	..	..	..	..	..	..
Équateur	..	..	..	..	2 202 989	292 344	..	..
Égypte	..	..	..	..	..	..	..	..
El Salvador	..	..	..	..	..	..	..	195 773
Estonie	209 048	224 236	200 224	221 998	200 416			
Finlande	1 029 267	949 631	1 363 735	1 514 861	1 311 479	1 088 453	1 237 491	633 977
France	..	..	..	..	..	..	..	..
Allemagne	..	1 508 895	1 607 786	1 649 160	1 371 091	1 367 654	1 520 578	1 653 171
Grèce	..	..	..	..	..	..	..	..
Guatemala	..	137 904	..	159 900	..	181 604	186 479	185 720
Honduras	..	..	267 721	183 148	217 165	..		1 497 747
Hong-Kong, Chine	..	..	..	..	..	..	617 084	632 451
Hongrie	151 723	143 598	157 425	161 509	147 122	169 626	168 073	197 023
Inde	..	..	..	..	..	..	32 479	..
Indonesie	..	23 320	..	..	..	..	..	..
Islande	624 626	..	665 881	731 603	703 782	..	..	..
Irlande	4 527 571	5 145 784	5 005 661	..	..	..	..	..
Israël[1]	..	..	..	..	..	..	..	..
Italie	573 201	516 300	588 605	729 106	622 717	585 098	..	..
Japon	..	..	129 385	130 139	144 659	..	1 060 963	..
Corée	387 679	442 588	466 477	580 301	590 964	611 062	638 558	627 817
Lettonie	134 539	144 559	190 704	237 116	301 825	..	..	..
Lithuanie	131 719	116 317	128 847	136 520	120 842	130 040	147 705	172 038
Luxembourg	1 410 243	1 776 184	1 556 437	4 328 321	2 997 287	2 886 004	3 019 973	2 823 429
Malaysie	492 814	567 984	651 774	650 745	461 454	465 847	435 343	475 776
Mexique	447 668	457 259	436 528	403 458	330 532	410 335	423 179	..
Maroc	..	..	..	..	..	..	..	..
Pays-Bas	..	..	..	..	..	..	..	..
Nouvelle-Zélande	..	425 805	473 708		..	..	..	..
Nicaragua	..	..	1 704 849	119 312	2 050 664	..	..	..
Norvège	..	..	..	..	..	..	..	..
Panama	..	347 935	392 524	..	..	..	..	..
Paraguay	..	104 274	382 149	..	124 344	..	..	..
Pérou	257 668	251 417	285 142	301 442	290 594	..	..	295 065
Pologne	181 339	198 127	169 341	183 458	167 678	..	..	..
Portugal	414 633	389 138	490 972	551 505	416 277	371 983	413 352	506 932
Porto Rico	..	..	780 437	704 962	856 812	1 042 984	..	..
Russie	51 053	..	..	73 609	..	61 185	121 961	89 910
Singapour	..	..	..	..	..	..	..	..
République slovaque	418 170	378 453	..	403 610	..	..	..	..
Slovénie	..	..	..	..	..	..	..	..
Afrique du Sud	..	..	..	..	..	..	..	..
Espagne	..	..	424 700	403 450	..	..	..	..
Sri Lanka	..	..	..	24 436	26 631	..	17 383	17 439
Suède	1 264 886	1 073 328	1 210 867	2 042 276	1 771 433	..	1 686 900	1 927 908
Suisse	..	..	..	..	..	..	..	..
Thaïlande	..	..	..	..	..	..	..	..
Tunisie	..	..	..	..	..	173 680	..	..
Turquie	369 673	322 731	379 315	335 385	298 749	233 812	204 510	261 141
Royaume-Uni	..	..	..	..	..	..	..	..
États-Unis	..	..	..	..	..	..	..	..
Uruguay	..	..	..	..	..	..	..	..
Total-OCDE	531 467	665 134	318 550	333 066	333 535	719 416	919 764	960 285

.. Non disponible

Note : Voir les métadonnées détaillées sur : *http://metalinks.oecd.org/ins/20200312/d441.*

1. Informations sur les données concernant Israël : *http://oe.cd/israel-disclaimer.*

Source : Indicateurs des activités d'assurances, Statistiques de l'OCDE sur les assurances (base de données)

Tableau 21. Taux de rétention (Vie et Non-vie)

Pourcentage

	2011	2012	2013	2014	2015	2016	2017	2018
Argentina	..	88.9	90.6	86.5	87.5	88.4	88.7	89.3
Australie	84.5	84.1	84.5	86.0	83.8	80.4	77.1	77.9
Autriche	..	..	81.3	83.6	84.2	81.1	82.7	87.2
Belgique	95.1	92.6	91.2	88.7	88.5	87.2	87.5	87.2
Bolivie	..	50.3	..	..	..	49.8	51.5	54.9
Brésil	..	..	..	95.2	95.4	95.8	95.7	95.3
Canada	75.2	73.3	73.1	73.5	71.4	74.0	72.4	79.1
Chili	80.6	83.1	84.4	84.0	84.8	84.4	83.4	84.1
Colombie	..	50.3	..	..	..	49.8	51.5	54.9
Costa Rica	81.1	80.9	78.6	80.2	77.9	78.9	79.4	77.6
Cuba	..	..	..	..	..	..	..	..
République tchèque	81.5	81.3	80.6	80.3	79.3	78.9	78.7	79.0
Danemark	95.8	96.3	99.4	97.2	97.1	96.9	96.7	97.2
République dominicaine	..	..	..	..	..	..	..	69.1
Équateur	..	..	..	..	72.4	72.3	..	..
Égypte	..	..	..	..	..	..	..	..
El Salvador	61.0	62.0	66.6	66.6	66.5	64.2	..	63.7
Estonie	95.1	..	..	..	..	..	..	..
Finlande	96.7	96.7	97.4	97.6	97.7	97.3	97.4	99.5
France	89.9	89.2	89.3	91.0	88.6	84.8	88.0	87.7
Allemagne	..	90.2	89.7	89.0	87.7	87.9	87.5	86.1
Grèce	83.3	88.1	79.8	87.6	87.2	88.8	89.2	88.7
Guatemala	..	68.0	66.3	64.2	64.9	67.8	67.2	65.2
Honduras	..	..	55.7	54.4	53.0	..	..	58.7
Hong-Kong, Chine	86.0	87.6	87.0	87.7	88.3	90.4	90.4	90.7
Hongrie	83.9	83.3	86.1	86.1	86.1	86.7	87.4	87.6
Inde	95.5	..	..	..	95.2	..	91.8	..
Indonesie	..	86.2	85.5	83.8	84.8	86.0	87.3	86.8
Islande	92.9	93.3	93.9	94.4	94.8	95.4	96.0	95.9
Irlande	86.7	88.4	87.8	89.2	88.0	79.6	..	..
Israël[1]	85.6	85.7	87.3	88.5	88.4	84.9	86.5	85.8
Italie	95.5	95.1	96.2	97.1	97.2	96.4	96.3	96.2
Japon	93.3	94.1	94.9	94.3	94.6	89.5	89.8	88.8
Corée	94.6	95.0	94.7	94.7	94.7	94.7	94.3	94.0
Lettonie	94.0	94.2	96.3	96.3	95.9	95.3	93.2	89.8
Lithuanie	..	..	..	95.2	95.1	95.0	91.5	90.4
Luxembourg	78.4	68.6	74.9	71.8	84.1	82.2	85.8	76.8
Malaysie	86.5	86.9	87.8	87.8	87.9	88.3	88.6	89.2
Mexique	82.3	83.8	82.6	83.9	83.0	84.4	81.4	83.2
Maroc	..	..	..	..	..	..	..	..
Pays-Bas	86.2	92.0	92.3	89.4	91.7	98.3	97.6	98.0
Nouvelle-Zélande	..	112.4	107.9	111.2	112.7	107.0	106.8	..
Nicaragua	..	62.0	63.8	63.3	65.7	66.7	..	60.9
Norvège	..	93.0	92.9	93.1	92.2	92.7	93.0	93.3
Panama	..	57.4	55.6	..	..	..	..	..
Paraguay	..	102.3	79.1	..	79.6	78.0	77.4	..
Pérou	78.0	76.7	76.7	75.5	74.5	73.3	75.0	76.3
Pologne	93.3	92.7	92.7	92.4	90.5	87.9	88.4	88.4
Portugal	91.1	89.6	91.1	92.0	90.5	88.9	88.6	89.4
Porto Rico	..	..	99.6	98.6	92.9	93.9	..	..
Russie	97.7	..	..	86.9	88.6	88.9	91.7	92.4
Singapour	86.9	85.5	85.9	86.8	79.2	77.6	77.0	..
République slovaque	85.5	85.6	85.8	85.3	84.5	..	92.2	..
Slovénie	87.2	87.1	87.8	86.9	88.1	87.7	86.5	86.8
Afrique du Sud	85.1	90.9	87.6	88.2	89.7	88.9	..	..
Espagne	93.0	92.5	90.0	91.3	91.3	91.0	90.6	91.0
Sri Lanka	..	..	..	87.0	86.6	..	85.6	87.9
Suède	92.9	92.2	92.7	95.6	97.0	97.3	97.2	97.4
Suisse	93.0	92.5	92.6	92.9	93.1	93.7	92.6	92.6
Thaïlande	90.2	..	..	..	..	..	..	..
Tunisie	..	..	..	..	..	80.9	100.0	..
Turquie	74.9	77.9	75.6	75.0	74.8	76.1	72.0	70.9
Royaume-Uni	88.4	87.7	87.4	84.8	89.0	77.0	87.9	80.6
États-Unis	74.0	73.6	71.3	74.9	72.8	72.5	71.4	83.7
Uruguay	..	91.0	91.2	90.8	91.5	..	92.9	..
Total-OCDE	82.3	82.1	80.7	82.5	80.7	79.4	79.6	85.6

.. Non disponible

Note : Voir les métadonnées détaillées sur : *http://metalinks.oecd.org/ins/20200312/d441*.

1. Informations sur les données concernant Israël : *http://oe.cd/israel-disclaimer*.

Source : Indicateurs des activités d'assurances, Statistiques de l'OCDE sur les assurances (base de données)

COMPARAISONS INTERNATIONALES

Tableau 22. Taux de rétention (Vie)

Pourcentage

	2011	2012	2013	2014	2015	2016	2017	2018
Argentina	..	92.7	96.6	97.1	97.2	96.7	96.8	96.8
Australie	91.9	92.1	92.3	92.5	91.3	89.3	82.5	84.2
Autriche	..	..	96.7	97.4	97.6	97.4	97.8	97.8
Belgique	97.6	97.7	97.0	97.6	97.9	96.7	98.0	97.7
Bolivie	..	79.5	..	..	..	64.6	63.7	71.9
Brésil	..	..	..	99.6	99.5	99.6	99.5	99.5
Canada	75.6	73.9	75.2	69.5	67.6	72.1	72.9	75.4
Chili	96.3	97.4	98.0	97.7	97.5	95.0	92.6	93.3
Colombie	..	79.5	..	..	..	64.6	63.7	71.9
Costa Rica	93.3	90.8	84.7	87.4	81.4	82.8	81.4	79.1
Cuba	..	..	..	..	..	..	..	..
République tchèque	96.1	95.0	93.9	93.0	92.4	92.3	91.7	91.4
Danemark	99.7	99.7	100.0	99.8	99.8	99.8	99.8	99.9
République dominicaine	..	..	..	..	..	..	..	76.5
Équateur	..	..	..	..	81.6	99.2	..	..
Égypte	..	..	..	..	..	..	..	..
El Salvador	78.4	81.1	95.0	87.3	81.6	80.8	..	78.2
Estonie	98.9	..	..	..	..	..	..	..
Finlande	99.0	99.0	99.4	99.5	99.5	99.3	99.4	99.5
France	93.1	92.9	92.5	94.1	90.7	86.5	93.2	93.9
Allemagne	..	96.9	96.8	97.0	97.0	96.6	97.0	96.2
Grèce	84.8	95.1	94.8	95.6	95.9	96.2	95.0	95.1
Guatemala	..	76.6	75.3	76.6	76.9	80.9	79.9	78.1
Honduras	..	..	61.1	45.4	56.1	..	..	56.0
Hong-Kong, Chine	89.2	91.0	90.0	90.5	91.0	92.8	92.7	93.4
Hongrie	93.1	93.6	95.0	96.3	96.8	97.3	98.7	99.1
Inde	99.8	..	..	..	99.6	..	99.5	..
Indonesie	..	97.3	97.2	96.7	96.8	97.3	97.4	97.1
Islande	82.0	82.5	83.9	82.3	83.7	85.2	85.9	85.0
Irlande	91.3	94.4	93.7	94.0	94.1	94.9	..	..
Israël[1]	95.0	95.2	95.3	95.2	95.5	95.1	95.2	95.4
Italie	98.2	98.3	98.8	99.0	99.1	99.1	99.1	99.1
Japon	96.4	94.1	94.9	94.3	94.6	93.1	93.6	92.7
Corée	98.5	98.8	98.8	98.8	98.7	98.6	98.4	98.4
Lettonie	99.7	99.7	99.8	99.8	99.8	99.8	99.8	99.8
Lithuanie	..	..	..	98.5	98.0	98.5	98.3	97.8
Luxembourg	80.0	68.9	76.4	72.1	85.3	83.6	87.4	77.4
Malaysie	96.8	96.7	97.3	96.9	96.7	96.6	95.9	96.0
Mexique	94.6	94.8	95.3	96.6	96.4	96.2	95.4	95.4
Maroc	..	..	..	..	..	..	..	..
Pays-Bas	94.6	94.9	95.4	89.6	94.0	97.2	96.4	97.7
Nouvelle-Zélande	..	..	..	..	..	..	..	..
Nicaragua	..	63.7	60.3	55.3	59.2	58.2	..	62.4
Norvège	..	98.6	98.8	98.9	98.7	98.9	98.9	99.1
Panama	..	80.4	77.7	..	..	..	..	..
Paraguay	..	..	80.7	..	81.7	41.0	83.0	..
Pérou	90.8	88.8	89.5	84.4	84.7	82.4	83.7	85.0
Pologne	99.1	97.6	98.6	98.5	98.2	98.3	99.4	98.7
Portugal	97.9	96.4	97.0	97.7	97.2	96.5	96.5	96.9
Porto Rico	..	..	103.3	100.0	56.0	78.0	..	..
Russie	252.8	..	..	98.4	98.6	98.8	99.2	99.3
Singapour	96.3	96.6	95.1	96.1	88.4	84.3	82.3	..
République slovaque	98.3	98.4	98.4	98.2	97.9	..	99.0	..
Slovénie	97.6	97.5	97.2	96.9	96.7	96.3	96.4	96.4
Afrique du Sud	89.4	94.9	92.5	93.2	95.2	94.6	..	..
Espagne	98.0	94.7	93.9	96.4	96.8	97.3	96.2	97.1
Sri Lanka	..	..	..	96.3	96.3	..	96.0	99.5
Suède	98.0	99.1	98.7	99.6	99.8	99.9	99.7	99.8
Suisse	99.3	99.4	99.3	99.4	99.4	99.3	99.3	98.8
Thaïlande	98.4	..	..	..	..	..	..	..
Tunisie	..	..	..	..	..	90.4	100.0	..
Turquie	90.5	95.1	95.7	94.8	95.1	95.8	96.2	95.5
Royaume-Uni	90.4	89.0	88.9	85.4	91.2	80.3	95.3	84.5
États-Unis	84.3	83.5	77.4	88.3	80.4	80.0	77.8	75.2
Uruguay	..	97.0	97.5	97.6	97.6	..	97.4	..
Total-OCDE	90.7	89.8	87.6	91.6	88.6	86.7	87.6	84.9

.. Non disponible

Note : Voir les métadonnées détaillées sur : *http://metalinks.oecd.org/ins/20200312/d441*.

1. Informations sur les données concernant Israël : *http://oe.cd/israel-disclaimer*.

Source : Indicateurs des activités d'assurances, Statistiques de l'OCDE sur les assurances (base de données)

COMPARAISONS INTERNATIONALES

Tableau 23. Taux de rétention (Non-vie)

Pourcentage

	2011	2012	2013	2014	2015	2016	2017	2018
Argentina	..	87.9	89.3	84.4	85.7	86.8	87.3	88.0
Australie	74.9	74.9	75.0	75.7	73.0	69.3	71.3	71.8
Autriche	..	..	73.2	76.0	77.0	73.3	75.8	82.7
Belgique	87.0	83.2	83.4	77.2	76.8	75.8	75.4	74.5
Bolivie	..	42.2	..	..	..	42.4	43.1	41.9
Brésil	..	..	..	88.5	88.5	88.4	88.3	87.7
Canada	75.0	73.0	72.1	75.2	72.9	74.7	72.2	80.6
Chili	54.4	55.9	57.6	57.7	57.4	59.1	62.7	63.8
Colombie	..	42.2	..	..	..	42.4	43.1	41.9
Costa Rica	79.7	79.5	77.6	79.2	77.3	78.2	79.0	77.3
Cuba	..	..	..	..	..	..	..	..
République tchèque	68.8	69.2	69.4	69.8	70.2	69.8	70.6	71.9
Danemark	87.3	88.9	88.1	91.7	91.1	90.6	89.9	91.1
République dominicaine	..	..	..	..	..	..	..	67.7
Équateur	..	..	..	..	70.1	64.7	..	..
Égypte	..	..	..	..	..	..	..	..
El Salvador	56.4	56.3	56.2	58.4	60.1	57.1	..	58.8
Estonie	92.5	..	..	..	..	..	..	..
Finlande	94.3	94.3	94.7	95.0	95.2	95.3	95.4	..
France	84.2	83.2	84.1	85.3	84.8	82.4	81.7	80.1
Allemagne	..	86.5	85.7	84.6	82.9	83.7	83.0	81.3
Grèce	82.2	82.9	69.1	79.8	78.3	82.2	83.3	82.5
Guatemala	..	65.9	64.0	61.0	62.0	64.5	63.9	61.8
Honduras	..	..	53.3	59.3	51.3	..	..	60.1
Hong-Kong, Chine	68.5	68.7	69.3	69.0	69.8	68.9	68.7	65.8
Hongrie	72.9	71.6	75.3	73.6	75.0	76.2	76.9	77.7
Inde	70.4	..	..	..	79.5	..	73.1	..
Indonesie	..	59.4	60.8	58.4	58.3	55.7	57.6	58.9
Islande	93.7	94.2	94.7	95.5	95.8	96.3	97.0	96.9
Irlande	69.3	64.1	63.1	67.1	64.1	46.3	..	..
Israël[1]	75.1	75.0	78.2	81.2	80.2	73.6	76.4	74.6
Italie	90.0	89.0	89.9	90.5	90.6	87.9	87.8	87.6
Japon	80.2	..	..	..	..	78.4	78.2	76.9
Corée	89.4	89.5	88.6	89.5	89.4	89.8	89.5	88.9
Lettonie	92.7	93.0	95.5	95.4	94.8	93.9	91.3	87.4
Lithuanie	..	..	..	93.3	93.4	93.0	88.6	87.5
Luxembourg	64.1	64.3	58.5	65.9	68.9	66.7	67.7	69.2
Malaysie	70.9	71.8	73.6	74.0	74.4	74.9	76.0	77.0
Mexique	72.5	74.4	71.7	72.8	71.5	74.0	70.8	73.2
Maroc	..	..	..	..	..	..	..	..
Pays-Bas	77.2	89.4	89.5	89.2	89.9	98.5	98.1	98.3
Nouvelle-Zélande	..	78.7	77.5	80.0	80.5	73.8	74.4	..
Nicaragua	..	61.7	64.6	65.0	67.0	68.7	..	60.5
Norvège	..	86.2	85.9	85.9	84.3	85.0	85.5	86.0
Panama	..	43.0	41.0	..	..	..	..	..
Paraguay	..	71.2	78.9	..	79.3	78.0	76.5	..
Pérou	66.1	65.8	65.5	67.0	65.0	65.7	67.3	68.1
Pologne	85.9	85.9	85.8	85.8	82.8	80.2	81.3	82.8
Portugal	78.8	77.9	76.9	76.8	76.6	77.7	77.4	77.1
Porto Rico	..	..	99.5	98.5	94.8	95.5	..	..
Russie	84.3	..	..	82.0	87.0	86.4	88.9	89.2
Singapour	67.9	64.2	66.5	66.5	58.4	60.9	61.0	..
République slovaque	71.0	70.7	70.1	69.9	70.4	..	73.3	..
Slovénie	84.3	84.2	85.1	84.0	85.5	85.2	83.6	84.2
Afrique du Sud	69.5	75.7	69.8	67.7	68.0	66.8	..	..
Espagne	88.5	90.5	86.8	87.3	87.0	85.3	86.0	86.2
Sri Lanka	..	..	..	81.9	79.4	..	78.3	79.8
Suède	87.9	84.0	86.1	86.5	89.3	89.5	89.1	89.9
Suisse	87.0	86.1	86.4	86.7	87.0	88.8	87.1	87.5
Thaïlande	72.1	..	..	..	..	..	..	..
Tunisie	..	..	..	..	..	78.6	100.0	..
Turquie	71.4	74.8	71.9	72.2	72.1	72.7	66.9	66.2
Royaume-Uni	82.8	83.8	83.4	83.2	82.8	69.5	72.0	70.7
États-Unis	67.1	66.9	67.4	67.3	68.2	68.3	67.9	90.1
Uruguay	..	88.9	88.7	87.9	88.4	..	89.7	..
Total-OCDE	72.7	73.3	73.5	73.4	73.0	73.0	72.9	86.3

.. Non disponible

Note : Voir les métadonnées détaillées sur : *http://metalinks.oecd.org/ins/20200312/d441.*

1. Informations sur les données concernant Israël : *http://oe.cd/israel-disclaimer.*

Source : Indicateurs des activités d'assurances, Statistiques de l'OCDE sur les assurances (base de données)

Tableau 24. Taux de réassurance acceptée (Vie et Non-vie)

Pourcentage

	2011	2012	2013	2014	2015	2016	2017	2018
Argentina	..	0.5	0.3	7.2	7.0	6.7	6.6	5.5
Australie	10.0	11.1	10.9	10.1	10.9	12.5	13.0	14.3
Autriche	..	..	12.0	9.6	8.9	9.3	6.4	7.2
Belgique	3.1	2.7	3.2	3.5	3.0	2.9	2.3	1.8
Bolivie	..	0.6	..	..	..	1.0	3.9	3.3
Brésil	..	..	..	0.0	0.0	0.0	0.0	0.0
Canada	8.2	8.5	9.7	17.7	17.6	15.6	16.1	11.3
Chili	0.3	0.5	0.5	0.6	0.8	1.1	0.9	0.9
Colombie	..	0.6	..	..	..	1.0	3.9	3.3
Costa Rica	0.1	0.2	0.3	0.3	0.3	0.3	0.3	0.3
Cuba	..	..	..	..	..	..	..	..
République tchèque	1.7	1.9	1.8	1.6	2.0	2.4	2.5	2.1
Danemark	0.3	0.8	84.9	0.8	0.8	2.9	3.3	3.5
République dominicaine	..	..	..	..	..	..	..	..
Équateur	..	..	..	..	2.0	1.7	..	..
Égypte	..	..	..	..	..	..	..	..
El Salvador	..	..	..	..	..	..	..	5.1
Estonie	0.1	..	..	..	..	..	..	0.0
Finlande	1.9	1.9	1.5	1.4	1.3	1.5	1.6	0.0
France	8.7	10.7	10.1	10.5	8.9	15.7	12.7	12.7
Allemagne	..	23.2	22.4	22.4	24.6	24.5	24.6	24.7
Grèce	1.7	2.0	2.3	1.2	1.1	1.0	0.9	0.9
Guatemala	..	2.9	2.7	2.7	3.1	2.9	2.9	3.4
Honduras	..	..	0.0	0.0	0.0	..	..	..
Hong-Kong, Chine	4.8	4.9	4.7	4.8	4.5	4.8	4.7	4.6
Hongrie	0.7	1.0	1.3	0.9	1.0	1.0	1.5	1.1
Inde	1.7	..	..	..	0.7	..	5.8	..
Indonesie	..	4.2	4.9	2.5	2.1	2.0	1.8	1.8
Islande	1.9	2.3	2.3	2.5	2.4	1.7	1.4	1.7
Irlande	1.6	2.0	1.8	1.9	1.9	2.2	1.2	3.0
Israël[1]	0.0	..	..	..	..	0.0	..	..
Italie	2.5	2.5	2.4	1.8	1.8	2.1	2.1	2.3
Japon	4.4	9.9	7.4	5.5	4.1	6.5	6.0	5.5
Corée	5.4	4.9	5.2	5.0	5.1	5.2	5.6	6.2
Lettonie	1.5	1.4	0.0	0.0	0.0	0.0	0.0	0.0
Lithuanie	0.1	0.1	0.1	0.0	0.0	0.0	0.0	0.0
Luxembourg	1.9	1.3	0.9	1.2	0.8	0.3	0.2	0.2
Malaysie	6.5	7.1	7.4	7.5	7.7	7.7	7.2	6.7
Mexique	2.0	1.8	1.7	1.8	1.7	1.6	1.7	1.7
Maroc	..	..	..	..	..	..	..	..
Pays-Bas	0.7	1.4	1.5	1.5	1.7	0.5	1.8	1.8
Nouvelle-Zélande	..	1.3	0.6	0.6	3.8	1.8	5.3	..
Nicaragua	..	..	0.0	..	..	..	..	..
Norvège	..	..	..	..	..	..	..	..
Panama	..	6.7	6.2	..	..	..	..	..
Paraguay	..	2.0	1.5	..	1.1	1.0	0.7	..
Pérou	1.5	1.4	1.0	0.7	0.6	0.6	0.7	0.6
Pologne	0.9	1.0	1.2	1.0	2.7	3.5	3.2	3.7
Portugal	3.7	4.1	3.5	3.3	3.9	5.1	5.3	5.3
Porto Rico	..	..	0.5	0.9	0.8	0.6	..	..
Russie	4.0	..	..	3.5	2.8	3.0	2.7	2.9
Singapour	25.1	20.6	19.6	19.2	19.7	21.7	17.6	..
République slovaque	0.9	1.0	0.9	1.4	2.0	..	0.2	..
Slovénie	12.0	12.3	11.3	11.3	12.5	12.1	12.1	11.7
Afrique du Sud	..	..	2.3	2.3	2.2	2.9	..	..
Espagne	6.0	2.6	7.7	7.8	8.2	8.2	8.1	7.8
Sri Lanka	..	..	..	2.2	1.5	..	2.4	2.2
Suède	6.0	7.9	6.3	4.1	3.1	3.0	3.1	3.1
Suisse	12.3	13.5	14.5	13.8	12.7	13.3	14.2	15.0
Thaïlande	1.7	..	..	..	..	..	..	..
Tunisie	..	..	..	..	..	1.2	5.3	..
Turquie	3.2	2.9	2.7	5.0	3.1	5.9	6.0	8.5
Royaume-Uni	7.9	8.1	9.7	9.9	11.1	35.8	14.3	20.4
États-Unis	20.5	20.7	21.5	21.8	22.8	22.3	23.0	11.9
Uruguay	..	0.0	0.0	0.0	0.0	..	0.0	..
Total-OCDE	13.0	15.0	15.5	15.4	16.7	18.5	17.2	11.8

.. Non disponible

Note : Voir les métadonnées détaillées sur : *http://metalinks.oecd.org/ins/20200312/d441.*

1. Informations sur les données concernant Israël : *http://oe.cd/israel-disclaimer.*

Source : Indicateurs des activités d'assurances, Statistiques de l'OCDE sur les assurances (base de données)

Tableau 25. Taux de réassurance acceptée (Vie)

Pourcentage

	2011	2012	2013	2014	2015	2016	2017	2018
Argentina	..	1.1	0.6	3.0	2.3	3.0	2.9	2.8
Australie	6.4	7.6	8.1	7.5	8.4	9.7	12.2	14.3
Autriche	..	..	0.2	0.2	0.2	0.2	0.2	0.2
Belgique	0.5	0.2	0.4	0.4	0.3	0.4	0.3	0.3
Bolivie	..	0.4	..	..	..	0.0	3.3	4.8
Brésil	..	..	..	0.0	0.0	0.0	0.0	0.0
Canada	8.3	8.8	9.7	16.6	17.5	15.0	14.4	11.8
Chili	0.1	0.0	0.0	0.1	0.4	1.0	0.8	0.8
Colombie	..	0.4	..	..	..	0.0	3.3	4.8
Costa Rica	0.0	0.1	0.0	0.0	0.0	0.0	0.0	0.0
Cuba	..	..	..	..	..	..	..	..
République tchèque	0.0	0.0	0.0	0.0	0.0	0.6	0.6	0.7
Danemark	0.0	0.6	89.0	0.5	0.5	0.6	0.4	0.4
République dominicaine	..	..	..	..	..	..	..	..
Équateur	..	..	..	..	0.6	0.0	..	..
Égypte	..	..	..	..	..	..	..	..
El Salvador	..	..	..	..	..	..	..	5.0
Estonie	0.0	..	..	..	..	..	..	0.0
Finlande	0.1	0.1	0.1	0.2	0.0	0.0	0.0	0.0
France	5.6	9.1	8.0	8.9	6.3	15.5	8.8	8.6
Allemagne	..	0.7	0.7	0.6	0.6	0.6	0.8	0.5
Grèce	1.1	0.2	0.2	0.2	0.2	0.1	0.0	0.0
Guatemala	..	2.1	1.0	1.6	1.7	1.9	1.4	1.5
Honduras	..	..	0.0	0.0	0.0	..	..	..
Hong-Kong, Chine	1.0	1.0	1.1	1.6	1.7	2.8	2.5	2.0
Hongrie	0.0	0.0	0.0	0.0	0.0	0.0	0.0	0.0
Inde	0.0	..	..	..	0.0	..	0.2	..
Indonesie	..	0.0	0.0	..	..	..	..	..
Islande	0.0	0.0	0.0	0.0	0.1	..	0.0	..
Irlande	0.9	1.2	1.1	1.1	1.2	0.7	0.2	0.1
Israël[1]	0.0	..	..	..	..	0.0	..	..
Italie	2.4	2.6	1.9	1.3	1.3	1.5	1.5	1.4
Japon	2.0	9.9	7.4	5.5	4.1	3.4	2.6	2.0
Corée	1.4	1.1	1.1	1.1	1.1	1.3	1.4	1.7
Lettonie	0.0	0.0	0.0	0.0	0.0	0.0	0.0	0.0
Lithuanie	0.0	0.0	0.0	0.0	0.0	0.0	0.0	0.0
Luxembourg	1.9	1.3	1.0	1.3	0.8	0.4	0.2	0.2
Malaysie	1.1	1.2	1.3	1.4	1.4	1.4	1.6	1.7
Mexique	0.6	0.5	0.6	0.7	0.4	0.5	0.6	0.4
Maroc	..	..	..	..	..	..	..	..
Pays-Bas	0.1	0.1	0.0	0.0	0.0	0.0	0.1	0.0
Nouvelle-Zélande	..	..	..	..	..	..	..	..
Nicaragua	..	..	0.0	..	..	..	..	..
Norvège	..	..	..	..	..	..	..	..
Panama	..	5.1	5.5	..	..	..	..	..
Paraguay	..	..	0.8	..	0.7	0.0	0.2	..
Pérou	1.8	1.6	1.2	0.6	0.5	0.3	0.1	0.0
Pologne	0.1	0.1	0.1	0.1	0.1	0.1	0.1	0.0
Portugal	0.0	0.0	0.0	0.0	0.0	0.0	0.0	0.0
Porto Rico	..	..	0.0	0.0	0.0	0.5	..	..
Russie	0.0	..	..	0.0	0.0	0.0	0.0	0.0
Singapour	10.2	11.8	10.9	10.8	10.4	14.7	11.0	..
République slovaque	0.0	0.0	0.0	0.0	0.0	..	0.0	..
Slovénie	0.0	..	..	..	..	..	..	..
Afrique du Sud	..	..	0.0	0.0	0.0	0.0	..	..
Espagne	1.1	0.2	1.3	1.6	1.5	1.5	1.4	1.5
Sri Lanka	..	..	..	..	0.0	..	0.6	..
Suède	0.2	2.3	0.2	0.0	0.0	0.0	0.0	0.0
Suisse	0.5	1.1	1.5	1.4	1.5	1.7	1.3	1.2
Thaïlande	0.1	..	..	..	..	..	..	..
Tunisie	..	..	..	..	..	1.5	1.5	..
Turquie	2.0	1.6	2.1	1.5	1.6	4.3	3.6	3.9
Royaume-Uni	6.8	7.1	9.3	9.0	10.0	40.7	10.4	18.7
États-Unis	9.2	9.8	11.3	10.4	15.1	13.8	14.9	20.2
Uruguay	..	0.0	0.0	0.0	0.0	..	0.0	..
Total-OCDE	5.5	7.4	7.5	6.8	8.8	12.5	9.0	12.4

.. Non disponible

Note : Voir les métadonnées détaillées sur : *http://metalinks.oecd.org/ins/20200312/d441.*

1. Informations sur les données concernant Israël : *http://oe.cd/israel-disclaimer.*

Source : Indicateurs des activités d'assurances, Statistiques de l'OCDE sur les assurances (base de données)

Tableau 26. Taux de réassurance acceptée (Non-vie)

Pourcentage

	2011	2012	2013	2014	2015	2016	2017	2018
Argentina	..	0.4	0.3	8.0	7.8	7.5	7.2	6.0
Australie	14.8	15.2	14.2	14.3	14.7	16.0	13.9	14.3
Autriche	..	..	18.2	14.7	13.6	13.7	9.2	10.2
Belgique	7.5	7.3	7.1	7.6	6.4	5.8	4.7	3.7
Bolivie	..	0.6	..	..	..	1.4	4.2	2.1
Brésil	..	..	..	0.1	0.0	0.0	0.0	0.0
Canada	8.2	8.3	9.7	18.1	17.7	15.8	16.7	11.1
Chili	0.7	1.2	1.4	1.5	1.6	1.3	1.1	1.1
Colombie	..	0.6	..	..	..	1.4	4.2	2.1
Costa Rica	0.1	0.2	0.4	0.3	0.4	0.3	0.3	0.4
Cuba	..	..	..	..	..	..	..	..
République tchèque	3.2	3.5	3.3	2.9	3.4	3.7	3.7	2.9
Danemark	0.8	1.1	1.1	1.3	1.4	8.0	9.8	10.7
République dominicaine	..	..	..	..	..	..	..	..
Équateur	..	..	..	..	2.4	2.2	..	..
Égypte	..	..	..	..	..	..	..	..
El Salvador	..	..	..	..	..	..	..	5.2
Estonie	0.1	..	..	..	..	..	..	0.0
Finlande	3.7	3.7	3.3	3.0	3.0	3.0	3.3	..
France	14.0	13.3	13.4	13.3	13.5	16.1	17.4	17.8
Allemagne	..	35.6	34.6	34.7	37.0	36.4	35.9	36.0
Grèce	2.1	3.3	3.7	2.2	1.9	1.8	1.8	1.7
Guatemala	..	3.1	3.2	3.0	3.4	3.2	3.3	3.9
Honduras	..	..	0.0	0.0	0.0	..	..	..
Hong-Kong, Chine	26.2	26.2	26.0	26.1	24.2	23.3	25.1	28.3
Hongrie	1.5	2.2	2.9	1.9	2.1	2.0	2.9	2.0
Inde	11.6	..	..	..	3.0	..	19.4	..
Indonesie	..	14.4	15.2	7.3	6.8	7.5	7.2	6.6
Islande	2.0	2.5	2.5	2.7	2.6	1.9	1.5	1.9
Irlande	4.1	5.3	5.0	5.3	4.6	5.5	5.3	6.5
Israël[1]	0.0	..	..	..	..	0.0	..	..
Italie	2.6	2.4	3.4	3.4	3.8	3.9	3.7	5.1
Japon	14.3	..	..	..	..	16.0	16.3	16.1
Corée	10.7	10.2	11.1	10.1	10.3	10.2	10.5	11.2
Lettonie	1.8	1.7	0.0	0.0	0.0	0.0	0.0	0.0
Lithuanie	0.2	0.2	0.2	0.0	0.0	0.0	0.0	0.0
Luxembourg	2.0	1.3	0.3	0.2	0.2	0.2	0.2	0.4
Malaysie	14.8	16.4	16.5	16.7	17.3	17.8	16.8	15.8
Mexique	3.1	2.9	2.7	2.7	2.7	2.6	2.6	2.7
Maroc	..	..	..	..	..	..	..	..
Pays-Bas	1.5	2.5	2.9	2.8	2.9	0.6	0.7	0.5
Nouvelle-Zélande	..	1.3	0.6	0.6	3.8	1.8	5.3	..
Nicaragua	..	..	0.0	..	..	..	..	..
Norvège	..	..	..	..	..	..	..	..
Panama	..	7.7	6.6	..	..	..	..	..
Paraguay	..	2.2	1.5	..	1.2	1.0	0.8	..
Pérou	1.4	1.3	1.0	0.8	0.7	0.8	1.3	1.1
Pologne	1.9	2.3	2.5	2.1	5.3	6.1	5.2	5.7
Portugal	10.3	11.0	11.7	12.3	12.1	12.6	12.9	13.8
Porto Rico	..	..	0.5	1.0	0.9	0.6	..	..
Russie	4.5	..	..	5.0	3.3	3.7	3.7	4.2
Singapour	55.3	37.6	38.1	37.3	40.7	39.2	37.0	..
République slovaque	1.9	2.1	2.1	3.1	4.0	..	0.8	..
Slovénie	15.4	15.8	14.6	14.6	16.3	15.7	15.5	14.9
Afrique du Sud	..	..	10.8	11.6	11.1	14.2	..	..
Espagne	10.3	4.8	12.9	12.6	13.5	14.1	13.4	12.7
Sri Lanka	..	..	..	3.5	2.6	..	3.7	3.7
Suède	11.8	14.6	12.9	13.5	11.4	11.8	13.0	12.6
Suisse	23.3	24.9	26.6	25.4	23.4	23.6	24.8	26.0
Thaïlande	5.2	..	..	..	..	..	..	..
Tunisie	..	..	..	..	..	1.1	6.2	..
Turquie	3.5	3.1	2.8	5.4	3.3	6.1	6.5	9.3
Royaume-Uni	11.0	11.2	10.9	12.6	14.1	25.0	22.7	24.8
États-Unis	28.1	28.2	27.8	28.2	27.4	27.0	27.4	5.6
Uruguay	..	0.0	0.0	0.0	0.0	..	0.0	..
Total-OCDE	21.6	23.6	23.5	24.2	24.3	23.7	24.0	11.1

.. Non disponible

Note : Voir les métadonnées détaillées sur : *http://metalinks.oecd.org/ins/20200312/d441.*

1. Informations sur les données concernant Israël : *http://oe.cd/israel-disclaimer.*

Source : Indicateurs des activités d'assurances, Statistiques de l'OCDE sur les assurances (base de données)

Tableau 27. Part du marché national détenue par les entreprises étrangères (Vie)

Pourcentage

	2011	2012	2013	2014	2015	2016	2017	2018
Argentina	..	18.3	31.8	31.4	30.8	30.4	30.0	27.9
Australie	10.3	15.8	16.8	15.5	17.7	20.8	25.5	29.8
Autriche	..	..	37.5	39.2	37.7	39.3	39.7	39.7
Belgique	..	..	..	..	..	..	..	..
Bolivie	..	..	..	..	..	29.9	20.8	27.8
Brésil	..	..	..	18.6	18.3	17.2	21.3	28.3
Canada	7.9	6.3	5.6	26.0	21.0	18.7	18.1	15.2
Chili	37.6	43.7	46.7	45.0	41.8	41.6	44.5	43.0
Colombie	..	..	..	..	..	29.9	20.8	27.8
Costa Rica	3.4	5.5	12.4	17.0	23.0	25.0	33.9	37.4
Cuba	..	..	..	..	..	..	..	..
République tchèque	97.2	97.1	96.8	96.7	96.3	96.8	96.4	95.9
Danemark	20.4	19.3	2.5	19.5	18.6	18.8	19.9	19.8
République dominicaine	..	..	..	..	..	..	..	46.5
Équateur	..	..	..	..	..	11.7	..	..
Égypte	..	..	..	..	..	..	..	..
El Salvador	9.3	9.7	17.4	9.6	9.4	9.6	..	10.3
Estonie	100.0	100.0	100.0	100.0	100.0	100.0	100.0	100.0
Finlande	..	38.3	42.0	43.0	38.5	..	..	..
France	..	..	..	..	..	..	..	..
Allemagne	27.4	30.1	27.4	26.0	26.7	25.3	24.6	24.9
Grèce	63.4	63.3	53.8	48.0	55.7	76.9	74.0	73.2
Guatemala	..	..	..	..	..	..	..	..
Honduras	..	..	13.8	59.6	62.2	..	..	62.7
Hong-Kong, Chine	..	..	..	..	..	..	..	..
Hongrie	92.8	93.5	95.6	96.2	95.8	96.9	96.6	96.3
Inde	0.0	..	..	..	0.0	..	0.1	..
Indonesie	..	..	..	..	..	..	..	..
Islande	3.6	3.9	4.3	5.0	5.8	..	..	..
Irlande	4.7	3.9	4.9	4.5	4.7	..	5.3	2.5
Israël[1]	30.4	0.3	0.4	0.4	0.4	0.4	0.4	0.4
Italie	30.1	27.4	28.9	31.3	30.5	33.1	32.1	37.1
Japon	19.2	22.4	20.7	20.1	20.6	21.8	22.7	22.5
Corée	18.9	16.3	16.1	13.2	12.4	14.7	16.1	14.3
Lettonie	90.1	90.0	91.8	91.0	89.8	90.8	91.3	91.6
Lithuanie	96.9	96.8	97.0	97.4	97.4	97.5	97.1	97.3
Luxembourg	95.6	94.6	96.2	96.4	92.5	77.2	90.6	92.2
Malaysie	67.9	68.1	68.6	68.8	69.6	69.7	71.8	70.4
Mexique	69.9	71.1	6.3	74.0	72.3	70.6	68.0	68.8
Maroc	..	..	..	..	..	..	..	..
Pays-Bas	21.1	21.1	19.2	4.6	18.5	19.2	23.3	19.9
Nouvelle-Zélande	..	..	..	..	..	..	..	..
Nicaragua	..	32.6	29.1	26.6	26.4	18.0	..	25.8
Norvège	9.3	10.7	12.3	13.3	15.1	0.7	0.7	0.5
Panama	..	54.1	59.9	..	..	..	..	..
Paraguay	..	..	6.2	..	0.0	0.0	5.5	..
Pérou	22.3	20.7	23.5	30.7	56.8	28.1	27.6	23.4
Pologne	50.9	51.1	48.8	50.0	50.7	54.3	45.2	44.0
Portugal	9.3	7.9	6.8	54.0	64.2	77.5	93.8	90.8
Porto Rico	..	..	10.4	7.8	0.0	38.0	..	..
Russie	..	..	..	8.5	18.1	15.5	10.2	10.4
Singapour	61.0	66.3	67.2	71.3	70.6	70.0	53.3	..
République slovaque	90.4	90.2	90.4	90.0	89.0	..	5.6	..
Slovénie	17.1	16.8	17.6	17.2	17.0	17.1	15.7	15.4
Afrique du Sud	20.8	33.0	31.9	35.2	33.3	34.6	..	..
Espagne	8.8	19.1	12.4	12.8	12.3	..	..	..
Sri Lanka	..	..	..	2.4	1.7	..	..	..
Suède	17.3	18.4	19.5	7.9	8.8	11.2	12.2	13.2
Suisse	29.9	30.6	31.2	27.9	26.9	25.6	25.3	26.1
Thaïlande	28.8	..	..	..	..	..	..	..
Tunisie	..	..	..	..	..	..	..	..
Turquie	27.7	27.1	47.1	47.9	59.7	54.2	56.4	59.2
Royaume-Uni	21.0	26.4	23.3	16.0	16.9	..	0.0	..
États-Unis	19.8	19.6	20.0	21.0	17.4	22.5	21.7	23.0
Uruguay	..	33.5	32.8	33.4	30.1	..	21.3	..

.. Non disponible

Note : Voir les métadonnées détaillées sur : *http://metalinks.oecd.org/ins/20200312/d441.*

1. Informations sur les données concernant Israël : *http://oe.cd/israel-disclaimer.*

Source : Indicateurs des activités d'assurances, Statistiques de l'OCDE sur les assurances (base de données)

Tableau 28. Part du marché des entreprises étrangères dans le marché national (Vie)

Succursales ou agences d'entreprises

Pourcentage

	2011	2012	2013	2014	2015	2016	2017	2018
Argentina	..	1.5	1.8	3.9	3.2	3.4	3.5	3.7
Australie	..	..	..	..	..	..	..	..
Autriche	..	..	0.0	0.0	0.0	0.0	0.0	0.0
Belgique	..	..	..	..	..	..	..	..
Bolivie	..	..	..	..	..	..	..	..
Brésil	..	..	..	..	0.0	0.0	0.0	0.0
Canada	2.4	2.6	2.2	15.5	15.8	13.2	12.7	9.0
Chili	..	..	..	..	..	..	..	..
Colombie	..	..	..	..	..	..	..	..
Costa Rica	0.0	0.0	0.2	0.6	1.1	1.0	1.3	1.6
Cuba	..	..	..	..	..	..	..	..
République tchèque	8.3	8.1	7.5	7.2	10.8	10.9	11.4	11.5
Danemark	..	..	..	..	..	..	..	..
République dominicaine	..	..	..	..	..	..	..	..
Équateur	..	..	..	..	..	..	..	..
Égypte	..	..	..	..	..	..	..	..
El Salvador	9.3	9.7	17.4	9.6	9.4	9.6	..	10.3
Estonie	0.0	2.9	2.5	2.7	2.8	2.2	3.1	5.2
Finlande	..	..	..	..	..	..	..	..
France	..	..	..	..	..	..	..	..
Allemagne	3.1	4.0	4.0	3.9	4.0	3.9	4.0	3.8
Grèce	6.2	0.4	0.0	0.0	0.0	0.0	0.0	0.0
Guatemala	..	..	..	..	..	..	..	..
Honduras	..	..	13.8	25.6	23.1	..	..	62.7
Hong-Kong, Chine	..	..	..	..	..	..	..	..
Hongrie	..	..	..	..	..	..	..	..
Inde	0.0	..	..	..	0.0	..	0.1	..
Indonesie	..	..	..	..	..	..	..	..
Islande	0.0	..	..	..	..	..	..	..
Irlande	4.7	3.9	4.9	4.5	4.7	..	5.3	2.5
Israël[1]	..	..	..	..	..	..	..	..
Italie	0.0	0.0	0.0	0.0	0.0	0.0	0.0	..
Japon	9.2	5.5	4.9	4.2	4.1	4.3	4.5	0.1
Corée	2.7	2.2	2.2	2.4	0.2	2.0	2.1	2.3
Lettonie	51.5	66.7	56.3	58.5	59.3	61.4	63.1	65.5
Lithuanie	46.7	41.5	41.6	43.1	41.8	40.8	41.4	43.3
Luxembourg	0.4	0.3	0.5	0.1	0.1	0.1	0.1	0.1
Malaysie	0.4	0.4	0.5	0.5	0.5	0.5	0.6	0.7
Mexique	..	..	..	..	..	..	..	..
Maroc	..	..	..	..	..	..	..	..
Pays-Bas	2.7	2.7	2.0	0.0	0.0	..	..	..
Nouvelle-Zélande	..	..	..	..	..	..	..	..
Nicaragua	..	..	..	..	..	..	..	..
Norvège	1.0	0.8	1.3	1.4	0.7	0.7	0.7	0.5
Panama	..	10.3	10.0	..	..	..	..	..
Paraguay	..	..	..	..	0.0	0.0	..	..
Pérou	..	..	..	..	..	..	..	..
Pologne	..	..	..	..	..	..	..	..
Portugal	0.8	0.0	0.0	0.0	0.0	0.0	0.0	0.0
Porto Rico	..	..	..	..	..	..	..	..
Russie	..	..	..	..	..	..	0.0	0.0
Singapour	29.8	15.1	15.0	32.6	30.7	32.3	8.7	..
République slovaque	4.5	4.3	5.4	4.4	4.8	..	5.6	..
Slovénie	..	..	..	..	..	..	..	..
Afrique du Sud	..	..	0.0	..	..	..	..	..
Espagne	0.3	0.2	0.0	0.0	0.0	..	..	..
Sri Lanka	..	..	..	..	0.0	..	..	..
Suède	..	..	..	0.7	..	..	..	..
Suisse	1.6	2.1	1.5	0.0	0.0	0.0	0.0	0.0
Thaïlande	28.8	..	..	..	..	..	..	..
Tunisie	..	..	..	..	..	..	..	..
Turquie	..	..	..	..	..	0.0	0.0	0.0
Royaume-Uni	0.1	0.0	0.0	0.0	0.0	..	0.0	..
États-Unis	0.0	..	..	..	..	0.0	0.0	0.0
Uruguay	..	..	0.0	0.0	0.0	..	0.0	..

.. Non disponible

Note : Voir les métadonnées détaillées sur : *http://metalinks.oecd.org/ins/20200312/d441.*

1. Informations sur les données concernant Israël : *http://oe.cd/israel-disclaimer.*

Source : Indicateurs des activités d'assurances, Statistiques de l'OCDE sur les assurances (base de données)

COMPARAISONS INTERNATIONALES

Tableau 29. Part du marché national détenue par les entreprises étrangères (Non-vie)

Pourcentage

	2011	2012	2013	2014	2015	2016	2017	2018
Argentina	..	17.6	20.1	21.1	22.0	23.4	30.5	30.0
Australie	27.3	27.1	27.7	28.7	28.2	28.7	29.5	34.8
Autriche	..	..	35.2	37.5	36.9	36.6	33.2	32.9
Belgique	..	..	..	..	..	..	..	..
Bolivie	..	..	..	..	..	27.9	29.1	25.5
Brésil	..	..	..	51.3	32.4	35.7	39.4	53.9
Canada	29.8	29.0	27.9	44.8	41.6	40.9	41.3	37.5
Chili	66.5	65.7	63.7	63.5	62.7	79.0	75.6	73.8
Colombie	..	..	..	..	..	27.9	29.1	25.5
Costa Rica	5.8	7.6	10.0	14.2	17.5	20.5	22.8	25.6
Cuba	..	..	..	..	..	..	..	..
République tchèque	88.6	88.6	88.2	89.4	90.0	89.1	88.6	87.8
Danemark	16.0	16.6	16.4	27.5	27.9	28.3	25.3	23.1
République dominicaine	..	..	..	..	..	..	..	28.4
Équateur	..	..	..	..	..	0.4	..	..
Égypte	..	..	..	..	..	..	..	..
El Salvador	2.3	2.4	0.0	0.0	0.0	0.0	..	4.5
Estonie	90.4	92.7	94.3	95.1	95.2	94.8	100.0	95.4
Finlande	..	25.0	23.8	23.7	100.0	..	..	..
France	0.1	0.1	0.1	0.1	0.1	..	..	..
Allemagne	18.2	13.2	14.0	14.5	14.3	13.3	13.6	14.4
Grèce	36.6	41.2	34.5	41.2	43.0	57.3	57.3	56.4
Guatemala	..	..	..	..	..	..	..	..
Honduras	..	..	10.5	40.3	42.8	..	..	49.3
Hong-Kong, Chine	..	..	..	..	..	..	..	..
Hongrie	96.8	95.7	94.9	94.7	92.8	91.7	91.4	91.4
Inde	0.0	..	..	..	..	..	2.9	..
Indonesie	..	..	..	..	..	..	..	..
Islande	9.7	9.9	10.4	10.9	11.3	..	..	..
Irlande	8.2	17.6	14.3	24.3	22.2	..	17.1	16.6
Israël[1]	11.2	3.3	3.3	3.4	4.0	3.8	3.8	3.8
Italie	27.6	27.5	27.8	28.9	32.2	31.8	31.1	30.0
Japon	12.8	..	..	..	..	9.4	7.5	9.4
Corée	3.9	3.8	4.0	3.7	3.7	3.7	3.8	4.1
Lettonie	44.3	48.1	49.4	48.7	57.1	79.0	77.2	79.5
Lithuanie	98.0	98.5	98.8	99.0	99.0	99.3	99.5	99.5
Luxembourg	62.7	58.9	52.1	53.3	52.8	51.7	51.1	50.2
Malaysie	42.7	43.9	45.8	46.6	47.8	48.5	51.9	52.9
Mexique	51.1	52.4	9.7	48.7	52.2	48.5	50.3	48.1
Maroc	..	..	..	..	..	..	..	..
Pays-Bas	29.4	29.4	22.7	11.6	16.3	2.6	2.3	1.7
Nouvelle-Zélande	..	..	..	..	..	..	..	..
Nicaragua	..	24.6	25.7	24.7	25.7	26.0	..	29.4
Norvège	42.3	43.9	43.4	41.1	40.2	40.3	37.8	37.3
Panama	..	39.2	47.0	..	..	..	..	..
Paraguay	..	0.0	26.4	..	0.0	22.8	24.7	..
Pérou	18.8	19.1	19.9	20.6	45.9	24.8	25.7	25.0
Pologne	61.1	62.8	61.3	61.3	61.8	59.1	58.4	59.1
Portugal	26.7	26.5	26.6	84.2	84.3	91.0	91.6	91.0
Porto Rico	..	..	52.6	51.8	41.0	55.6	..	..
Russie	..	..	..	2.2	13.7	13.7	14.0	13.9
Singapour	85.6	86.8	86.2	89.0	89.2	90.2	80.0	..
République slovaque	94.4	94.0	93.8	93.6	93.2	..	8.3	..
Slovénie	5.1	4.9	5.1	5.2	5.3	5.7	5.9	5.8
Afrique du Sud	27.3	63.5	45.2	39.5	34.6	37.4	..	..
Espagne	17.0	32.2	29.1	28.8	23.6	..	..	..
Sri Lanka	..	..	..	4.7	4.8	..	16.0	10.6
Suède	51.9	63.8	57.6	55.4	44.8	46.7	48.0	52.6
Suisse	19.8	20.4	20.6	19.6	20.3	20.1	18.7	17.4
Thaïlande	7.1	..	..	..	..	..	..	..
Tunisie	..	..	..	..	..	..	..	..
Turquie	57.9	53.8	62.2	59.3	66.7	63.7	57.1	54.2
Royaume-Uni	55.2	55.2	58.0	57.8	57.5	0.3	0.4	0.4
États-Unis	13.9	10.1	10.4	9.4	9.5	10.2	10.0	0.8
Uruguay	..	31.3	31.4	32.2	33.6	..	34.7	..

.. Non disponible

Note : Voir les métadonnées détaillées sur : *http://metalinks.oecd.org/ins/20200312/d441.*

1. Informations sur les données concernant Israël : *http://oe.cd/israel-disclaimer.*

Source : Indicateurs des activités d'assurances, Statistiques de l'OCDE sur les assurances (base de données)

Tableau 30. Part du marché des entreprises étrangères dans le marché national (Non-vie)

Succursales ou agences d'entreprises

Pourcentage

	2011	2012	2013	2014	2015	2016	2017	2018
Argentina	..	0.1	0.1	3.2	2.5	2.4	2.6	2.1
Australie	9.7	9.7	9.7	10.1	9.1	9.9	9.6	11.9
Autriche	..	..	0.1	0.1	0.0	0.0	0.1	0.1
Belgique	..	..	..	..	..	..	..	..
Bolivie	..	..	..	..	..	..	..	..
Brésil	..	..	..	..	0.0	0.0	0.0	0.0
Canada	14.3	13.4	13.1	23.2	21.0	19.4	19.0	15.1
Chili	..	..	..	..	..	..	..	..
Colombie	..	..	..	..	..	..	..	..
Costa Rica	0.0	0.1	0.3	0.4	0.8	1.3	1.5	1.7
Cuba	..	..	..	..	..	..	..	..
République tchèque	3.1	2.7	3.7	4.7	4.9	5.3	5.4	4.4
Danemark	..	..	..	..	..	..	..	..
République dominicaine	..	..	..	..	..	..	..	..
Équateur	..	..	..	..	..	..	..	..
Égypte	..	..	..	..	..	..	..	..
El Salvador	2.3	2.4	0.0	0.0	0.0	0.0	..	4.5
Estonie	0.0	14.5	13.6	14.8	13.5	15.0	15.1	15.3
Finlande	..	..	..	..	..	..	..	..
France	0.1	0.1	0.1	0.1	0.1	..	..	..
Allemagne	3.0	3.1	2.7	3.2	3.5	3.1	3.8	4.0
Grèce	4.6	7.9	0.0	0.0	0.0	0.0	0.0	0.0
Guatemala	..	..	..	..	..	..	..	..
Honduras	..	..	10.5	4.4	3.6	..	..	49.3
Hong-Kong, Chine	..	..	..	..	..	..	..	..
Hongrie	..	..	..	..	..	..	..	..
Inde	0.0	..	..	..	..	..	2.9	..
Indonesie	..	..	..	..	..	..	..	..
Islande	0.0	..	..	..	..	..	..	..
Irlande	8.2	17.6	14.3	24.3	22.2	..	17.1	16.6
Israël[1]	..	..	..	..	..	..	..	..
Italie	1.1	1.1	1.1	1.1	1.4	1.6	1.5	1.6
Japon	7.8	..	..	..	..	2.3	2.5	2.8
Corée	2.6	2.0	3.1	2.3	2.3	2.3	2.4	2.8
Lettonie	10.9	13.3	18.5	20.4	20.2	22.6	27.0	28.1
Lithuanie	40.4	39.7	52.9	53.1	53.9	46.8	48.4	51.4
Luxembourg	7.2	7.5	6.5	3.6	3.6	3.5	3.3	3.6
Malaysie	4.4	5.8	6.7	7.3	8.4	9.6	8.9	8.8
Mexique	..	..	..	..	..	..	..	..
Maroc	..	..	..	..	..	..	..	..
Pays-Bas	1.9	1.9	0.3	0.3	0.0	..	..	..
Nouvelle-Zélande	..	..	..	..	..	..	..	..
Nicaragua	..	..	..	..	..	..	..	..
Norvège	41.5	43.2	43.4	41.1	40.2	40.3	37.8	37.3
Panama	..	7.9	7.7	..	..	..	..	..
Paraguay	..	..	..	..	0.0	0.0	..	..
Pérou	..	..	..	..	..	..	..	..
Pologne	..	..	..	..	..	..	..	..
Portugal	0.3	0.0	0.0	0.0	0.0	0.0	0.0	0.0
Porto Rico	..	..	..	..	..	..	..	..
Russie	..	..	..	..	..	0.1	0.0	0.0
Singapour	44.0	42.7	46.8	39.6	38.2	37.4	36.5	..
République slovaque	6.2	7.1	8.0	8.7	8.5	..	8.3	..
Slovénie	..	..	..	..	..	..	..	..
Afrique du Sud	..	..	0.0	..	..	..	..	..
Espagne	0.2	0.2	0.0	0.0	0.0	..	..	..
Sri Lanka	..	..	..	..	0.0	..	..	..
Suède	..	..	..	8.2	..	..	..	..
Suisse	4.8	4.9	5.0	5.5	6.0	7.1	7.5	5.8
Thaïlande	7.1	..	..	..	..	..	..	..
Tunisie	..	..	..	..	..	..	..	..
Turquie	0.2	0.3	0.3	0.3	0.4	0.4	0.5	0.7
Royaume-Uni	5.4	4.7	3.7	4.1	4.6	0.3	0.4	0.4
États-Unis	0.1	0.1	0.0	0.0	0.1	0.1	0.1	0.1
Uruguay	..	..	0.0	0.0	0.0	..	0.0	..

.. Non disponible

Note : Voir les métadonnées détaillées sur : *http://metalinks.oecd.org/ins/20200312/d441.*

1. Informations sur les données concernant Israël : *http://oe.cd/israel-disclaimer.*

Source : Indicateurs des activités d'assurances, Statistiques de l'OCDE sur les assurances (base de données)

Tableaux par pays

AUSTRALIE

Tableau 1. Agrégats sélectionnés

Millions AUD

	2011	2012	2013	2014	2015	2016	2017	2018
1.1 Opérations d'assurance conclues dans le pays déclarant								
1.1.1 Opérations d'assurance, par intérêt								
Primes brutes								
Entreprises nationales	78 509	79 230	86 754	103 414	100 992	95 348	90 032	88 064
Entreprises sous contrôle étranger	11 038	13 757	15 722	17 983	19 150	19 836	21 498	24 659
Succursales d'entreprises étrangères	3 450	3 713	3 977	4 206	3 893	4 393	4 353	5 613
Ensemble des entreprises	81 959	82 943	90 731	107 620	104 885	99 741	94 385	93 677
Primes cédées								
Entreprises nationales	11 246	11 507	12 121	13 268	15 209	17 826	19 711	18 794
Entreprises sous contrôle étranger	3 170	4 111	4 666	5 483	5 986	6 268	8 647	8 223
Succursales d'entreprises étrangères	1 442	1 659	1 947	1 842	1 739	1 759	1 873	1 875
Ensemble des entreprises	12 688	13 166	14 068	15 110	16 948	19 585	21 584	20 669
Primes nettes émises								
Entreprises nationales	67 263	67 724	74 633	90 147	85 783	77 522	70 321	69 270
Entreprises sous contrôle étranger	7 868	9 646	11 055	12 500	13 164	13 568	12 851	16 436
Succursales d'entreprises étrangères	2 008	2 054	2 030	2 365	2 154	2 634	2 480	3 738
Ensemble des entreprises	69 271	69 778	76 663	92 511	87 937	80 156	72 801	73 008
1.1.2 Opérations d'assurance par risque à l'étranger, primes brutes								
Vie	475	491	574	686	701	711	706	880
Non-vie	..	..	..	..	..	..	..	..
Mixtes total	..	..	..	..	..	..	..	..
Total	475	491	574	686	701	711	706	880
1.1.3 Paiement par catégories d'assurance, primes brutes (vie)								
Rentes	..	..	..	..	..	..	..	..
Unit linked	..	..	..	..	..	..	..	..
Autre assurance vie	..	..	..	..	..	..	..	..
Total assurance vie	..	41 091	45 794	60 881	56 868	49 890	43 141	39 741
dont : *Contrats de retraite*	..	..	..	..	..	..	..	..
1.1.4 Paiement par catégories d'assurance, primes brutes (non-vie)								
L'assurance automobile	11 474	12 114	12 924	13 467	13 749	14 512	15 447	15 789
Les assurances transport (y compris maritime et aérien)	1 457	1 484	1 523	1 598	1 673	1 648	1 739	1 871
L'assurance de fret	..	..	..	..	..	..	..	..
L'assurance incendie et des dommages aux bien	9 537	10 918	12 038	11 836	12 031	12 297	12 713	13 428
L'assurance des pertes pécuniaires	1 161	1 207	1 258	1 454	1 493	1 443	1 352	1 230
L'assurance de la responsabilité civile générale	4 821	5 008	5 283	5 418	5 435	5 348	5 491	5 893
Les assurances accidents et maladie	1 038	1 049	1 134	1 124	1 130	1 064	1 021	1 006
dont : *Maladie*	..	..	..	..	..	..	..	..
Autres assurances non-vie	751	835	900	951	1 029	1 071	1 205	1 325
Réassurance obligatoire	5 235	5 836	5 823	5 970	6 271	7 115	6 269	6 742
Total assurance non-vie	35 475	38 450	40 884	41 818	42 811	44 498	45 237	47 283
1.2 Paiements bruts des sinistres								
Vie								
Entreprises nationales	44 988	45 777	47 647	64 828	56 547	59 350	47 307	46 989
Entreprises sous contrôle étranger	4 301	4 181	5 212	5 876	6 681	7 133	9 207	8 564
Succursales d'entreprises étrangères	..	..	..	..	..	..	..	..
Ensemble des entreprises	44 988	45 777	47 647	64 828	56 547	59 350	47 307	46 989
Non-vie								
Entreprises nationales	31 597	22 048	24 141	26 293	29 311	28 026	29 946	30 252
Entreprises sous contrôle étranger	6 668	4 538	4 542	5 446	6 183	5 534	6 453	8 199
Succursales d'entreprises étrangères	7 061	1 749	1 984	3 318	2 585	3 217	3 124	3 853
Ensemble des entreprises	38 658	23 797	26 126	29 611	31 896	31 243	33 070	34 105
Mixtes, ensemble des entreprises	..	..	..	..	..	..	..	..
Total								
Entreprises nationales	76 585	67 825	71 788	91 121	85 858	87 376	77 253	77 241
Entreprises sous contrôle étranger	10 969	8 719	9 754	11 322	12 864	12 667	15 660	16 763
Succursales d'entreprises étrangères	7 061	1 749	1 984	3 318	2 585	3 217	3 124	3 853
Ensemble des entreprises	83 646	69 574	73 773	94 439	88 443	90 593	80 377	81 094
1.3 Commissions								
Vie								
Entreprises nationales	2 852	3 007	3 015	3 118	3 087	3 129	2 514	2 402
Entreprises sous contrôle étranger	455	252	447	451	460	464	494	483
Succursales d'entreprises étrangères	..	..	..	..	..	..	..	..
Ensemble des entreprises	2 852	3 007	3 015	3 118	3 087	3 129	2 514	2 402
Non-vie								
Entreprises nationales	..	..	506	566	816	1 038	1 070	1 310
Entreprises sous contrôle étranger	..	..	239	270	276	308	341	418
Succursales d'entreprises étrangères	..	..	264	287	301	327	324	250
Ensemble des entreprises	..	..	770	853	1 117	1 364	1 394	1 560
Mixtes, ensemble des entreprises	..	..	..	..	..	..	..	..
Total								
Entreprises nationales	2 852	3 007	3 521	3 684	3 903	4 167	3 584	3 712
Entreprises sous contrôle étranger	455	252	686	721	736	772	835	901
Succursales d'entreprises étrangères	..	..	264	287	301	327	324	250
Ensemble des entreprises	2 852	3 007	3 785	3 971	4 204	4 493	3 908	3 962

AUSTRALIE

Tableau 1. Agrégats sélectionnés *(suite)*

Millions AUD

	2011	2012	2013	2014	2015	2016	2017	2018
1.4 Dépenses brutes d'exploitation								
Vie								
Entreprises nationales	6 777	7 274	7 830	8 128	8 041	8 666	8 457	9 370
Entreprises sous contrôle étranger	1 709	1 430	2 392	2 393	2 487	3 038	3 239	4 439
Succursales d'entreprises étrangères	..	..	..	..	..	..	..	..
Ensemble des entreprises	6 777	7 274	7 830	8 128	8 041	8 666	8 457	9 370
Non-vie								
Entreprises nationales	6 658	7 197	7 361	7 502	7 497	7 368	7 475	7 517
Entreprises sous contrôle étranger	1 370	1 490	1 618	1 704	1 850	1 829	1 975	2 378
Succursales d'entreprises étrangères	571	559	597	629	660	618	563	790
Ensemble des entreprises	7 229	7 756	7 959	8 131	8 157	7 987	8 038	8 307
Mixtes, ensemble des entreprises	..	..	..	..	..	..	..	..
Total								
Entreprises nationales	13 435	14 471	15 191	15 630	15 538	16 034	15 932	16 887
Entreprises sous contrôle étranger	3 079	2 920	4 010	4 097	4 337	4 867	5 214	6 817
Succursales d'entreprises étrangères	571	559	597	629	660	618	563	790
Ensemble des entreprises	14 006	15 030	15 789	16 259	16 198	16 653	16 495	17 677
1.5 Opérations à l'étranger par succursale, primes brutes								
Vie								
Succursales et agences	..	..	..	..	..	..	..	..
Filiales	..	..	..	..	..	..	..	..
Total	..	..	..	..	..	..	..	..
Non-vie								
Succursales et agences	..	..	..	..	..	..	..	..
Filiales	..	..	..	..	..	..	..	..
Total	..	..	..	..	..	..	..	..
Mixtes total	..	..	..	..	..	..	..	..
Total								
Succursales et agences	..	..	..	..	..	..	..	..
Filiales	..	..	..	..	..	..	..	..
Total	..	..	..	..	..	..	..	..

.. Non disponible

Note : Voir les métadonnées détaillées sur : *http://metalinks.oecd.org/ins/20200312/7257.*

Source : Statistiques de l'OCDE sur les assurances (base de données)

AUSTRALIE

Tableau 2. Nombre d'entreprises et d'employés

	2011	2012	2013	2014	2015	2016	2017	2018
2.1 Nombre d'entreprises								
Vie								
Entreprises nationales	31	28	28	28	28	29	29	29
Entreprises sous contrôle étranger	14	14	14	14	13	13	13	14
Succursales d'entreprises étrangères	..	..	..	..	..	..	..	..
Ensemble des entreprises	31	28	28	28	28	29	29	29
Non-vie								
Entreprises nationales	81	79	75	74	70	68	58	58
Entreprises sous contrôle étranger	19	17	18	19	19	17	15	17
Succursales d'entreprises étrangères	31	30	29	29	29	31	28	28
Ensemble des entreprises	112	109	104	103	99	99	86	86
Mixtes, ensemble des entreprises	..	..	..	..	0	..	..	..
Réassurance								
Entreprises nationales	3	3	3	3	2	2	2	2
Entreprises sous contrôle étranger	1	1	1	1	1	1	1	1
Succursales d'entreprises étrangères	9	9	9	9	9	8	8	8
Ensemble des entreprises	12	12	12	12	11	10	10	10
Total								
Entreprises nationales	115	110	106	105	100	99	89	89
Entreprises sous contrôle étranger	34	32	33	34	33	31	29	32
Succursales d'entreprises étrangères	40	39	38	38	38	39	36	36
Ensemble des entreprises	155	149	144	143	138	138	125	125
2.2 Nombre d'employés								
Entreprises d'assurance	..	..	..	..	..	..	..	..
Intermédiaires	..	..	..	..	..	..	..	..
Total	..	..	..	..	..	..	..	..

.. Non disponible

Note : Voir les métadonnées détaillées sur : *http://metalinks.oecd.org/ins/20200312/7257.*

Source : Statistiques de l'OCDE sur les assurances (base de données)

AUTRICHE

Tableau 1. Agrégats sélectionnés

Millions EUR

	2011	2012	2013	2014	2015	2016	2017	2018
1.1 Opérations d'assurance conclues dans le pays déclarant								
1.1.1 Opérations d'assurance, par intérêt								
Primes brutes								
Entreprises nationales	..	..	18 879	18 889	19 003	18 647	18 126	18 520
Entreprises sous contrôle étranger	..	..	6 781	7 196	7 060	6 979	6 390	6 467
Succursales d'entreprises étrangères	..	..	8	6	6	6	7	8
Ensemble des entreprises	..	..	18 887	18 895	19 009	18 653	18 134	18 527
Primes cédées								
Entreprises nationales	..	..	3 539	3 102	2 996	3 521	3 130	2 376
Entreprises sous contrôle étranger	..	..	1 127	1 171	1 113	1 636	1 280	475
Succursales d'entreprises étrangères	..	..	0	0	0	0	0	0
Ensemble des entreprises	..	..	3 539	3 102	2 996	3 522	3 131	2 376
Primes nettes émises								
Entreprises nationales	..	..	15 340	15 787	16 007	15 126	14 996	16 144
Entreprises sous contrôle étranger	..	..	5 654	6 024	5 948	5 343	5 110	5 991
Succursales d'entreprises étrangères	..	..	8	6	6	6	7	7
Ensemble des entreprises	..	..	15 348	15 793	16 013	15 131	15 003	16 151
1.1.2 Opérations d'assurance par risque à l'étranger, primes brutes								
Vie	174	72	157	22	20	14	3	4
Non-vie	722	662	717	726	702	753	777	931
Mixtes	523	626	595	489	391	371	363	358
dont :								
Vie	252	188	202	158	111	95	89	82
Non-vie	270	438	393	331	280	276	274	276
Total	1 419	1 360	1 469	1 237	1 114	1 138	1 143	1 293
1.1.3 Paiement par catégories d'assurance, primes brutes (vie)								
Rentes	..	..	1 441	1 822	1 946	1 531	1 434	1 367
Unit linked	2 255	1 846	1 248	1 011	933	864	812	972
Autre assurance vie	4 644	4 588	3 738	3 852	3 812	3 646	3 488	3 188
Total Assurance Vie	6 899	6 434	6 427	6 685	6 692	6 041	5 735	5 527
***dont :** Contrats de retraite*	..	..	997	1 116	1 031	940	964	923
1.1.4 Paiement par catégories d'assurance, primes brutes (non-vie)								
L'assurance automobile	1 316	1 386	1 487	1 447	3 920	4 043	3 980	4 207
Les assurances transport (y compris maritime et aérien)	140	165	174	138	11	9	10	9
L'assurance de fret	..	..	..	..	155	148	137	165
L'assurance incendie et des dommages aux bien	978	1 008	1 081	1 058	3 153	3 178	3 013	3 030
L'assurance des pertes pécuniaires	237	167	174	183	178	176	100	100
L'assurance de la responsabilité civile générale	922	834	860	886	889	905	868	903
Les assurances accidents et maladie	2 873	3 024	3 150	3 143	3 257	3 391	3 473	3 627
***dont :** Maladie*	1 704	1 762	1 841	1 905	2 007	2 096	2 167	2 264
Autres assurances non-vie	5 517	5 672	5 517	5 340	742	749	739	877
Réassurance obligatoire	..	..	..	..	..	..	..	..
Total assurance non-vie	11 983	12 255	12 444	12 195	12 303	12 599	12 386	12 987
1.2 Paiements bruts des sinistres								
Vie								
Entreprises nationales	314	360	358	1 110	1 254	947	977	933
Entreprises sous contrôle étranger	0	145	140	714	837	920	959	914
Succursales d'entreprises étrangères	0	..	0	0	0	0	0	0
Ensemble des entreprises	314	360	358	1 110	1 254	947	977	933
Non-vie								
Entreprises nationales	2 290	2 675	1 107	1 632	2 072	2 203	1 939	1 936
Entreprises sous contrôle étranger	875	1 490	905	873	1 288	2 620	1 893	1 862
Succursales d'entreprises étrangères	5	5	4	3	2	3	3	3
Ensemble des entreprises	2 296	2 681	1 111	1 636	2 075	2 206	1 942	1 939
Mixtes								
Entreprises nationales	10 854	11 652	11 676	11 289	12 780	12 440	12 173	11 700
Entreprises sous contrôle étranger	3 751	3 829	3 846	3 026	3 760	10 479	9 813	9 865
Succursales d'entreprises étrangères	0	..	0	0	0	0	0	0
Ensemble des entreprises	10 854	11 652	11 676	11 289	12 780	12 440	12 173	11 700
dont :								
Vie	6 338	6 047	6 011	5 955	7 193	6 817	6 194	5 688
Entreprises nationales	6 338	6 047	6 011	5 955	7 193	6 817	6 194	5 688
Entreprises sous contrôle étranger	2 297	2 281	2 274	1 630	2 235	3 500	3 281	3 307
Succursales d'entreprises étrangères	0	..	0	0	0	0	0	0
Ensemble des entreprises	6 338	6 047	6 011	5 955	7 193	6 817	6 194	5 688
Non-vie	4 516	5 605	5 665	5 335	5 588	5 623	5 980	6 012
Entreprises nationales	4 516	5 605	5 665	5 335	5 588	5 623	5 980	6 012
Entreprises sous contrôle étranger	1 454	1 549	1 572	1 396	1 525	6 979	6 532	6 558
Succursales d'entreprises étrangères	0	..	0	0	0	0	0	0
Ensemble des entreprises	4 516	5 605	5 665	5 335	5 588	5 623	5 980	6 012
Total								
Entreprises nationales	13 458	14 687	13 141	14 032	16 107	15 590	15 089	14 568
Entreprises sous contrôle étranger	4 626	5 464	4 891	4 613	5 885	14 018	12 665	12 641
Succursales d'entreprises étrangères	5	5	4	3	2	3	3	3
Ensemble des entreprises	13 463	14 692	13 145	14 036	16 109	15 593	15 092	14 572

AUTRICHE

Tableau 1. Agrégats sélectionnés *(suite)*

Millions EUR

	2011	2012	2013	2014	2015	2016	2017	2018
1.3 Commissions								
Vie								
Entreprises nationales	138	75	99	98	98	80	73	73
Entreprises sous contrôle étranger	0	17	5	70	70	79	72	72
Succursales d'entreprises étrangères	0	..	0	0	0	0	0	0
Ensemble des entreprises	138	75	99	98	98	80	73	73
Non-vie								
Entreprises nationales	548	338	354	398	386	399	408	411
Entreprises sous contrôle étranger	302	309	319	329	341	348	352	350
Succursales d'entreprises étrangères	2	2	2	1	1	1	2	2
Ensemble des entreprises	549	340	356	399	387	400	410	413
Mixtes								
Entreprises nationales	1 962	2 309	2 285	2 279	2 354	2 392	2 365	2 335
Entreprises sous contrôle étranger	717	750	752	666	739	734	725	706
Succursales d'entreprises étrangères	0	..	0	0	0	0	0	0
Ensemble des entreprises	1 962	2 309	2 285	2 279	2 354	2 392	2 365	2 335
dont :								
Vie	669	692	644	624	623	579	538	454
Entreprises nationales	669	692	644	624	623	579	538	454
Entreprises sous contrôle étranger	255	253	238	163	188	163	149	106
Succursales d'entreprises étrangères	0	..	0	0	0	0	0	0
Ensemble des entreprises	669	692	644	624	623	579	538	454
Non-vie	1 292	1 616	1 641	1 655	1 731	1 812	1 827	1 881
Entreprises nationales	1 292	1 616	1 641	1 655	1 731	1 812	1 827	1 881
Entreprises sous contrôle étranger	462	497	514	503	551	571	576	600
Succursales d'entreprises étrangères	0	..	0	0	0	0	0	0
Ensemble des entreprises	1 292	1 616	1 641	1 655	1 731	1 812	1 827	1 881
Total								
Entreprises nationales	2 647	2 722	2 738	2 775	2 839	2 871	2 846	2 819
Entreprises sous contrôle étranger	1 019	1 077	1 076	1 065	1 150	1 161	1 149	1 128
Succursales d'entreprises étrangères	2	2	2	1	1	1	2	2
Ensemble des entreprises	2 649	2 724	2 740	2 776	2 840	2 872	2 848	2 821
1.4 Dépenses brutes d'exploitation								
Vie								
Entreprises nationales	157	95	120	43	40	37	42	37
Entreprises sous contrôle étranger	0	0	14	30	30	36	41	37
Succursales d'entreprises étrangères	0	..	0	0	0	0	0	0
Ensemble des entreprises	157	95	120	43	40	37	42	37
Non-vie								
Entreprises nationales	672	860	697	153	143	192	191	210
Entreprises sous contrôle étranger	263	447	414	116	92	111	105	103
Succursales d'entreprises étrangères	3	3	3	1	1	1	1	1
Ensemble des entreprises	675	863	700	154	144	193	192	210
Mixtes								
Entreprises nationales	2 054	1 918	2 306	623	678	702	696	741
Entreprises sous contrôle étranger	667	695	699	167	185	177	181	178
Succursales d'entreprises étrangères	0	..	0	0	0	0	0	0
Ensemble des entreprises	2 054	1 918	2 306	623	678	702	696	741
dont :								
Vie	879	513	848	194	202	223	224	236
Entreprises nationales	879	513	848	194	202	223	224	236
Entreprises sous contrôle étranger	344	339	323	61	68	63	58	60
Succursales d'entreprises étrangères	0	..	0	0	0	0	0	0
Ensemble des entreprises	879	513	848	194	202	223	224	236
Non-vie	1 175	1 405	1 458	428	476	479	472	505
Entreprises nationales	1 175	1 405	1 458	428	476	479	472	505
Entreprises sous contrôle étranger	323	356	376	106	117	114	123	118
Succursales d'entreprises étrangères	0	..	0	0	0	0	0	0
Ensemble des entreprises	1 175	1 405	1 458	428	476	479	472	505
Total								
Entreprises nationales	2 883	2 873	3 124	819	861	930	929	988
Entreprises sous contrôle étranger	930	1 143	1 128	313	308	324	328	318
Succursales d'entreprises étrangères	3	3	3	1	1	1	1	1
Ensemble des entreprises	2 885	2 876	3 127	820	862	931	930	989

AUTRICHE

Tableau 1. Agrégats sélectionnés *(suite)*

Millions EUR

	2011	2012	2013	2014	2015	2016	2017	2018
1.5 Opérations à l'étranger par succursale, primes brutes								
Vie								
Succursales et agences	174	72	157	22	19	13	11	10
Filiales	..	..	..	..	..	..	..	..
Total	174	72	157	22	19	13	11	10
Non-vie								
Succursales et agences	219	149	159	198	204	217	215	220
Filiales	..	..	..	..	..	..	..	..
Total	219	149	159	198	204	217	215	220
Mixtes								
Succursales et agences	480	557	480	368	284	251	275	279
Filiales	..	..	..	..	..	..	..	..
Total	480	557	480	368	284	251	275	279
dont :								
Vie	233	168	140	103	78	83	78	73
Succursales et agences	233	168	140	103	78	83	78	73
Filiales	..	..	..	..	..	..	..	..
Total	233	168	140	103	78	83	78	73
Non-vie	246	389	340	266	206	168	198	206
Succursales et agences	246	389	340	266	206	168	198	206
Filiales	..	..	..	..	..	..	..	..
Total	246	389	340	266	206	168	198	206
Total								
Succursales et agences	873	778	796	587	507	481	501	510
Filiales	..	..	..	..	..	..	..	..
Total	873	778	796	587	507	481	501	510

.. Non disponible

Note : Voir les métadonnées détaillées sur : *http://metalinks.oecd.org/ins/20200312/3243.*

Source : Statistiques de l'OCDE sur les assurances (base de données)

AUTRICHE

Tableau 2. Nombre d'entreprises et d'employés

	2011	2012	2013	2014	2015	2016	2017	2018
2.1 Nombre d'entreprises								
Vie								
Entreprises nationales	3	3	3	7	7	6	6	6
Entreprises sous contrôle étranger	0	1	1	3	3	4	4	4
Succursales d'entreprises étrangères	0	0	0	0	0	0	0	0
Ensemble des entreprises	3	3	3	7	7	6	6	6
Non-vie								
Entreprises nationales	17	14	14	12	12	12	12	12
Entreprises sous contrôle étranger	8	7	7	8	8	8	8	7
Succursales d'entreprises étrangères	1	1	1	1	1	1	1	1
Ensemble des entreprises	18	15	15	13	13	13	13	13
Mixtes								
Entreprises nationales	28	27	26	21	20	17	17	16
Entreprises sous contrôle étranger	10	10	9	6	5	4	4	4
Succursales d'entreprises étrangères	0	0	0	0	0	0	0	0
Ensemble des entreprises	28	27	26	21	20	17	17	16
Réassurance								
Entreprises nationales	3	3	3	3	2	3	2	1
Entreprises sous contrôle étranger	2	2	1	2	1	1	0	0
Succursales d'entreprises étrangères	0	0	0	0	0	0	0	0
Ensemble des entreprises	3	3	3	3	2	3	2	1
Total								
Entreprises nationales	51	47	46	43	41	38	37	35
Entreprises sous contrôle étranger	20	20	18	19	17	17	16	15
Succursales d'entreprises étrangères	1	1	1	1	1	1	1	1
Ensemble des entreprises	52	48	47	44	42	39	38	36
2.2 Nombre d'employés								
Entreprises d'assurance	27 671	27 430	27 738	27 791	27 911	28 336	28 367	27 804
Intermédiaires	9 839	9 255	..	..	..	..	..	..
Total	27 671	27 430	27 738	27 791	27 911	28 336	28 367	27 804

.. Non disponible

Note : Voir les métadonnées détaillées sur : *http://metalinks.oecd.org/ins/20200312/3243.*

Source : Statistiques de l'OCDE sur les assurances (base de données)

BELGIQUE

Tableau 1. Agrégats sélectionnés

Millions EUR

	2011	2012	2013	2014	2015	2016	2017	2018
1.1 Opérations d'assurance conclues dans le pays déclarant								
1.1.1 Opérations d'assurance, par intérêt								
Primes brutes								
Entreprises nationales	29 363	32 640	28 251	28 863	27 712	27 493	27 299	28 539
Entreprises sous contrôle étranger	..	..	..	..	..	..	..	..
Succursales d'entreprises étrangères	..	..	..	..	..	..	..	..
Ensemble des entreprises	29 363	32 640	28 251	28 863	27 712	27 493	27 299	28 539
Primes cédées								
Entreprises nationales	1 441	2 417	2 474	3 251	3 183	3 520	3 412	3 656
Entreprises sous contrôle étranger	..	..	..	..	..	..	..	..
Succursales d'entreprises étrangères	..	..	..	..	..	..	..	..
Ensemble des entreprises	1 441	2 417	2 474	3 251	3 183	3 520	3 412	3 656
Primes nettes émises								
Entreprises nationales	27 922	30 223	25 777	25 612	24 529	23 973	23 887	24 882
Entreprises sous contrôle étranger	..	..	..	..	..	..	..	..
Succursales d'entreprises étrangères	..	..	..	..	..	..	..	..
Ensemble des entreprises	27 922	30 223	25 777	25 612	24 529	23 973	23 887	24 882
1.1.2 Opérations d'assurance par risque à l'étranger, primes brutes								
Vie	..	31	25	15	24	20	17	6
Non-vie	..	242	268	563	436	515	553	611
Mixtes	..	230	218	223	321	331	331	378
dont :								
Vie	..	77	53	39	38	23	17	14
Non-vie	..	153	165	184	282	308	313	364
Total	..	502	511	801	781	866	901	995
1.1.3 Paiement par catégories d'assurance, primes brutes (vie)								
Rentes	..	..	..	..	..	..	..	..
Unit linked	2 142	4 844	2 743	2 524	3 008	2 221	3 182	3 520
Autre assurance vie	16 324	16 235	13 501	13 723	12 302	12 674	11 424	12 051
Total Assurance Vie	18 467	21 078	16 244	16 247	15 310	14 895	14 606	15 571
***dont :** Contrats de retraite*	..	..	..	..	..	..	..	..
1.1.4 Paiement par catégories d'assurance, primes brutes (non-vie)								
L'assurance automobile	..	3 459	3 487	3 542	3 585	..	..	..
Les assurances transport (y compris maritime et aérien)	..	78	71	69	81	..	..	..
L'assurance de fret	..	116	104	100	73	..	..	..
L'assurance incendie et des dommages aux bien	..	2 573	2 696	2 755	2 708	..	..	..
L'assurance des pertes pécuniaires	..	407	404	725	508	..	..	..
L'assurance de la responsabilité civile générale	..	780	770	785	762	..	..	..
Les assurances accidents et maladie	..	3 361	3 592	3 695	3 653	..	..	..
***dont :** Maladie*	..	1 517	1 618	1 708	1 849	..	..	..
Autres assurances non-vie	..	737	825	885	888	..	..	..
Réassurance obligatoire	..	7	..	..	..	..	..	..
Total assurance non-vie	..	11 516	11 949	12 556	12 349	12 532	12 652	12 926
1.2 Paiements bruts des sinistres								
Vie								
Entreprises nationales	547	592	528	626	469	642	521	731
Entreprises sous contrôle étranger	..	..	..	..	..	..	..	..
Succursales d'entreprises étrangères	..	..	..	..	..	..	..	..
Ensemble des entreprises	..	592	528	626	469	642	521	731
Non-vie								
Entreprises nationales	1 512	1 898	1 960	2 272	2 363	2 539	2 316	1 489
Entreprises sous contrôle étranger	..	..	..	..	..	..	..	..
Succursales d'entreprises étrangères	..	..	..	..	..	..	..	..
Ensemble des entreprises	..	1 898	1 960	2 272	2 363	2 539	2 316	1 489
Mixtes								
Entreprises nationales	20 798	23 438	23 890	24 323	25 926	25 229	24 184	22 308
Entreprises sous contrôle étranger	..	..	..	..	..	..	..	..
Succursales d'entreprises étrangères	..	..	..	..	..	..	..	..
Ensemble des entreprises	..	23 438	23 890	24 323	25 926	25 229	24 184	22 308
dont :								
Vie	..	17 427	17 746	17 418	19 244	18 328	17 466	16 063
Entreprises nationales	15 232	17 427	17 746	17 418	19 244	18 328	17 466	16 063
Entreprises sous contrôle étranger	..	..	..	..	..	..	..	..
Succursales d'entreprises étrangères	..	..	..	..	..	..	..	..
Ensemble des entreprises	..	17 427	17 746	17 418	19 244	18 328	17 466	16 063
Non-vie	..	6 010	6 144	6 905	6 682	6 901	6 717	6 244
Entreprises nationales	5 566	6 010	6 144	6 905	6 682	6 901	6 717	6 244
Entreprises sous contrôle étranger	..	..	..	..	..	..	..	..
Succursales d'entreprises étrangères	..	..	..	..	..	..	..	..
Ensemble des entreprises	..	6 010	6 144	6 905	6 682	6 901	6 717	6 244
Total								
Entreprises nationales	22 857	25 928	26 378	27 222	28 758	28 410	27 020	24 527
Entreprises sous contrôle étranger	..	..	..	..	..	..	..	..
Succursales d'entreprises étrangères	..	..	..	..	..	..	..	..
Ensemble des entreprises	..	25 928	26 378	27 222	28 758	28 410	27 020	24 527

BELGIQUE

Tableau 1. Agrégats sélectionnés *(suite)*

Millions EUR

	2011	2012	2013	2014	2015	2016	2017	2018
1.3 Commissions								
Vie								
Entreprises nationales	54	59	55	45	47	55	56	64
Entreprises sous contrôle étranger	..	..	..	..	..	..	..	..
Succursales d'entreprises étrangères	..	..	..	..	..	..	..	..
Ensemble des entreprises	..	59	55	45	47	55	56	64
Non-vie								
Entreprises nationales	318	394	391	450	550	616	607	303
Entreprises sous contrôle étranger	..	..	..	..	..	..	..	..
Succursales d'entreprises étrangères	..	..	..	..	..	..	..	..
Ensemble des entreprises	..	394	391	450	550	616	607	303
Mixtes								
Entreprises nationales	2 209	2 397	2 446	2 478	2 493	2 484	2 536	2 161
Entreprises sous contrôle étranger	..	..	..	..	..	..	..	..
Succursales d'entreprises étrangères	..	..	..	..	..	..	..	..
Ensemble des entreprises	..	2 397	2 446	2 478	2 493	2 484	2 536	2 161
dont :								
Vie	..	905	875	852	833	765	756	730
Entreprises nationales	826	905	875	852	833	765	756	730
Entreprises sous contrôle étranger	..	..	..	..	..	..	..	..
Succursales d'entreprises étrangères	..	..	..	..	..	..	..	..
Ensemble des entreprises	..	905	875	852	833	765	756	730
Non-vie	..	1 493	1 572	1 626	1 660	1 719	1 779	1 431
Entreprises nationales	1 382	1 493	1 572	1 626	1 660	1 719	1 779	1 431
Entreprises sous contrôle étranger	..	..	..	..	..	..	..	..
Succursales d'entreprises étrangères	..	..	..	..	..	..	..	..
Ensemble des entreprises	..	1 493	1 572	1 626	1 660	1 719	1 779	1 431
Total								
Entreprises nationales	2 581	2 851	2 892	2 973	3 090	3 155	3 198	2 529
Entreprises sous contrôle étranger	..	..	..	..	..	..	..	..
Succursales d'entreprises étrangères	..	..	..	..	..	..	..	..
Ensemble des entreprises	..	2 851	2 892	2 973	3 090	3 155	3 198	2 529
1.4 Dépenses brutes d'exploitation								
Vie								
Entreprises nationales	115	118	58	41	45	47	51	61
Entreprises sous contrôle étranger	..	..	..	..	..	..	..	..
Succursales d'entreprises étrangères	..	..	..	..	..	..	..	..
Ensemble des entreprises	..	118	58	41	45	47	51	61
Non-vie								
Entreprises nationales	621	806	386	643	618	641	678	382
Entreprises sous contrôle étranger	..	..	..	..	..	..	..	..
Succursales d'entreprises étrangères	..	..	..	..	..	..	..	..
Ensemble des entreprises	..	806	386	643	618	641	678	382
Mixtes								
Entreprises nationales	4 176	4 401	2 084	2 197	2 205	2 320	2 402	2 306
Entreprises sous contrôle étranger	..	..	..	..	..	..	..	..
Succursales d'entreprises étrangères	..	..	..	..	..	..	..	..
Ensemble des entreprises	..	4 401	2 084	2 197	2 205	2 320	2 402	2 306
dont :								
Vie	..	1 702	830	833	824	859	869	883
Entreprises nationales	1 597	1 702	830	833	824	859	869	883
Entreprises sous contrôle étranger	..	..	..	..	..	..	..	..
Succursales d'entreprises étrangères	..	..	..	..	..	..	..	..
Ensemble des entreprises	..	1 702	830	833	824	859	869	883
Non-vie	..	2 699	1 254	1 364	1 382	1 461	1 533	1 423
Entreprises nationales	2 579	2 699	1 254	1 364	1 382	1 461	1 533	1 423
Entreprises sous contrôle étranger	..	..	..	..	..	..	..	..
Succursales d'entreprises étrangères	..	..	..	..	..	..	..	..
Ensemble des entreprises	..	2 699	1 254	1 364	1 382	1 461	1 533	1 423
Total								
Entreprises nationales	4 912	5 325	2 528	2 881	2 868	3 008	3 130	2 749
Entreprises sous contrôle étranger	..	..	..	..	..	..	..	..
Succursales d'entreprises étrangères	..	..	..	..	..	..	..	..
Ensemble des entreprises	..	5 325	2 528	2 881	2 868	3 008	3 130	2 749

BELGIQUE

Tableau 1. Agrégats sélectionnés *(suite)*

Millions EUR

	2011	2012	2013	2014	2015	2016	2017	2018
1.5 Opérations à l'étranger par succursale, primes brutes								
Vie								
Succursales et agences	..	2	2	2	0	0	0	0
Filiales	..	..	..	..	..	..	..	..
Total	..	2	2	2	..	0	0	0
Non-vie								
Succursales et agences	..	698	727	1 572	1 931	1 854	1 843	1 912
Filiales	..	..	..	..	..	..	..	..
Total	..	698	727	1 572	1 931	1 854	1 843	1 912
Mixtes								
Succursales et agences	..	442	448	1 121	1 156	1 197	1 337	1 246
Filiales	..	..	..	..	..	..	..	..
Total	..	442	448	1 121	1 156	1 197	1 337	1 246
dont :								
Vie	..	32	28	16	16	14	61	57
Succursales et agences	..	32	28	16	16	14	61	57
Filiales	..	..	..	..	..	..	..	..
Total	..	32	28	16	16	14	61	57
Non-vie	..	409	421	1 105	1 141	1 183	1 276	1 189
Succursales et agences	..	409	421	1 105	1 141	1 183	1 276	1 189
Filiales	..	..	..	..	..	..	..	..
Total	..	409	421	1 105	1 141	1 183	1 276	1 189
Total								
Succursales et agences	..	1 142	1 178	2 696	3 087	3 051	3 181	3 158
Filiales	..	..	..	..	..	..	..	..
Total	..	1 142	1 178	2 696	3 087	3 051	3 181	3 158

.. Non disponible

Note : Voir les métadonnées détaillées sur : *http://metalinks.oecd.org/ins/20200312/bdba.*

Source : Statistiques de l'OCDE sur les assurances (base de données)

BELGIQUE

Tableau 2. Nombre d'entreprises et d'employés

	2011	2012	2013	2014	2015	2016	2017	2018
2.1 Nombre d'entreprises								
Vie								
Entreprises nationales	18	17	16	15	15	12	10	9
Entreprises sous contrôle étranger	..	..	..	..	..	..	..	..
Succursales d'entreprises étrangères	8	7	7	8	8	10	10	7
Ensemble des entreprises	26	24	23	23	23	22	20	16
Non-vie								
Entreprises nationales	53	49	44	42	41	38	34	36
Entreprises sous contrôle étranger	..	..	..	..	..	..	..	..
Succursales d'entreprises étrangères	44	36	36	36	32	32	33	36
Ensemble des entreprises	97	85	80	78	73	70	67	72
Mixtes								
Entreprises nationales	24	23	23	23	23	22	23	22
Entreprises sous contrôle étranger	..	..	..	..	..	..	..	..
Succursales d'entreprises étrangères	2	2	2	2	2	2	2	2
Ensemble des entreprises	26	25	25	25	25	24	25	24
Réassurance								
Entreprises nationales	2	1	1	1	1	1	1	2
Entreprises sous contrôle étranger	..	..	..	..	..	..	..	..
Succursales d'entreprises étrangères	0	1	1	1	1	1	1	1
Ensemble des entreprises	2	2	2	2	2	2	2	3
Total								
Entreprises nationales	97	90	84	81	80	73	68	69
Entreprises sous contrôle étranger	..	..	..	..	..	..	..	..
Succursales d'entreprises étrangères	54	46	46	47	43	45	46	46
Ensemble des entreprises	151	136	130	128	123	118	114	115
2.2 Nombre d'employés								
Entreprises d'assurance	25 083	..	..	..	..	..	..	..
Intermédiaires	..	..	..	..	..	..	..	..
Total	..	..	..	..	..	..	..	..

.. Non disponible

Note : Voir les métadonnées détaillées sur : *http://metalinks.oecd.org/ins/20200312/bdba.*

Source : Statistiques de l'OCDE sur les assurances (base de données)

CANADA

Tableau 1. Agrégats sélectionnés

Millions CAD

	2011	2012	2013	2014	2015	2016	2017	2018
1.1 Opérations d'assurance conclues dans le pays déclarant								
1.1.1 Opérations d'assurance, par intérêt								
Primes brutes								
Entreprises nationales	83 513	87 337	91 830	81 347	86 082	89 439	93 962	97 815
Entreprises sous contrôle étranger	11 273	11 465	11 237	18 957	17 321	18 250	19 658	19 804
Succursales d'entreprises étrangères	9 502	9 621	9 651	21 604	20 840	19 141	19 488	14 937
Ensemble des entreprises	93 014	96 958	101 481	102 951	106 922	108 580	113 450	112 752
Primes cédées								
Entreprises nationales	21 174	23 483	25 176	22 771	25 855	23 885	26 759	19 135
Entreprises sous contrôle étranger	2 550	2 413	2 504	5 070	4 912	5 107	7 154	6 751
Succursales d'entreprises étrangères	1 923	2 405	2 094	4 469	4 735	4 370	4 568	4 467
Ensemble des entreprises	23 097	25 888	27 270	27 240	30 590	28 255	31 327	23 602
Primes nettes émises								
Entreprises nationales	62 338	63 854	66 655	58 576	60 227	65 554	67 204	78 680
Entreprises sous contrôle étranger	8 723	9 052	8 733	13 888	12 410	13 142	12 504	13 053
Succursales d'entreprises étrangères	7 579	7 216	7 557	17 135	16 104	14 771	14 920	10 470
Ensemble des entreprises	69 917	71 070	74 212	75 710	76 331	80 325	82 123	89 150
1.1.2 Opérations d'assurance par risque à l'étranger, primes brutes								
Vie	..	..	..	..	..	..	..	..
Non-vie	..	..	..	..	..	..	..	..
Mixtes	..	..	..	..	..	..	..	..
dont :								
Vie	..	..	..	..	..	..	..	..
Non-vie	..	..	..	..	..	..	..	..
Total	..	..	..	..	..	..	..	..
1.1.3 Paiement par catégories d'assurance, primes brutes (vie)								
Rentes	6 457	5 276	6 263	5 562	5 539	5 966	6 558	7 390
Unit linked	..	..	..	..	..	..	..	..
Autre assurance vie	..	..	..	..	..	..	..	..
Total Assurance Vie	..	..	..	..	..	..	..	..
***dont :** Contrats de retraite*	..	..	..	..	..	..	..	..
1.1.4 Paiement par catégories d'assurance, primes brutes (non-vie)								
L'assurance automobile	20 277	21 805	22 857	21 007	21 426	21 938	23 234	24 519
Les assurances transport (y compris maritime et aérien)	656	672	630	773	716	769	700	1 143
L'assurance de fret	..	..	..	..	..	..	..	..
L'assurance incendie et des dommages aux bien	15 268	16 577	16 687	18 994	19 992	20 599	21 593	28 429
L'assurance des pertes pécuniaires	1 716	1 785	1 748	2 271	2 010	2 650	2 708	2 559
L'assurance de la responsabilité civile générale	5 054	5 197	5 267	5 830	6 289	6 339	6 398	10 463
Les assurances accidents et maladie	25 743	19 672	20 262	25 708	26 370	25 944	26 471	24 315
***dont :** Maladie*	..	..	..	..	..	..	..	..
Autres assurances non-vie	8	14	32	138	275	368	440	170
Réassurance obligatoire	..	..	..	..	..	..	..	..
Total assurance non-vie	68 723	65 723	67 482	74 721	77 682	78 616	81 545	91 598
1.2 Paiements bruts des sinistres								
Vie								
Entreprises nationales	0	0	0	0	0	3	..	3
Entreprises sous contrôle étranger	0	0	0	0	0	0	..	0
Succursales d'entreprises étrangères	27	28	36	41	13	3	3	3
Ensemble des entreprises	27	28	36	41	13	6	3	6
Non-vie								
Entreprises nationales	23 354	24 435	28 506	25 194	25 500	30 110	29 433	30 596
Entreprises sous contrôle étranger	5 150	4 939	5 566	8 332	8 552	11 171	11 043	11 435
Succursales d'entreprises étrangères	5 840	4 875	5 242	5 901	4 694	6 748	4 566	6 479
Ensemble des entreprises	29 193	29 310	33 748	31 095	30 193	36 858	33 999	37 075
Mixtes								
Entreprises nationales	10 525	10 851	11 227	9 477	10 030	11 984	12 753	18 600
Entreprises sous contrôle étranger	666	731	736	881	303	336	396	435
Succursales d'entreprises étrangères	160	163	159	7 182	7 161	5 671	5 797	1 025
Ensemble des entreprises	10 685	11 014	11 386	16 659	17 190	17 654	18 549	19 626
dont :								
Vie	4 599	4 749	4 969	5 480	5 747	5 919	6 342	6 699
Entreprises nationales	4 523	4 650	4 869	3 858	4 186	4 581	4 981	6 073
Entreprises sous contrôle étranger	190	189	190	344	188	210	256	301
Succursales d'entreprises étrangères	76	99	99	1 622	1 561	1 339	1 361	626
Ensemble des entreprises	4 599	4 749	4 969	5 480	5 747	5 919	6 342	6 699
Non-vie	6 085	6 264	6 417	11 179	11 444	11 735	12 207	12 927
Entreprises nationales	6 002	6 201	6 357	5 620	5 844	7 403	7 772	12 528
Entreprises sous contrôle étranger	475	542	546	537	115	127	139	134
Succursales d'entreprises étrangères	83	63	60	5 560	5 600	4 332	4 435	399
Ensemble des entreprises	6 085	6 264	6 417	11 179	11 444	11 735	12 207	12 927
Total								
Entreprises nationales	33 879	35 286	39 733	34 671	35 529	42 097	42 186	49 199
Entreprises sous contrôle étranger	5 816	5 670	6 301	9 213	8 854	11 508	11 439	11 870
Succursales d'entreprises étrangères	6 026	5 066	5 437	13 124	11 867	12 422	10 366	7 507
Ensemble des entreprises	39 905	40 351	45 170	47 795	47 396	54 518	52 552	56 706

CANADA

Tableau 1. Agrégats sélectionnés *(suite)*

Millions CAD

	2011	2012	2013	2014	2015	2016	2017	2018
1.3 Commissions								
Vie								
Entreprises nationales	0	0	0	..	0	0	0	..
Entreprises sous contrôle étranger	0	0	0	..	..	..	..	..
Succursales d'entreprises étrangères	10	12	10	..	0	0	0	..
Ensemble des entreprises	10	12	10	..	0	0	0	..
Non-vie								
Entreprises nationales	4 305	4 719	4 781	..	5 441	5 666	5 434	6 103
Entreprises sous contrôle étranger	91	1 115	1 092	..	1 882	1 938	2 087	2 182
Succursales d'entreprises étrangères	1 102	1 077	1 095	..	1 104	1 177	1 299	1 492
Ensemble des entreprises	5 407	5 796	5 876	..	6 545	6 843	6 733	7 595
Mixtes								
Entreprises nationales	5 539	5 505	5 558	..	4 787	5 363	5 218	5 127
Entreprises sous contrôle étranger	377	258	239	..	97	94	97	150
Succursales d'entreprises étrangères	158	147	145	..	193	156	197	174
Ensemble des entreprises	5 697	5 652	5 703	..	4 980	5 519	5 416	5 301
dont :								
Vie	4 212	4 239	4 291	..	3 572	4 059	3 893	3 812
Entreprises nationales	4 115	4 150	4 213	..	3 457	3 982	3 801	3 734
Entreprises sous contrôle étranger	285	172	173	..	65	72	75	93
Succursales d'entreprises étrangères	97	89	78	..	115	77	93	78
Ensemble des entreprises	4 212	4 239	4 291	..	3 572	4 059	3 893	3 812
Non-vie	1 485	1 413	1 412	..	1 408	1 460	1 522	1 489
Entreprises nationales	1 424	1 355	1 345	..	1 330	1 381	1 418	1 393
Entreprises sous contrôle étranger	91	86	66	..	32	22	22	57
Succursales d'entreprises étrangères	61	58	67	..	78	79	105	97
Ensemble des entreprises	1 485	1 413	1 412	..	1 408	1 460	1 522	1 489
Total								
Entreprises nationales	9 844	10 224	10 339	..	10 228	11 029	10 653	11 230
Entreprises sous contrôle étranger	467	1 373	1 331	..	1 979	2 032	2 184	2 332
Succursales d'entreprises étrangères	1 270	1 235	1 249	..	1 298	1 333	1 496	1 666
Ensemble des entreprises	11 114	11 460	11 588	..	11 526	12 362	12 149	12 896
1.4 Dépenses brutes d'exploitation								
Vie								
Entreprises nationales	20	22	23	24	22	30	29	25
Entreprises sous contrôle étranger	0	0	..	0	0	0	0	0
Succursales d'entreprises étrangères	29	32	27	28	15	10	9	10
Ensemble des entreprises	49	53	50	52	37	40	38	36
Non-vie								
Entreprises nationales	5 235	5 774	6 023	4 032	4 493	4 725	4 694	4 658
Entreprises sous contrôle étranger	1 385	1 465	1 409	1 385	1 488	1 756	1 635	1 548
Succursales d'entreprises étrangères	931	1 001	1 017	855	689	673	672	704
Ensemble des entreprises	6 166	6 775	7 040	4 887	5 182	5 398	5 366	5 362
Mixtes								
Entreprises nationales	10 675	12 274	13 728	12 612	14 400	17 159	17 966	19 399
Entreprises sous contrôle étranger	558	557	571	736	187	194	248	251
Succursales d'entreprises étrangères	119	110	117	206	272	518	713	259
Ensemble des entreprises	10 794	12 384	13 845	12 818	14 672	17 677	18 679	19 658
dont :								
Vie	..	..	..	..	..	..	..	..
Entreprises nationales	..	..	..	..	..	..	..	..
Entreprises sous contrôle étranger	..	..	..	..	..	..	..	..
Succursales d'entreprises étrangères	..	..	..	..	..	..	..	..
Ensemble des entreprises	..	..	..	..	..	..	..	..
Non-vie	..	..	..	..	..	..	..	..
Entreprises nationales	..	..	..	..	..	..	..	..
Entreprises sous contrôle étranger	..	..	..	..	..	..	..	..
Succursales d'entreprises étrangères	..	..	..	..	..	..	..	..
Ensemble des entreprises	..	..	..	..	..	..	..	..
Total								
Entreprises nationales	15 930	18 069	19 774	16 668	18 915	21 914	22 689	24 082
Entreprises sous contrôle étranger	1 943	2 021	1 981	2 121	1 675	1 950	1 883	1 799
Succursales d'entreprises étrangères	1 079	1 143	1 161	1 089	976	1 201	1 394	973
Ensemble des entreprises	17 009	19 212	20 934	17 757	19 891	23 115	24 083	25 055

CANADA

Tableau 1. Agrégats sélectionnés *(suite)*

Millions CAD

	2011	2012	2013	2014	2015	2016	2017	2018
1.5 Opérations à l'étranger par succursale, primes brutes								
Vie								
Succursales et agences	..	..	..	..	..	..	..	..
Filiales	..	..	..	..	..	..	..	..
Total	..	..	..	0	0	0	0	0
Non-vie								
Succursales et agences	..	..	..	..	..	..	..	..
Filiales	..	..	..	..	..	..	..	..
Total	545	548	1 018	1 320	1 500	1 502	1 522	2 658
Mixtes								
Succursales et agences	..	..	..	..	..	..	..	..
Filiales	..	..	..	..	..	..	..	..
Total	34 423	37 741	7 942	31 162	40 235	50 713	54 040	57 636
dont :								
Vie	..	..	..	27 224	..	..	..	..
Succursales et agences	..	..	..	..	..	..	..	..
Filiales	..	..	..	..	..	..	..	..
Total	..	..	..	27 224	..	..	..	..
Non-vie	..	..	..	3 939	..	..	..	..
Succursales et agences	..	..	..	..	..	..	..	..
Filiales	..	..	..	..	..	..	..	..
Total	..	..	..	3 939	..	..	..	..
Total								
Succursales et agences	..	..	..	..	..	..	..	..
Filiales	..	..	..	..	..	..	..	..
Total	34 968	38 289	8 959	32 482	41 736	52 215	55 562	60 294

.. Non disponible

Note : Voir les métadonnées détaillées sur : *http://metalinks.oecd.org/ins/20200312/d9d7.*

Source : Statistiques de l'OCDE sur les assurances (base de données)

CANADA

Tableau 2. Nombre d'entreprises et d'employés

	2011	2012	2013	2014	2015	2016	2017	2018
2.1 Nombre d'entreprises								
Vie								
Entreprises nationales	1	1	1	1	1	3	3	3
Entreprises sous contrôle étranger	0	0	0	0	0	0	0	0
Succursales d'entreprises étrangères	5	5	5	5	5	2	2	2
Ensemble des entreprises	6	6	6	6	6	5	5	5
Non-vie								
Entreprises nationales	86	84	60	66	66	63	61	57
Entreprises sous contrôle étranger	23	23	22	28	28	27	27	25
Succursales d'entreprises étrangères	61	60	60	60	58	54	54	54
Ensemble des entreprises	147	144	120	126	124	117	115	111
Mixtes								
Entreprises nationales	43	43	34	34	33	31	31	29
Entreprises sous contrôle étranger	10	10	10	9	7	7	8	7
Succursales d'entreprises étrangères	26	21	26	23	22	20	20	20
Ensemble des entreprises	69	64	60	57	55	51	51	49
Réassurance								
Entreprises nationales	6	6	6	5	5	5	5	5
Entreprises sous contrôle étranger	6	6	6	5	5	5	5	5
Succursales d'entreprises étrangères	28	27	28	25	26	28	28	28
Ensemble des entreprises	34	33	34	30	31	33	33	33
Total								
Entreprises nationales	136	134	101	106	105	102	100	94
Entreprises sous contrôle étranger	39	39	38	42	40	39	40	37
Succursales d'entreprises étrangères	120	113	119	113	111	104	104	104
Ensemble des entreprises	256	247	220	219	216	206	204	198
2.2 Nombre d'employés								
Entreprises d'assurance	..	..	..	..	..	..	..	..
Intermédiaires	..	..	..	..	..	..	..	..
Total	..	..	..	..	..	..	..	..

.. Non disponible

Note : Voir les métadonnées détaillées sur : *http://metalinks.oecd.org/ins/20200312/d9d7.*

Source : Statistiques de l'OCDE sur les assurances (base de données)

CHILI

Tableau 1. Agrégats sélectionnés

Millions CLP

	2011	2012	2013	2014	2015	2016	2017	2018
1.1 Opérations d'assurance conclues dans le pays déclarant								
1.1.1 Opérations d'assurance, par intérêt								
Primes brutes								
Entreprises nationales	4 691 200	5 496 223	5 832 221	6 260 019	7 465 743	8 394 971	8 344 320	8 981 504
Entreprises sous contrôle étranger	2 270 671	2 821 041	3 056 166	3 211 682	3 614 011	4 422 880	4 504 671	4 722 316
Succursales d'entreprises étrangères	..	..	..	..	..	..	..	..
Ensemble des entreprises	4 691 200	5 496 223	5 832 221	6 260 019	7 465 743	8 394 971	8 344 320	8 981 504
Primes cédées								
Entreprises nationales	911 543	930 906	906 942	998 507	1 135 872	1 310 392	1 382 346	1 428 339
Entreprises sous contrôle étranger	648 512	671 333	647 814	676 439	749 522	953 240	901 373	921 260
Succursales d'entreprises étrangères	..	..	..	..	..	..	..	..
Ensemble des entreprises	911 543	930 906	906 942	998 507	1 135 872	1 310 392	1 382 346	1 428 339
Primes nettes émises								
Entreprises nationales	3 779 657	4 565 317	4 925 279	5 261 513	6 329 871	7 084 578	6 961 974	7 553 165
Entreprises sous contrôle étranger	1 622 159	2 149 709	2 408 352	2 535 243	2 864 489	3 469 640	3 603 299	3 801 056
Succursales d'entreprises étrangères	..	..	..	..	..	..	..	..
Ensemble des entreprises	3 779 657	4 565 317	4 925 279	5 261 513	6 329 871	7 084 578	6 961 974	7 553 165
1.1.2 Opérations d'assurance par risque à l'étranger, primes brutes								
Vie	0	..	..	..	..	..	..	..
Non-vie	0	..	..	..	..	..	..	..
Mixtes total	..	..	..	..	..	..	..	..
Total	0	..	..	..	..	..	..	..
1.1.3 Paiement par catégories d'assurance, primes brutes (vie)								
Rentes	1 105 236	1 623 894	1 729 819	1 692 693	2 343 736	2 759 473	2 456 649	2 767 820
Unit linked	201 183	213 028	318 975	475 508	613 110	712 539	728 441	582 074
Autre assurance vie	1 625 966	1 761 476	1 827 419	1 948 628	2 123 123	2 373 130	2 560 094	2 775 274
Total assurance vie	2 932 385	3 598 399	3 876 213	4 116 829	5 079 969	5 845 142	5 745 185	6 125 167
***dont :** Contrats de retraite*	1 340 726	..	..	..	..	..	..	..
1.1.4 Paiement par catégories d'assurance, primes brutes (non-vie)								
L'assurance automobile	420 964	480 767	467 370	509 632	554 020	607 928	658 852	741 818
Les assurances transport (y compris maritime et aérien)	92 530	93 208	117 884	129 698	148 074	132 318	134 870	152 066
L'assurance de fret	0	0	0	0	0	0	0	0
L'assurance incendie et des dommages aux bien	663 739	726 707	711 066	788 536	901 636	926 988	899 548	999 817
L'assurance des pertes pécuniaires	58 737	62 661	55 877	62 708	73 291	81 763	83 750	89 411
L'assurance de la responsabilité civile générale	69 048	80 035	52 154	56 828	41 342	34 468	30 188	41 483
Les assurances accidents et maladie	115 563	117 127	25 789	30 296	46 180	53 105	66 796	74 322
***dont :** Maladie*	943	1 362	1 349	6 100	2 268	8 145	7 442	15 661
Autres assurances non-vie	336 427	335 850	524 059	561 863	602 569	651 596	675 973	705 464
Réassurance obligatoire	0	0	0	0	0	0	0	0
Total assurance non-vie	1 757 008	1 896 354	1 954 198	2 139 562	2 367 113	2 488 165	2 549 976	2 804 382
1.2 Paiements bruts des sinistres								
Vie								
Entreprises nationales	2 914 714	3 393 850	3 714 398	4 027 828	2 853 170	3 342 724	3 838 076	4 106 073
Entreprises sous contrôle étranger	989 305	1 353 122	1 551 286	1 580 430	1 020 903	1 219 666	1 524 203	1 999 198
Succursales d'entreprises étrangères	0	..	..	..	..	..	..	..
Ensemble des entreprises	2 914 714	3 393 850	3 714 398	4 027 828	2 853 170	3 342 724	3 838 076	4 106 073
Non-vie								
Entreprises nationales	658 815	874 913	896 672	260 092	1 421 296	1 491 740	1 515 015	1 432 942
Entreprises sous contrôle étranger	420 283	524 939	541 982	157 970	889 183	1 193 951	1 168 469	1 032 572
Succursales d'entreprises étrangères	0	..	..	..	..	..	..	..
Ensemble des entreprises	658 815	874 913	896 672	260 092	1 421 296	1 491 740	1 515 015	1 432 942
Mixtes, ensemble des entreprises	..	..	..	..	..	..	..	..
Total								
Entreprises nationales	3 573 529	4 268 763	4 611 070	4 287 920	4 274 466	4 834 464	5 353 090	5 539 015
Entreprises sous contrôle étranger	1 409 588	1 878 061	2 093 268	1 738 400	1 910 087	2 413 617	2 692 672	3 031 770
Succursales d'entreprises étrangères	0	..	..	..	..	..	..	..
Ensemble des entreprises	3 573 529	4 268 763	4 611 070	4 287 920	4 274 466	4 834 464	5 353 090	5 539 015
1.3 Commissions								
Vie								
Entreprises nationales	182 335	228 573	248 645	263 060	301 418	318 445	330 472	360 325
Entreprises sous contrôle étranger	86 321	118 560	131 550	139 650	164 172	159 299	171 055	186 888
Succursales d'entreprises étrangères	0	..	..	..	..	..	..	..
Ensemble des entreprises	182 335	228 573	248 645	263 060	301 418	318 445	330 472	360 325
Non-vie								
Entreprises nationales	205 222	224 665	230 945	260 092	287 918	312 001	322 793	360 936
Entreprises sous contrôle étranger	134 674	142 291	140 238	157 970	171 469	242 835	238 778	261 147
Succursales d'entreprises étrangères	0	..	..	..	..	..	..	..
Ensemble des entreprises	205 222	224 665	230 945	260 092	287 918	312 001	322 793	360 936
Mixtes, ensemble des entreprises	..	..	..	..	..	..	..	..
Total								
Entreprises nationales	387 557	453 238	479 590	523 153	589 336	630 445	653 265	721 261
Entreprises sous contrôle étranger	220 996	260 851	271 787	297 621	335 641	402 134	409 832	448 035
Succursales d'entreprises étrangères	0	..	..	..	..	..	..	..
Ensemble des entreprises	387 557	453 238	479 590	523 153	589 336	630 445	653 265	721 261

CHILI

Tableau 1. Agrégats sélectionnés *(suite)*

Millions CLP

	2011	2012	2013	2014	2015	2016	2017	2018
1.4 Dépenses brutes d'exploitation								
Vie								
Entreprises nationales	502 620	519 184	549 344	583 313	612 178	664 997	732 176	776 679
Entreprises sous contrôle étranger	242 660	250 271	268 515	284 692	308 320	316 103	364 993	390 610
Succursales d'entreprises étrangères	0	..	..	..	..	..	..	..
Ensemble des entreprises	502 620	519 184	549 344	583 313	612 178	664 997	732 176	776 679
Non-vie								
Entreprises nationales	331 560	339 044	359 066	382 886	412 676	457 861	501 804	533 252
Entreprises sous contrôle étranger	241 486	239 100	251 791	266 721	288 658	367 114	406 682	414 288
Succursales d'entreprises étrangères	0	..	..	..	..	..	..	..
Ensemble des entreprises	331 560	339 044	359 066	382 886	412 676	457 861	501 804	533 252
Mixtes, ensemble des entreprises	..	..	..	..	..	..	..	..
Total								
Entreprises nationales	834 180	858 228	908 410	966 199	1 024 854	1 122 857	1 233 980	1 309 931
Entreprises sous contrôle étranger	484 145	489 370	520 306	551 413	596 978	683 216	771 674	804 898
Succursales d'entreprises étrangères	0	..	..	..	..	..	..	..
Ensemble des entreprises	834 180	858 228	908 410	966 199	1 024 854	1 122 857	1 233 980	1 309 931
1.5 Opérations à l'étranger par succursale, primes brutes								
Vie								
Succursales et agences	0	..	..	..	..	..	..	..
Filiales	0	..	..	..	..	..	..	..
Total	0	..	..	..	..	..	..	..
Non-vie								
Succursales et agences	0	..	..	..	..	..	..	..
Filiales	0	..	..	..	..	..	..	..
Total	0	..	..	..	..	..	..	..
Mixtes total	..	..	..	..	..	..	..	..
Total								
Succursales et agences	0	..	..	..	..	..	..	..
Filiales	0	..	..	..	..	..	..	..
Total	0	..	..	..	..	..	..	..

.. Non disponible

Note : Voir les métadonnées détaillées sur : *http://metalinks.oecd.org/ins/20200312/0fdc.*

Source : Statistiques de l'OCDE sur les assurances (base de données)

CHILI

Tableau 2. Nombre d'entreprises et d'employés

	2011	2012	2013	2014	2015	2016	2017	2018
2.1 Nombre d'entreprises								
Vie								
Entreprises nationales	30	32	33	34	36	36	36	37
Entreprises sous contrôle étranger	12	11	12	12	13	13	15	16
Succursales d'entreprises étrangères	0	..	..	..	..	0	..	..
Ensemble des entreprises	30	32	33	34	36	36	36	37
Non-vie								
Entreprises nationales	27	28	29	29	30	30	32	32
Entreprises sous contrôle étranger	16	16	18	17	18	11	19	17
Succursales d'entreprises étrangères	0	..	..	..	..	0	..	..
Ensemble des entreprises	27	28	29	29	30	30	32	32
Mixtes, ensemble des entreprises	**0**	**0**	**0**	**0**	**0**	**0**	**..**	**..**
Réassurance								
Entreprises nationales	1	1	1	1	1	1	1	1
Entreprises sous contrôle étranger	1	1	1	1	..	1	1	1
Succursales d'entreprises étrangères	0	..	..	..	..	0	..	..
Ensemble des entreprises	1	1	1	1	1	1	1	1
Total								
Entreprises nationales	58	61	63	64	67	67	69	70
Entreprises sous contrôle étranger	29	28	31	30	31	25	35	33
Succursales d'entreprises étrangères	0	..	..	..	..	0	..	..
Ensemble des entreprises	58	61	63	64	67	67	69	70
2.2 Nombre d'employés								
Entreprises d'assurance	14 366	16 304	16 686	17 039	15 368	16 414	16 859	16 908
Intermédiaires	7 211	6 828	7 046	6 959	7 499	7 599	7 663	7 945
Total	21 577	23 132	23 732	23 998	22 867	24 013	24 522	24 853

.. Non disponible

Note : Voir les métadonnées détaillées sur : *http://metalinks.oecd.org/ins/20200312/0fdc.*

Source : Statistiques de l'OCDE sur les assurances (base de données)

RÉPUBLIQUE TCHÈQUE

Tableau 1. Agrégats sélectionnés

Millions CZK

	2011	2012	2013	2014	2015	2016	2017	2018
1.1 Opérations d'assurance conclues dans le pays déclarant								
1.1.1 Opérations d'assurance, par intérêt								
Primes brutes								
Entreprises nationales	146 494	145 572	147 955	148 755	140 688	135 581	138 186	142 473
Entreprises sous contrôle étranger	134 999	134 114	135 671	137 200	129 432	124 165	125 585	128 377
Succursales d'entreprises étrangères	8 598	8 026	8 567	9 164	11 159	11 102	11 459	10 768
Ensemble des entreprises	155 092	153 597	156 522	157 919	151 846	146 683	149 645	153 241
Primes cédées								
Entreprises nationales	27 642	27 730	29 333	29 915	29 857	28 913	30 449	31 057
Entreprises sous contrôle étranger	24 903	24 826	26 054	26 601	26 578	25 450	26 230	26 704
Succursales d'entreprises étrangères	1 120	984	1 016	1 250	1 561	1 993	1 484	1 048
Ensemble des entreprises	28 762	28 714	30 349	31 165	31 418	30 905	31 933	32 105
Primes nettes émises								
Entreprises nationales	118 852	117 842	118 623	118 839	110 831	106 669	107 737	111 416
Entreprises sous contrôle étranger	110 096	109 288	109 617	110 598	102 854	98 714	99 356	101 673
Succursales d'entreprises étrangères	7 478	7 041	7 550	7 914	9 598	9 109	9 976	9 720
Ensemble des entreprises	126 330	124 884	126 173	126 754	120 429	115 778	117 713	121 136
1.1.2 Opérations d'assurance par risque à l'étranger, primes brutes								
Vie	2	3	0	0	0	0	0	0
Non-vie	814	931	741	993	524	274	738	874
Mixtes	1 553	1 681	1 780	2 121	1 867	1 843	2 777	3 561
dont :								
Vie	1	0	37	360	4	0	1 805	1 897
Non-vie	1 553	1 681	1 742	1 761	1 863	1 843	972	1 664
Total	2 370	2 614	2 521	3 113	2 390	2 117	3 515	4 435
1.1.3 Paiement par catégories d'assurance, primes brutes (vie)								
Rentes	1 881	1 810	1 775	1 505	1 413	..	..	..
Unit linked	36 584	37 799	34 764	37 632	35 125	26 131	25 608	25 199
Autre assurance vie	33 543	32 437	35 030	32 042	25 876	33 110	31 425	30 653
Total Assurance Vie	72 008	72 046	71 569	71 179	62 414	59 240	57 033	55 852
dont : *Contrats de retraite*	..	..	..	..	..	..	0	0
1.1.4 Paiement par catégories d'assurance, primes brutes (non-vie)								
L'assurance automobile	35 827	34 350	35 804	37 855	39 633	38 212	40 533	44 078
Les assurances transport (y compris maritime et aérien)	274	243	214	294	331	912	1 073	1 072
L'assurance de fret	385	336	393	461	466	0	..	..
L'assurance incendie et des dommages aux bien	20 586	20 832	21 442	21 687	22 655	23 042	24 244	24 997
L'assurance des pertes pécuniaires	5 413	5 190	5 920	4 933	3 770	3 959	4 030	3 309
L'assurance de la responsabilité civile générale	12 416	12 420	12 869	13 164	13 810	13 609	14 559	15 207
Les assurances accidents et maladie	5 708	5 523	5 482	5 342	5 393	5 136	5 460	5 802
dont : *Maladie*	0	0	0	0	0	0	2 474	2 575
Autres assurances non-vie	2 477	2 656	2 825	3 002	3 374	2 223	2 364	2 489
Réassurance obligatoire	0	0	0	0	0	0	..	..
Total assurance non-vie	83 084	81 550	84 950	86 738	89 431	87 092	92 263	96 954
1.2 Paiements bruts des sinistres								
Vie								
Entreprises nationales	934	968	765	1 307	702	.. c	.. c	.. c
Entreprises sous contrôle étranger	934	968	765	1 307	702	.. c	.. c	.. c
Succursales d'entreprises étrangères	4 193	4 402	7 219	6 044	6 376	6 094	6 249	5 572
Ensemble des entreprises	5 127	5 370	7 984	7 352	7 077	6 456	6 567	5 875
Non-vie								
Entreprises nationales	2 981	3 594	5 208	6 045	2 285	2 103	2 172	2 681
Entreprises sous contrôle étranger	1 463	1 648	2 171	1 734	1 288	1 072	1 070	1 349
Succursales d'entreprises étrangères	922	746	1 184	1 353	1 216	1 674	1 764	1 344
Ensemble des entreprises	3 903	4 340	6 392	7 398	3 501	3 777	3 936	4 025
Mixtes								
Entreprises nationales	76 178	78 484	86 244	90 284	84 909	81 024	80 221	80 773
Entreprises sous contrôle étranger	72 105	74 012	81 355	84 712	79 681	75 835	75 301	75 653
Succursales d'entreprises étrangères	0	0	0	0	0	0	0	0
Ensemble des entreprises	76 178	78 484	86 244	90 284	84 909	81 024	80 221	80 773
dont :								
Vie	36 944	41 040	43 395	50 972	44 105	37 676	36 087	37 421
Entreprises nationales	36 944	41 040	43 395	50 972	44 105	37 676	36 087	37 421
Entreprises sous contrôle étranger	35 822	39 685	42 174	49 092	42 631	36 570	35 018	36 422
Succursales d'entreprises étrangères	0	0	0	0	0	0	0	0
Ensemble des entreprises	36 944	41 040	43 395	50 972	44 105	37 676	36 087	37 421
Non-vie	39 235	37 444	42 849	39 312	40 805	43 348	44 134	43 352
Entreprises nationales	39 235	37 444	42 849	39 312	40 805	43 348	44 134	43 352
Entreprises sous contrôle étranger	36 283	34 327	39 180	35 620	37 050	39 265	40 283	39 231
Succursales d'entreprises étrangères	0	0	0	0	0	0	0	0
Ensemble des entreprises	39 235	37 444	42 849	39 312	40 805	43 348	44 134	43 352
Total								
Entreprises nationales	80 094	83 046	92 217	97 636	87 896	83 490	82 712	83 757
Entreprises sous contrôle étranger	74 502	76 628	84 291	87 754	81 671	77 269	76 690	77 305
Succursales d'entreprises étrangères	5 116	5 148	8 403	7 397	7 592	7 767	8 012	6 916
Ensemble des entreprises	85 209	88 194	100 620	105 033	95 488	91 257	90 724	90 673

RÉPUBLIQUE TCHÈQUE

Tableau 1. Agrégats sélectionnés *(suite)*

Millions CZK

	2011	2012	2013	2014	2015	2016	2017	2018
1.3 Commissions								
Vie								
Entreprises nationales	628	..	..	..	..	..	..	..
Entreprises sous contrôle étranger	628	..	..	..	..	..	..	..
Succursales d'entreprises étrangères	486	..	..	..	..	..	..	..
Ensemble des entreprises	1 114	..	..	..	..	..	..	..
Non-vie								
Entreprises nationales	466	..	..	..	..	..	..	..
Entreprises sous contrôle étranger	273	..	..	..	..	..	..	..
Succursales d'entreprises étrangères	418	..	..	..	..	..	..	..
Ensemble des entreprises	884	..	..	..	..	..	..	..
Mixtes								
Entreprises nationales	12 386	..	..	..	..	..	..	..
Entreprises sous contrôle étranger	11 419	..	..	..	..	..	..	..
Succursales d'entreprises étrangères	0	..	..	..	..	..	..	..
Ensemble des entreprises	12 386	..	..	..	..	..	..	..
dont :								
Vie	7 407	..	..	..	..	..	..	..
Entreprises nationales	7 407	..	..	..	..	..	..	..
Entreprises sous contrôle étranger	7 243	..	..	..	..	..	..	..
Succursales d'entreprises étrangères	0	..	..	..	..	..	..	..
Ensemble des entreprises	7 407	..	..	..	..	..	..	..
Non-vie	4 980	..	..	..	..	..	..	..
Entreprises nationales	4 980	..	..	..	..	..	..	..
Entreprises sous contrôle étranger	4 176	..	..	..	..	..	..	..
Succursales d'entreprises étrangères	0	..	..	..	..	..	..	..
Ensemble des entreprises	4 980	..	..	..	..	..	..	..
Total								
Entreprises nationales	13 481	..	..	..	..	..	..	..
Entreprises sous contrôle étranger	12 320	..	..	..	..	..	..	..
Succursales d'entreprises étrangères	904	..	..	..	..	..	..	..
Ensemble des entreprises	14 384	..	..	..	..	..	..	..
1.4 Dépenses brutes d'exploitation								
Vie								
Entreprises nationales	1 085	1 132	748	759	739	.. c	.. c	.. c
Entreprises sous contrôle étranger	1 085	1 132	748	759	739	.. c	.. c	.. c
Succursales d'entreprises étrangères	1 617	1 659	1 587	1 459	2 036	2 016	1 801	1 905
Ensemble des entreprises	2 702	2 791	2 335	2 219	2 775	2 520	2 251	2 232
Non-vie								
Entreprises nationales	2 559	1 970	1 795	1 805	1 571	1 203	2 170	2 988
Entreprises sous contrôle étranger	1 509	1 152	987	937	883	622	979	1 044
Succursales d'entreprises étrangères	933	277	715	841	1 203	1 224	1 412	1 401
Ensemble des entreprises	3 491	2 247	2 510	2 646	2 773	2 427	3 582	4 389
Mixtes								
Entreprises nationales	33 219	21 405	21 863	22 207	20 341	21 319	36 095	41 260
Entreprises sous contrôle étranger	31 001	20 417	20 499	21 233	19 120	19 893	32 685	36 930
Succursales d'entreprises étrangères	0	0	0	0	0	0	0	0
Ensemble des entreprises	33 219	21 405	21 863	22 207	20 341	21 319	36 095	41 260
dont :								
Vie	13 363	12 009	11 670	11 475	9 613	9 217	11 707	12 405
Entreprises nationales	13 363	12 009	11 670	11 475	9 613	9 217	11 707	12 405
Entreprises sous contrôle étranger	12 861	11 604	11 231	11 050	9 059	8 637	10 795	11 445
Succursales d'entreprises étrangères	0	0	0	0	0	0	0	0
Ensemble des entreprises	13 363	12 009	11 670	11 475	9 613	9 217	11 707	12 405
Non-vie	19 856	9 396	10 193	10 733	10 728	12 102	24 388	28 855
Entreprises nationales	19 856	9 396	10 193	10 733	10 728	12 102	24 388	28 855
Entreprises sous contrôle étranger	18 140	8 814	9 268	10 184	10 061	11 256	21 890	25 485
Succursales d'entreprises étrangères	0	0	0	0	0	0	0	0
Ensemble des entreprises	19 856	9 396	10 193	10 733	10 728	12 102	24 388	28 855
Total								
Entreprises nationales	36 863	24 507	24 407	24 772	22 650	23 027	38 621	44 574
Entreprises sous contrôle étranger	33 595	22 701	22 234	22 929	20 742	21 020	34 020	38 301
Succursales d'entreprises étrangères	2 550	1 936	2 302	2 301	3 239	3 239	3 307	3 307
Ensemble des entreprises	39 413	26 443	26 708	27 072	25 889	26 266	41 928	47 881

RÉPUBLIQUE TCHÈQUE

Tableau 1. Agrégats sélectionnés *(suite)*

Millions CZK

	2011	2012	2013	2014	2015	2016	2017	2018
1.5 Opérations à l'étranger par succursale, primes brutes								
Vie								
Succursales et agences	0	0	0	0	0	0	0	0
Filiales	..	..	..	..	..	..	..	..
Total	0	0	0	0	0	..	0	0
Non-vie								
Succursales et agences	318	307	323	313	351	377	596	804
Filiales	..	..	..	..	..	..	..	..
Total	318	307	323	313	351	377	596	804
Mixtes								
Succursales et agences	1 294	1 359	3 714	4 528	5 164	1 697	1 805	1 897
Filiales	..	..	..	..	..	..	..	..
Total	1 294	1 359	3 714	4 528	5 164	1 697	1 805	1 897
dont :								
Vie	1 244	1 317	1 737	1 434	1 460	1 697	1 805	1 897
Succursales et agences	1 244	1 317	1 737	1 434	1 460	1 697	1 805	1 897
Filiales	..	..	..	..	..	..	..	..
Total	1 244	1 317	1 737	1 434	1 460	1 697	1 805	1 897
Non-vie	49	42	1 977	3 095	3 704	..	0	0
Succursales et agences	49	42	1 977	3 095	3 704	0	0	0
Filiales	..	..	..	..	..	..	..	..
Total	49	42	1 977	3 095	3 704	..	0	0
Total								
Succursales et agences	1 612	1 666	4 037	4 841	5 516	2 074	2 401	2 700
Filiales	..	..	..	..	..	..	..	..
Total	1 612	1 666	4 037	4 841	5 516	2 074	2 401	2 700

.. Non disponible ; c Donnée confidentielle

Note : Voir les métadonnées détaillées sur : *http://metalinks.oecd.org/ins/20200312/193c.*

Source : Statistiques de l'OCDE sur les assurances (base de données)

RÉPUBLIQUE TCHÈQUE

Tableau 2. Nombre d'entreprises et d'employés

	2011	2012	2013	2014	2015	2016	2017	2018
2.1 Nombre d'entreprises								
Vie								
Entreprises nationales	3	3	2	2	2	1	1	1
Entreprises sous contrôle étranger	3	3	2	2	2	1	1	1
Succursales d'entreprises étrangères	4	3	3	4	5	5	5	6
Ensemble des entreprises	7	6	5	6	7	6	6	7
Non-vie								
Entreprises nationales	17	16	16	15	15	13	11	11
Entreprises sous contrôle étranger	9	8	8	7	5	4	3	3
Succursales d'entreprises étrangères	14	15	15	16	18	19	17	14
Ensemble des entreprises	31	31	31	31	33	32	28	25
Mixtes								
Entreprises nationales	15	15	15	15	14	14	14	14
Entreprises sous contrôle étranger	12	12	12	12	11	11	11	11
Succursales d'entreprises étrangères	0	0	0	0	0	0	0	0
Ensemble des entreprises	15	15	15	15	14	14	14	14
Réassurance								
Entreprises nationales	1	1	1	1	1	1	1	1
Entreprises sous contrôle étranger	1	1	1	1	1	1	1	1
Succursales d'entreprises étrangères	..	..	..	..	..	..	0	0
Ensemble des entreprises	1	1	1	1	1	1	1	1
Total								
Entreprises nationales	36	35	34	33	32	29	27	27
Entreprises sous contrôle étranger	25	24	23	22	19	17	16	16
Succursales d'entreprises étrangères	18	18	18	20	23	24	22	20
Ensemble des entreprises	54	53	52	53	55	53	49	47
2.2 Nombre d'employés								
Entreprises d'assurance	..	..	..	..	..	..	..	..
Intermédiaires	..	..	..	..	..	..	..	..
Total	..	..	..	..	..	..	..	..

.. Non disponible

Note : Voir les métadonnées détaillées sur : *http://metalinks.oecd.org/ins/20200312/193c.*

Source : Statistiques de l'OCDE sur les assurances (base de données)

DANEMARK

Tableau 1. Agrégats sélectionnés

Millions DKK

	2011	2012	2013	2014	2015	2016	2017	2018
1.1 Opérations d'assurance conclues dans le pays déclarant								
1.1.1 Opérations d'assurance, par intérêt								
Primes brutes								
Entreprises nationales	181 700	189 673	1 268 025	208 213	215 276	225 500	247 934	258 749
Entreprises sous contrôle étranger	34 560	34 996	39 736	46 022	46 192	49 042	53 373	53 706
Succursales d'entreprises étrangères	..	..	..	..	..	..	..	..
Ensemble des entreprises	181 700	189 673	1 268 025	208 213	215 276	225 500	247 934	258 749
Primes cédées								
Entreprises nationales	7 676	7 009	7 417	5 875	6 309	6 943	8 079	7 160
Entreprises sous contrôle étranger	3 427	3 293	3 199	2 080	2 462	2 355	2 024	1 666
Succursales d'entreprises étrangères	..	..	..	..	..	..	..	..
Ensemble des entreprises	7 676	7 009	7 417	5 875	6 309	6 943	8 079	7 160
Primes nettes émises								
Entreprises nationales	174 024	182 664	1 260 608	202 338	208 966	218 557	239 855	251 589
Entreprises sous contrôle étranger	31 132	31 703	36 537	43 942	43 730	46 687	51 349	52 040
Succursales d'entreprises étrangères	..	..	..	..	..	..	..	..
Ensemble des entreprises	174 024	182 664	1 260 608	202 338	208 966	218 557	239 855	251 589
1.1.2 Opérations d'assurance par risque à l'étranger, primes brutes								
Vie	3 099	3 530	1 125	631	631	..	..	..
Non-vie	13 950	14 359	14 611	23 099	22 611	..	..	..
Mixtes total	..	..	..	..	..	..	..	..
Total	17 050	17 889	15 737	23 730	23 242	..	..	..
1.1.3 Paiement par catégories d'assurance, primes brutes (vie)								
Rentes	..	..	..	..	..	..	..	..
Unit linked	..	..	..	..	..	..	..	..
Autre assurance vie	..	..	..	..	..	..	..	..
Total assurance vie	..	129 477	133 294	140 314	147 662	153 907	170 623	180 289
***dont :** Contrats de retraite*	..	..	..	..	..	..	..	..
1.1.4 Paiement par catégories d'assurance, primes brutes (non-vie)								
L'assurance automobile	16 520	16 511	16 304	19 310	19 146	21 247	23 487	25 929
Les assurances transport (y compris maritime et aérien)	1 328	1 397	1 263	1 174	1 105	1 857	1 844	1 769
L'assurance de fret	..	..	..	..	0	..	..	..
L'assurance incendie et des dommages aux bien	15 003	20 461	20 737	22 855	22 642	25 107	26 732	26 184
L'assurance des pertes pécuniaires	336	359	372	402	417	1 113	2 045	1 921
L'assurance de la responsabilité civile générale	1 857	2 023	2 061	2 377	2 314	3 203	3 411	3 494
Les assurances accidents et maladie	13 403	13 553	12 611	15 063	15 282	15 965	16 727	16 051
***dont :** Maladie*	900	1 013	1 051	1 265	1 337	4 498	4 657	4 129
Autres assurances non-vie	3 983	4 465	4 659	5 156	5 052	1 635	1 759	1 710
Réassurance obligatoire	451	638	653	867	937	538	616	687
Total assurance non-vie	52 882	59 407	58 661	67 204	66 895	70 665	76 621	77 745
1.2 Paiements bruts des sinistres								
Vie								
Entreprises nationales	86 498	92 230	111 119	124 323	98 376	115 270	112 996	128 844
Entreprises sous contrôle étranger	20 780	22 286	24 154	24 385	20 765	23 573	22 740	25 299
Succursales d'entreprises étrangères	..	..	..	..	..	..	..	..
Ensemble des entreprises	86 498	92 230	111 119	124 323	98 376	115 270	112 996	128 844
Non-vie								
Entreprises nationales	45 935	40 906	43 547	46 601	47 833	44 773	45 620	46 939
Entreprises sous contrôle étranger	7 484	6 308	6 731	13 007	13 316	11 816	11 605	11 136
Succursales d'entreprises étrangères	..	..	..	..	..	..	..	..
Ensemble des entreprises	45 935	40 906	43 547	46 601	47 833	44 773	45 620	46 939
Mixtes, ensemble des entreprises	..	..	..	..	..	..	..	..
Total								
Entreprises nationales	132 433	133 136	154 666	170 924	146 209	160 043	158 616	175 783
Entreprises sous contrôle étranger	28 264	28 594	30 885	37 392	34 081	35 389	34 345	36 435
Succursales d'entreprises étrangères	..	..	..	..	..	..	..	..
Ensemble des entreprises	132 433	133 136	154 666	170 924	146 209	160 043	158 616	175 783
1.3 Commissions								
Vie								
Entreprises nationales	235	194	182	195	199	175	207	246
Entreprises sous contrôle étranger	77	59	43	60	36	34	26	30
Succursales d'entreprises étrangères	..	..	..	..	..	..	..	..
Ensemble des entreprises	235	194	182	195	199	175	207	246
Non-vie								
Entreprises nationales	1 257	1 434	1 380	1 613	1 879	1 361	1 320	1 262
Entreprises sous contrôle étranger	257	367	361	579	891	494	463	446
Succursales d'entreprises étrangères	..	..	..	..	..	..	..	..
Ensemble des entreprises	1 257	1 434	1 380	1 613	1 879	1 361	1 320	1 262
Mixtes, ensemble des entreprises	..	..	..	..	..	..	..	..
Total								
Entreprises nationales	1 492	1 629	1 562	1 808	2 079	1 536	1 527	1 508
Entreprises sous contrôle étranger	334	426	405	639	927	528	489	476
Succursales d'entreprises étrangères	..	..	..	..	..	..	..	..
Ensemble des entreprises	1 492	1 629	1 562	1 808	2 079	1 536	1 527	1 508

DANEMARK

Tableau 1. Agrégats sélectionnés *(suite)*

Millions DKK

	2011	2012	2013	2014	2015	2016	2017	2018
1.4 Dépenses brutes d'exploitation								
Vie								
Entreprises nationales	5 136	5 088	4 954	4 887	4 570	4 788	4 971	5 138
Entreprises sous contrôle étranger	1 325	1 316	1 326	1 377	1 284	1 268	1 386	1 349
Succursales d'entreprises étrangères	..	..	..	..	..	..	..	..
Ensemble des entreprises	5 136	5 088	4 954	4 887	4 570	4 788	4 971	5 138
Non-vie								
Entreprises nationales	10 241	10 292	10 391	11 564	11 856	12 050	12 003	11 298
Entreprises sous contrôle étranger	1 940	2 124	2 200	3 867	4 065	3 780	3 542	2 778
Succursales d'entreprises étrangères	..	..	..	..	..	..	..	..
Ensemble des entreprises	10 241	10 292	10 391	11 564	11 856	12 050	12 003	11 322
Mixtes, ensemble des entreprises	..	..	..	..	..	..	..	..
Total								
Entreprises nationales	15 377	15 380	15 345	16 451	16 426	16 838	16 974	16 436
Entreprises sous contrôle étranger	3 265	3 440	3 526	5 244	5 349	5 048	4 928	4 127
Succursales d'entreprises étrangères	..	..	..	..	..	..	..	..
Ensemble des entreprises	15 377	15 380	15 345	16 451	16 426	16 838	16 974	16 460
1.5 Opérations à l'étranger par succursale, primes brutes								
Vie								
Succursales et agences	353	..	..	..	..	..	..	..
Filiales	..	..	..	..	..	..	..	..
Total	353	..	..	..	..	..	..	..
Non-vie								
Succursales et agences	9 995	10 646	10 031	9 286	8 607	19 043	19 072	18 499
Filiales	..	..	..	..	..	..	..	..
Total	9 995	10 646	10 031	9 286	8 607	19 043	19 072	18 499
Mixtes total	..	..	..	..	..	..	..	..
Total								
Succursales et agences	10 348	10 646	10 031	9 286	8 607	19 043	19 072	18 499
Filiales	..	..	..	..	..	..	..	..
Total	10 348	10 646	10 031	9 286	8 607	19 043	19 072	18 499

.. Non disponible

Note : Voir les métadonnées détaillées sur : *http://metalinks.oecd.org/ins/20200312/f502.*

Source : Statistiques de l'OCDE sur les assurances (base de données)

DANEMARK

Tableau 2. Nombre d'entreprises et d'employés

	2011	2012	2013	2014	2015	2016	2017	2018
2.1 Nombre d'entreprises								
Vie								
Entreprises nationales	55	47	39	37	33	33	33	31
Entreprises sous contrôle étranger	8	7	5	4	4	4	4	4
Succursales d'entreprises étrangères	6	6	1	1	1	1	2	2
Ensemble des entreprises	61	53	40	38	34	34	35	33
Non-vie								
Entreprises nationales	85	76	77	63	63	63	59	55
Entreprises sous contrôle étranger	8	6	6	6	6	6	6	5
Succursales d'entreprises étrangères	41	38	48	49	49	53	56	67
Ensemble des entreprises	126	114	125	112	112	116	115	122
Mixtes, ensemble des entreprises	**0**	**0**	**0**	**0**	**0**	**0**	**..**	**..**
Réassurance								
Entreprises nationales	9	9	7	7	7	5	6	5
Entreprises sous contrôle étranger	0	..	..	..	..	0	..	..
Succursales d'entreprises étrangères	..	..	..	..	..	..	..	..
Ensemble des entreprises	9	9	7	7	7	5	6	5
Total								
Entreprises nationales	149	132	123	107	103	101	98	91
Entreprises sous contrôle étranger	16	13	11	10	10	10	10	9
Succursales d'entreprises étrangères	47	44	49	50	50	54	58	69
Ensemble des entreprises	196	176	172	157	153	155	156	160
2.2 Nombre d'employés								
Entreprises d'assurance	16 130	15 835	15 377	17 057	16 472	16 112	13 640	11 568
Intermédiaires	..	..	..	..	..	..	..	..
Total	16 130	15 835	15 377	17 057	16 472	16 112	13 640	11 568

.. Non disponible

Note : Voir les métadonnées détaillées sur : *http://metalinks.oecd.org/ins/20200312/f502.*

Source : Statistiques de l'OCDE sur les assurances (base de données)

ESTONIE

Tableau 1. Agrégats sélectionnés

Millions EUR

	2011	2012	2013	2014	2015	2016	2017	2018
1.1 Opérations d'assurance conclues dans le pays déclarant								
1.1.1 Opérations d'assurance, par intérêt								
Primes brutes								
Entreprises nationales	403	430	523	561	619	654	721	807
→ Entreprises sous contrôle étranger	380	407	499	539	596	627	721	775
Succursales d'entreprises étrangères	0	51	60	70	70	82	97	118
Ensemble des entreprises	403	480	583	631	689	736	818	925
Primes cédées								
Entreprises nationales	20	..	27	28	29	31	31	45
→ Entreprises sous contrôle étranger	11	..	18	2	20	22	22	34
Succursales d'entreprises étrangères	0	..	..	..	..	..	..	..
Ensemble des entreprises	20	..	..	..	..	..	..	..
Primes nettes émises								
Entreprises nationales	383	..	496	534	590	624	690	762
→ Entreprises sous contrôle étranger	368	..	481	217	576	605	670	741
Succursales d'entreprises étrangères	0	..	..	..	..	..	..	..
Ensemble des entreprises	383	..	..	..	..	..	..	..
1.1.2 Opérations d'assurance par risque à l'étranger, primes brutes								
Vie	90	..	..	..	..	..	..	..
Non-vie	68	..	..	..	..	..	..	..
Mixtes	..	..	..	..	..	..	..	..
dont :								
Vie	..	..	..	..	..	..	..	..
Non-vie	..	..	..	..	..	..	..	..
Total	158	..	..	..	..	..	..	..
1.1.3 Paiement par catégories d'assurance, primes brutes (vie)								
Rentes	9	10	17	19	24	27	27	..
Unit linked	84	27	87	109	118	116	116	120
Autre assurance vie	67	30	66	63	72	80	80	113
Total Assurance Vie	160	68	171	191	215	221	223	233
***dont :** Contrats de retraite*	26	30	33	37	36	40	39	39
1.1.4 Paiement par catégories d'assurance, primes brutes (non-vie)								
L'assurance automobile	142	143	229	244	259	292	345	404
Les assurances transport (y compris maritime et aérien)	1	3	2	2	2	6	6	6
L'assurance de fret	2	..	3	4	4	..	..	..
L'assurance incendie et des dommages aux bien	63	59	99	107	115	127	140	159
L'assurance des pertes pécuniaires	5	5	0	0	9	12	17	21
L'assurance de la responsabilité civile générale	9	6	15	16	19	21	22	26
Les assurances accidents et maladie	30	15	40	42	42	54	43	70
***dont :** Maladie*	..	..	9	..	..	..	..	20
Autres assurances non-vie	1	1	9	16	23	4	7	6
Réassurance obligatoire	0	..	8	..	..	..	..	..
Total assurance non-vie	253	231	412	440	474	515	580	692
1.2 Paiements bruts des sinistres								
Vie								
Entreprises nationales	115	112	101	..	97	87	.. c	.. c
→ Entreprises sous contrôle étranger	115	112	101	..	97	87	.. c	.. c
Succursales d'entreprises étrangères	0	..	..	..	..	0	2	12
Ensemble des entreprises	115	112	101	..	97	87	93	80
Non-vie								
Entreprises nationales	154	147	197	..	230	243	270	315
→ Entreprises sous contrôle étranger	141	134	184	..	217	228	253	297
Succursales d'entreprises étrangères	0	..	33	..	40	43	49	55
Ensemble des entreprises	154	147	230	246	271	287	319	370
Mixtes								
Entreprises nationales	..	..	..	..	..	38	36	48
→ Entreprises sous contrôle étranger	..	..	..	..	..	38	36	48
Succursales d'entreprises étrangères	..	..	..	..	..	3	4	4
Ensemble des entreprises	..	..	..	..	..	42	40	52
dont :								
Vie	..	..	..	..	..	34	40	39
→ *Entreprises nationales*	..	..	..	..	..	31	36	35
→ → *Entreprises sous contrôle étranger*	..	..	..	..	..	31	36	35
→ *Succursales d'entreprises étrangères*	..	..	..	..	..	3	4	4
→ *Ensemble des entreprises*	..	..	..	..	..	34	40	39
Non-vie	..	..	..	..	..	8	0	13
→ *Entreprises nationales*	..	..	..	..	..	8	0	13
→ → *Entreprises sous contrôle étranger*	..	..	..	..	..	8	0	13
→ *Succursales d'entreprises étrangères*	..	..	..	..	..	0	0	0
→ *Ensemble des entreprises*	..	..	..	..	..	8	0	13
Total								
Entreprises nationales	270	259	298	..	328	369	397	431
→ Entreprises sous contrôle étranger	256	246	285	..	314	354	380	413
Succursales d'entreprises étrangères	0	..	33	..	40	47	55	71
Ensemble des entreprises	270	259	331	246	368	416	452	502

ESTONIE

Tableau 1. Agrégats sélectionnés *(suite)*

Millions EUR

	2011	2012	2013	2014	2015	2016	2017	2018
1.3 Commissions								
Vie								
Entreprises nationales	8	9	19	21	23	..	..	..
Entreprises sous contrôle étranger	8	9	19	21	23	..	..	..
Succursales d'entreprises étrangères	0	..	..	..	..	..	..	..
Ensemble des entreprises	8	9	19	..	23	..	..	..
Non-vie								
Entreprises nationales	17	4	72	73	78	..	..	..
Entreprises sous contrôle étranger	15	2	67	69	73	..	..	..
Succursales d'entreprises étrangères	0	..	..	..	..	..	..	..
Ensemble des entreprises	17	4	72	..	78	..	..	..
Mixtes								
Entreprises nationales	..	..	..	..	..	..	..	..
Entreprises sous contrôle étranger	..	..	..	..	..	..	..	..
Succursales d'entreprises étrangères	..	..	..	..	..	..	..	..
Ensemble des entreprises	..	..	..	..	..	..	..	..
dont :								
Vie								
Entreprises nationales	..	..	..	..	..	..	..	..
Entreprises sous contrôle étranger	..	..	..	..	..	..	..	..
Succursales d'entreprises étrangères	..	..	..	..	..	..	..	..
Ensemble des entreprises	..	..	..	..	..	..	..	..
Non-vie	..	..	..	..	..	..	..	..
Entreprises nationales	..	..	..	..	..	..	..	..
Entreprises sous contrôle étranger	..	..	..	..	..	..	..	..
Succursales d'entreprises étrangères	..	..	..	..	..	..	..	..
Ensemble des entreprises	..	..	..	..	..	..	..	..
Total								
Entreprises nationales	25	13	90	94	101	..	..	..
Entreprises sous contrôle étranger	23	11	86	89	95	..	..	..
Succursales d'entreprises étrangères	0	..	..	..	..	..	..	..
Ensemble des entreprises	25	13	90	..	101	..	..	..
1.4 Dépenses brutes d'exploitation								
Vie								
Entreprises nationales	24	23	9	9	11	..	..	.. c
Entreprises sous contrôle étranger	24	23	9	9	11	..	..	.. c
Succursales d'entreprises étrangères	0	..	..	..	..	..	..	..
Ensemble des entreprises	24	23	9	..	11	..	..	..
Non-vie								
Entreprises nationales	74	73	27	30	27	115	137	153
Entreprises sous contrôle étranger	67	67	25	29	26	..	..	142
Succursales d'entreprises étrangères	0	..	..	..	..	..	..	..
Ensemble des entreprises	74	73	27	..	27	..	..	..
Mixtes								
Entreprises nationales	..	..	..	..	..	..	..	25
Entreprises sous contrôle étranger	..	..	..	..	..	..	..	25
Succursales d'entreprises étrangères	..	..	..	..	..	..	..	..
Ensemble des entreprises	..	..	..	..	..	..	..	..
dont :								
Vie	..	..	..	..	..	..	..	..
Entreprises nationales	..	..	..	..	..	..	..	21
Entreprises sous contrôle étranger	..	..	..	..	..	..	..	21
Succursales d'entreprises étrangères	..	..	..	..	..	..	..	..
Ensemble des entreprises	..	..	..	..	..	..	..	..
Non-vie	..	..	..	..	..	..	..	..
Entreprises nationales	..	..	..	..	..	..	..	4
Entreprises sous contrôle étranger	..	..	..	..	..	..	..	4
Succursales d'entreprises étrangères	..	..	..	..	..	..	..	..
Ensemble des entreprises	..	..	..	..	..	..	..	..
Total								
Entreprises nationales	98	96	37	40	38	115	137	188
Entreprises sous contrôle étranger	91	90	35	38	36	..	..	177
Succursales d'entreprises étrangères	0	..	..	..	..	..	..	..
Ensemble des entreprises	98	96	37	..	38	..	..	..

ESTONIE

Tableau 1. Agrégats sélectionnés *(suite)*

Millions EUR

	2011	2012	2013	2014	2015	2016	2017	2018
1.5 Opérations à l'étranger par succursale, primes brutes								
Vie								
Succursales et agences	90	85	94	114	130	96	..	84
Filiales	0	..	..	..	..	..	..	..
Total	90	85	94	114	130	96	..	..
Non-vie								
Succursales et agences	68	96	170	174	190	201	243	289
Filiales	0	..	..	..	..	..	..	..
Total	68	96	170	174	190	201	243	289
Mixtes								
Succursales et agences	..	..	..	..	..	52	..	73
Filiales	..	..	..	..	..	..	..	..
Total	..	..	..	..	..	52	..	..
dont :								
Vie	..	..	..	..	..	42	..	..
Succursales et agences	..	..	..	..	..	42	..	56
Filiales	..	..	..	..	..	..	..	..
Total	..	..	..	..	..	42	..	..
Non-vie	..	..	..	..	..	10	..	..
Succursales et agences	..	..	..	..	..	10	..	17
Filiales	..	..	..	..	..	..	..	..
Total	..	..	..	..	..	10	..	..
Total								
Succursales et agences	158	181	264	288	320	349	243	446
Filiales	0	..	..	..	..	..	..	..
Total	158	181	264	288	320	349	243	289

.. Non disponible ; c Donnée confidentielle

Note : Voir les métadonnées détaillées sur : *http://metalinks.oecd.org/ins/20200312/60e0.*

Source : Statistiques de l'OCDE sur les assurances (base de données)

ESTONIE

Tableau 2. Nombre d'entreprises et d'employés

	2011	2012	2013	2014	2015	2016	2017	2018
2.1 Nombre d'entreprises								
Vie								
Entreprises nationales	4	4	4	4	4	2	1	1
Entreprises sous contrôle étranger	4	4	4	4	4	2	1	1
Succursales d'entreprises étrangères	0	1	1	1	1	0	1	1
Ensemble des entreprises	4	5	5	5	5	2	2	2
Non-vie								
Entreprises nationales	8	8	8	8	8	8	7	7
Entreprises sous contrôle étranger	5	5	5	5	5	5	4	4
Succursales d'entreprises étrangères	0	4	4	4	3	4	4	6
Ensemble des entreprises	8	12	12	12	11	12	11	13
Mixtes								
Entreprises nationales	0	0	0	0	0	2	2	2
Entreprises sous contrôle étranger	0	0	0	0	0	2	2	2
Succursales d'entreprises étrangères	0	0	0	0	0	1	1	1
Ensemble des entreprises	0	0	0	0	0	3	3	3
Réassurance								
Entreprises nationales	0	..	0	0	0	0	0	0
Entreprises sous contrôle étranger	0	..	0	0	0	0	..	0
Succursales d'entreprises étrangères	0	..	..	..	0	0	..	0
Ensemble des entreprises	0	..	..	..	0	0	..	0
Total								
Entreprises nationales	12	12	12	12	12	12	10	10
Entreprises sous contrôle étranger	9	9	9	9	9	9	7	7
Succursales d'entreprises étrangères	0	5	5	5	4	5	6	8
Ensemble des entreprises	12	17	17	17	16	17	16	18
2.2 Nombre d'employés								
Entreprises d'assurance	1 867	1 903	2 596	2 561	2 581	..	..	..
Intermédiaires	814	849	1 271	1 217	1 232	..	..	..
Total	2 681	2 752	3 867	3 778	3 813	..	..	..

.. Non disponible

Note : Voir les métadonnées détaillées sur : *http://metalinks.oecd.org/ins/20200312/60e0.*

Source : Statistiques de l'OCDE sur les assurances (base de données)

FINLANDE

Tableau 1. Agrégats sélectionnés

Millions EUR

	2011	2012	2013	2014	2015	2016	2017	2018
1.1 Opérations d'assurance conclues dans le pays déclarant								
1.1.1 Opérations d'assurance, par intérêt								
Primes brutes								
Entreprises nationales	7 279	7 279	9 834	10 632	10 741	9 045	8 926	7 922
Entreprises sous contrôle étranger	..	2 317	3 357	3 698	6 892	..	..	..
Succursales d'entreprises étrangères	..	..	..	..	..	..	..	..
Ensemble des entreprises	7 279	7 279	9 834	10 632	10 741	9 045	8 926	4 366
Primes cédées								
Entreprises nationales	240	240	257	259	246	241	230	-251
Entreprises sous contrôle étranger	..	20	19	15	217	..	..	..
Succursales d'entreprises étrangères	..	..	..	..	..	..	..	..
Ensemble des entreprises	240	240	257	259	246	241	230	-24
Primes nettes émises								
Entreprises nationales	7 039	7 039	9 577	10 373	10 495	8 804	8 696	7 671
Entreprises sous contrôle étranger	..	2 297	3 338	3 683	6 675	..	..	..
Succursales d'entreprises étrangères	..	..	..	..	..	..	..	..
Ensemble des entreprises	7 039	7 039	9 577	10 373	10 495	8 804	8 696	4 342
1.1.2 Opérations d'assurance par risque à l'étranger, primes brutes								
Vie	..	..	..	..	..	..	..	..
Non-vie	..	..	..	..	..	..	..	..
Mixtes total	..	..	..	..	..	..	..	..
Total	..	..	..	..	..	..	..	..
1.1.3 Paiement par catégories d'assurance, primes brutes (vie)								
Rentes	1 988	1 988	2 458	2 544	2 287	694	621	608
Unit linked	1 255	1 255	2 509	2 929	3 224	2 446	2 265	1 757
Autre assurance vie	505	505	614	619	745	1 433	1 641	2 000
Total assurance vie	3 749	3 749	5 581	6 092	6 256	4 573	4 527	4 365
***dont :** Contrats de retraite*	828	828	819	756	597	675	2 265	593
1.1.4 Paiement par catégories d'assurance, primes brutes (non-vie)								
L'assurance automobile	1 389	1 474	1 520	1 591	1 639	1 639	1 586	1 213
Les assurances transport (y compris maritime et aérien)	64	68	70	70	68	73	69	69
L'assurance de fret	50	53	55	56	52	57	55	43
L'assurance incendie et des dommages aux bien	828	864	929	985	1 030	1 028	972	790
L'assurance des pertes pécuniaires	38	33	33	30	28	22	20	19
L'assurance de la responsabilité civile générale	191	191	239	392	385	234	218	193
Les assurances accidents et maladie	938	1 024	1 048	1 060	1 058	1 119	1 183	957
***dont :** Maladie*	218	245	264	299	200	368	395	343
Autres assurances non-vie	129	131	144	152	88	163	151	124
Réassurance obligatoire	132	149	149	135	135	136	144	148
Total assurance non-vie	3 759	3 986	4 187	4 471	4 483	4 471	4 398	3 556
1.2 Paiements bruts des sinistres								
Vie								
Entreprises nationales	3 592	3 917	3 927	3 871	3 957	4 324	4 233	4 632
Entreprises sous contrôle étranger	1 013	1 479	1 399	1 160	1 124	.. c	.. c	.. c
Succursales d'entreprises étrangères	..	..	..	..	..	..	..	..
Ensemble des entreprises	3 592	3 917	3 927	3 871	3 957	4 324	4 233	4 632
Non-vie								
Entreprises nationales	2 706	2 873	2 858	2 939	2 872	3 103	3 179	2 538
Entreprises sous contrôle étranger	676	696	741	724	2 872	.. c	.. c	.. c
Succursales d'entreprises étrangères	..	..	..	..	..	..	..	.. c
Ensemble des entreprises	2 706	2 873	2 858	2 939	2 872	3 103	3 179	.. c
Mixtes, ensemble des entreprises	..	..	..	..	..	..	..	..
Total								
Entreprises nationales	6 298	6 790	6 785	6 810	6 829	7 427	7 412	7 170
Entreprises sous contrôle étranger	1 689	2 175	2 140	1 884	3 996	..	..	..
Succursales d'entreprises étrangères	..	..	..	..	..	..	..	..
Ensemble des entreprises	6 298	6 790	6 785	6 810	6 829	7 427	7 412	4 632
1.3 Commissions								
Vie								
Entreprises nationales	81	68	90	-83	101	126	121	116
Entreprises sous contrôle étranger	7	6	9	-10	15	.. c	.. c	.. c
Succursales d'entreprises étrangères	..	..	..	..	..	..	..	..
Ensemble des entreprises	81	68	90	-83	101	126	121	..
Non-vie								
Entreprises nationales	90	102	58	-142	113	166	160	131
Entreprises sous contrôle étranger	13	16	21	-18	23	.. c	.. c	.. c
Succursales d'entreprises étrangères	..	..	..	..	..	..	..	..
Ensemble des entreprises	90	102	58	-142	113	166	160	..
Mixtes, ensemble des entreprises	..	..	..	..	..	..	..	..
Total								
Entreprises nationales	171	170	148	-225	214	292	281	247
Entreprises sous contrôle étranger	21	22	30	-28	38	..	..	..
Succursales d'entreprises étrangères	..	..	..	..	..	..	..	..
Ensemble des entreprises	171	170	148	-225	214	292	281	..

FINLANDE

Tableau 1. Agrégats sélectionnés *(suite)*

Millions EUR

	2011	2012	2013	2014	2015	2016	2017	2018
1.4 Dépenses brutes d'exploitation								
Vie								
Entreprises nationales	275	283	302	317	316	341	355	359
Entreprises sous contrôle étranger	39	36	34	36	34	.. c	.. c	.. c
Succursales d'entreprises étrangères	..	..	..	..	..	..	..	..
Ensemble des entreprises	275	283	302	317	316	341	355	359
Non-vie								
Entreprises nationales	738	778	827	844	847	876	884	746
Entreprises sous contrôle étranger	138	143	161	158	847	.. c	.. c	.. c
Succursales d'entreprises étrangères	..	..	..	..	..	..	..	..
Ensemble des entreprises	738	778	827	844	847	876	884	..
Mixtes, ensemble des entreprises	..	..	..	..	..	..	..	..
Total								
Entreprises nationales	1 013	1 061	1 129	1 161	1 163	1 217	1 239	1 105
Entreprises sous contrôle étranger	177	179	195	194	881	..	..	..
Succursales d'entreprises étrangères	..	..	..	..	..	..	..	..
Ensemble des entreprises	1 013	1 061	1 129	1 161	1 163	1 217	1 239	359
1.5 Opérations à l'étranger par succursale, primes brutes								
Vie								
Succursales et agences	614	203	162	107	17	..	..	..
Filiales	..	..	..	..	..	..	..	..
Total	614	203	162	107	17	..	..	..
Non-vie								
Succursales et agences	..	..	..	..	..	..	..	..
Filiales	..	..	..	..	..	..	..	..
Total	..	..	..	..	..	..	..	..
Mixtes total	..	..	..	..	..	..	..	..
Total								
Succursales et agences	614	203	162	107	17	..	..	..
Filiales	..	..	..	..	..	..	..	..
Total	614	203	162	107	17	..	..	..

.. Non disponible ; c Donnée confidentielle

Note : Voir les métadonnées détaillées sur : *http://metalinks.oecd.org/ins/20200312/0869.*

Source : Statistiques de l'OCDE sur les assurances (base de données)

FINLANDE

Tableau 2. Nombre d'entreprises et d'employés

	2011	2012	2013	2014	2015	2016	2017	2018
2.1 Nombre d'entreprises								
Vie								
Entreprises nationales	11	13	13	13	13	11	10	10
Entreprises sous contrôle étranger	1	1	1	1	1	1	1	1
Succursales d'entreprises étrangères	..	..	..	..	..	..	..	10
Ensemble des entreprises	11	13	13	13	13	11	10	20
Non-vie								
Entreprises nationales	78	42	42	38	38	37	37	40
Entreprises sous contrôle étranger	1	1	1	1	1	2	2	1
Succursales d'entreprises étrangères	..	..	..	..	..	..	..	8
Ensemble des entreprises	78	42	42	38	38	37	37	48
Mixtes, ensemble des entreprises	..	..	..	..	..	..	..	**0**
Réassurance								
Entreprises nationales	2	..	..	..	..	..	..	0
Entreprises sous contrôle étranger	..	..	..	..	..	..	..	0
Succursales d'entreprises étrangères	..	..	..	..	..	..	..	0
Ensemble des entreprises	2	..	..	..	..	..	..	0
Total								
Entreprises nationales	91	55	55	51	51	48	47	50
Entreprises sous contrôle étranger	2	2	2	2	2	3	3	2
Succursales d'entreprises étrangères	..	..	..	..	..	..	..	18
Ensemble des entreprises	91	55	55	51	51	48	47	68
2.2 Nombre d'employés								
Entreprises d'assurance	9 321	9 321	9 231	8 980	8 750	8 815	7 751	7 866
Intermédiaires	338	342	203	216	221	244	265	265
Total	9 659	9 663	9 434	9 196	8 971	9 059	8 016	8 131

.. Non disponible

Note : Voir les métadonnées détaillées sur : *http://metalinks.oecd.org/ins/20200312/0869.*

Source : Statistiques de l'OCDE sur les assurances (base de données)

FRANCE

Tableau 1. Agrégats sélectionnés

Millions EUR

	2011	2012	2013	2014	2015	2016	2017	2018
1.1 Opérations d'assurance conclues dans le pays déclarant								
1.1.1 Opérations d'assurance, par intérêt								
Primes brutes								
Entreprises nationales	207 586	201 207	207 521	221 223	226 000	..	..	286 809
Entreprises sous contrôle étranger	..	..	..	..	..	..	..	..
Succursales d'entreprises étrangères	95	104	103	103	111	..	..	..
Ensemble des entreprises	207 680	201 310	207 624	221 327	226 111	283 901	278 237	286 809
Primes cédées								
Entreprises nationales	20 994	21 638	22 115	19 932	25 840	..	..	35 307
Entreprises sous contrôle étranger	..	..	..	..	..	..	..	..
Succursales d'entreprises étrangères	19	18	19	22	21	..	..	..
Ensemble des entreprises	21 013	21 657	22 135	19 954	25 861	43 153	33 277	35 307
Primes nettes émises								
Entreprises nationales	186 592	179 568	185 406	201 291	200 160	..	..	251 502
Entreprises sous contrôle étranger	..	..	..	..	..	..	..	..
Succursales d'entreprises étrangères	76	85	84	82	90	..	..	..
Ensemble des entreprises	186 668	179 654	185 490	201 373	200 250	240 747	244 960	251 502
1.1.2 Opérations d'assurance par risque à l'étranger, primes brutes								
Vie	107	83	259	73	60	..	..	..
Non-vie	1 592	1 589	1 735	1 876	2 188	..	..	..
Mixtes	227	206	636	468	485	..	..	..
dont :								
Vie	226	206	167	456	482	..	..	..
Non-vie	1	1	469	12	3	..	..	..
Total	1 926	1 879	2 631	2 416	2 734	..	..	..
1.1.3 Paiement par catégories d'assurance, primes brutes (vie)								
Rentes	..	..	..	..	..	..	..	..
Unit linked	..	..	..	..	..	28 208	38 135	38 569
Autre assurance vie	..	..	..	..	..	111 059	102 007	106 170
Total Assurance Vie	..	..	..	..	..	139 267	140 142	144 740
***dont :** Contrats de retraite*	..	..	..	..	..	..	..	..
1.1.4 Paiement par catégories d'assurance, primes brutes (non-vie)								
L'assurance automobile	..	..	..	..	..	..	..	..
Les assurances transport (y compris maritime et aérien)	..	..	..	..	..	..	..	..
L'assurance de fret	..	..	..	..	..	..	..	..
L'assurance incendie et des dommages aux bien	..	..	..	..	..	..	..	..
L'assurance des pertes pécuniaires	..	..	..	..	..	..	..	..
L'assurance de la responsabilité civile générale	..	..	..	..	..	..	..	..
Les assurances accidents et maladie	..	..	..	..	..	..	..	..
***dont :** Maladie*	..	..	..	..	..	..	..	..
Autres assurances non-vie	..	..	..	..	..	..	..	..
Réassurance obligatoire	..	..	..	..	..	..	..	..
Total assurance non-vie	71 324	76 295	..	..	..	119 104	124 560	128 064
1.2 Paiements bruts des sinistres								
Vie								
Entreprises nationales	30 961	31 131	25 663	26 144	26 794	..	..	21 986
Entreprises sous contrôle étranger	..	..	..	..	..	..	..	..
Succursales d'entreprises étrangères	..	..	..	..	..	..	..	..
Ensemble des entreprises	30 961	31 131	25 663	26 144	26 794	133 135	145 577	21 986
Non-vie								
Entreprises nationales	48 584	50 472	45 317	61 895	63 029	..	..	56 407
Entreprises sous contrôle étranger	..	..	..	..	..	..	..	..
Succursales d'entreprises étrangères	51	59	59	52	51	..	..	..
Ensemble des entreprises	48 635	50 531	45 376	61 947	63 080	95 217	101 007	56 407
Mixtes								
Entreprises nationales	93 502	98 016	97 287	86 518	91 862	..	..	158 076
Entreprises sous contrôle étranger	..	..	..	..	..	..	..	..
Succursales d'entreprises étrangères	..	..	..	..	..	..	..	..
Ensemble des entreprises	93 502	98 016	97 287	86 518	91 862	..	..	158 076
dont :								
Vie	..	..	88 620	..	..	..	..	111 830
Entreprises nationales	..	..	88 620	..	..	..	..	111 830
Entreprises sous contrôle étranger	..	..	..	..	..	..	..	..
Succursales d'entreprises étrangères	..	..	..	..	..	..	..	..
Ensemble des entreprises	..	..	88 620	..	..	..	..	111 830
Non-vie	..	..	8 667	..	..	..	..	46 246
Entreprises nationales	..	..	8 667	..	..	..	..	46 246
Entreprises sous contrôle étranger	..	..	..	..	..	..	..	..
Succursales d'entreprises étrangères	..	..	..	..	..	..	..	..
Ensemble des entreprises	..	..	8 667	..	..	..	..	46 246
Total								
Entreprises nationales	173 047	179 619	168 267	174 557	181 685	..	..	236 469
Entreprises sous contrôle étranger	..	..	..	..	..	..	..	..
Succursales d'entreprises étrangères	51	59	59	52	51	..	..	..
Ensemble des entreprises	173 098	179 678	168 326	174 608	181 736	228 352	246 584	236 469

FRANCE

Tableau 1. Agrégats sélectionnés *(suite)*

Millions EUR

	2011	2012	2013	2014	2015	2016	2017	2018
1.3 Commissions								
Vie								
Entreprises nationales	1 682	1 705	..	..	..	..	..	..
Entreprises sous contrôle étranger	..	..	..	..	..	..	..	..
Succursales d'entreprises étrangères	..	..	..	..	..	..	..	..
Ensemble des entreprises	1 682	1 705	..	..	..	..	..	..
Non-vie								
Entreprises nationales	10 449	10 610	..	..	..	..	..	..
Entreprises sous contrôle étranger	..	..	..	..	..	..	..	..
Succursales d'entreprises étrangères	19	22	..	..	..	..	..	..
Ensemble des entreprises	10 468	10 633	..	..	..	..	..	..
Mixtes								
Entreprises nationales	5 915	5 717	..	..	..	..	..	..
Entreprises sous contrôle étranger	..	..	..	..	..	..	..	..
Succursales d'entreprises étrangères	..	..	..	..	..	..	..	..
Ensemble des entreprises	5 915	5 717	..	..	..	..	..	..
dont :								
Vie	4 985	4 677	..	..	..	..	..	..
Entreprises nationales	4 985	4 677	..	..	..	..	..	..
Entreprises sous contrôle étranger	..	..	..	..	..	..	..	..
Succursales d'entreprises étrangères	..	..	..	..	..	..	..	..
Ensemble des entreprises	4 985	4 677	..	..	..	..	..	..
Non-vie	930	1 041	..	..	..	..	..	..
Entreprises nationales	930	1 041	..	..	..	..	..	..
Entreprises sous contrôle étranger	..	..	..	..	..	..	..	..
Succursales d'entreprises étrangères	..	..	..	..	..	..	..	..
Ensemble des entreprises	930	1 041	..	..	..	..	..	..
Total								
Entreprises nationales	18 046	18 033	..	..	..	..	..	..
Entreprises sous contrôle étranger	..	..	..	..	..	..	..	..
Succursales d'entreprises étrangères	19	22	..	..	..	..	..	..
Ensemble des entreprises	18 065	18 055	..	..	..	..	..	..
1.4 Dépenses brutes d'exploitation								
Vie								
Entreprises nationales	842	2 982	2 828	2 893	2 914	..	..	2 545
Entreprises sous contrôle étranger	..	..	..	..	..	..	..	..
Succursales d'entreprises étrangères	..	..	..	..	..	..	..	..
Ensemble des entreprises	842	2 982	2 828	2 893	2 914	15 848	16 123	2 545
Non-vie								
Entreprises nationales	5 487	15 726	15 969	16 156	15 936	..	..	18 654
Entreprises sous contrôle étranger	..	..	..	..	..	..	..	..
Succursales d'entreprises étrangères	10	9	..	8	..	..	..	..
Ensemble des entreprises	5 497	15 726	15 969	16 164	15 936	27 415	27 948	18 654
Mixtes								
Entreprises nationales	4 937	12 392	12 957	13 439	14 727	..	..	24 734
Entreprises sous contrôle étranger	..	..	..	..	..	..	..	..
Succursales d'entreprises étrangères	..	..	..	..	..	..	..	..
Ensemble des entreprises	4 937	12 392	12 957	13 439	14 727	..	..	24 734
dont :								
Vie	..	..	10 533	10 808	11 414	..	..	13 366
Entreprises nationales	..	..	10 533	..	..	..	..	13 366
Entreprises sous contrôle étranger	..	..	..	..	..	..	..	..
Succursales d'entreprises étrangères	..	..	..	..	..	..	..	..
Ensemble des entreprises	..	..	10 533	10 808	11 414	..	..	13 366
Non-vie	..	..	2 424	2 631	3 313	..	..	11 368
Entreprises nationales	..	..	2 424	..	..	..	..	11 368
Entreprises sous contrôle étranger	..	..	..	..	..	..	..	..
Succursales d'entreprises étrangères	..	..	..	..	..	..	..	..
Ensemble des entreprises	..	..	2 424	2 631	3 313	..	..	11 368
Total								
Entreprises nationales	11 266	31 100	31 754	32 488	33 578	..	..	45 933
Entreprises sous contrôle étranger	..	..	..	..	..	..	..	..
Succursales d'entreprises étrangères	10	9	..	8	..	..	..	..
Ensemble des entreprises	11 276	31 100	31 754	32 497	33 578	43 263	44 071	45 933

FRANCE

Tableau 1. Agrégats sélectionnés *(suite)*

Millions EUR

	2011	2012	2013	2014	2015	2016	2017	2018
1.5 Opérations à l'étranger par succursale, primes brutes								
Vie								
Succursales et agences	1 929	1 895	2 691	2 860	3 373	4 393	5 050	..
Filiales	..	..	..	..	..	..	..	..
Total	1 929	1 895	2 691	2 860	3 373	4 393	5 050	..
Non-vie								
Succursales et agences	5 592	4 107	4 176	4 960	5 460	8 837	9 719	..
Filiales	..	..	..	..	..	..	..	..
Total	5 592	4 107	4 176	4 960	5 460	8 837	9 719	..
Mixtes								
Succursales et agences	..	..	..	..	..	..	..	..
Filiales	..	..	..	..	..	..	..	..
Total	..	..	..	..	..	..	..	..
dont :								
Vie	..	..	..	..	..	..	..	..
Succursales et agences	..	..	..	..	..	..	..	..
Filiales	..	..	..	..	..	..	..	..
Total	..	..	..	..	..	..	..	..
Non-vie	..	..	..	..	..	..	..	..
Succursales et agences	..	..	..	..	..	..	..	..
Filiales	..	..	..	..	..	..	..	..
Total	..	..	..	..	..	..	..	..
Total								
Succursales et agences	7 521	6 001	6 867	7 820	8 834	13 230	14 769	..
Filiales	..	..	..	..	..	..	..	..
Total	7 521	6 001	6 867	7 820	8 834	13 230	14 769	..

.. Non disponible

Note : Voir les métadonnées détaillées sur : *http://metalinks.oecd.org/ins/20200312/1828.*

Source : Statistiques de l'OCDE sur les assurances (base de données)

FRANCE

Tableau 2. Nombre d'entreprises et d'employés

	2011	2012	2013	2014	2015	2016	2017	2018
2.1 Nombre d'entreprises								
Vie								
Entreprises nationales	61	62	59	55	51	..	..	..
Entreprises sous contrôle étranger	..	..	..	..	..	..	..	..
Succursales d'entreprises étrangères	..	..	..	..	..	..	..	..
Ensemble des entreprises	61	62	59	55	51	..	..	..
Non-vie								
Entreprises nationales	250	221	212	206	191	..	..	..
Entreprises sous contrôle étranger	7	5	..	..	..	..	..	..
Succursales d'entreprises étrangères	..	..	4	4	4	..	..	..
Ensemble des entreprises	250	221	216	210	195	394	381	364
Mixtes								
Entreprises nationales	40	40	38	38	39	..	..	..
Entreprises sous contrôle étranger	..	..	..	..	..	..	..	..
Succursales d'entreprises étrangères	..	..	..	..	..	..	..	..
Ensemble des entreprises	40	40	38	38	39	239	236	239
Réassurance								
Entreprises nationales	20	16	16	15	16	..	..	..
Entreprises sous contrôle étranger	..	..	..	..	..	..	..	..
Succursales d'entreprises étrangères	..	..	..	..	..	..	..	..
Ensemble des entreprises	20	16	16	15	16	14	14	12
Total								
Entreprises nationales	371	339	325	314	297	..	..	..
Entreprises sous contrôle étranger	7	5	..	..	..	..	..	..
Succursales d'entreprises étrangères	..	..	4	4	4	..	..	..
Ensemble des entreprises	371	339	329	318	301	647	631	615
2.2 Nombre d'employés								
Entreprises d'assurance	..	..	..	..	..	..	..	..
Intermédiaires	..	..	..	..	..	..	..	..
Total	..	..	..	..	..	..	..	..

.. Non disponible

Note : Voir les métadonnées détaillées sur : *http://metalinks.oecd.org/ins/20200312/1828.*

Source : Statistiques de l'OCDE sur les assurances (base de données)

ALLEMAGNE

Tableau 1. Agrégats sélectionnés

Millions EUR

	2011	2012	2013	2014	2015	2016	2017	2018
1.1 Opérations d'assurance conclues dans le pays déclarant								
1.1.1 Opérations d'assurance, par intérêt								
Primes brutes								
Entreprises nationales	178 145	233 661	243 304	246 201	254 407	257 208	264 933	273 036
Entreprises sous contrôle étranger	35 602	37 194	39 396	38 694	39 170	36 978	36 644	39 215
Succursales d'entreprises étrangères	5 560	8 062	7 963	8 796	9 751	8 994	10 550	11 199
Ensemble des entreprises	183 705	235 634	251 267	254 997	264 158	266 203	275 483	284 235
Primes cédées								
Entreprises nationales	15 996	23 045	25 709	27 853	32 499	31 990	34 336	39 483
Entreprises sous contrôle étranger	3 905	3 947	4 645	4 615	4 593	4 041	4 046	4 482
Succursales d'entreprises étrangères	..	100	108	103	114	112	132	127
Ensemble des entreprises	..	23 145	25 817	27 956	32 613	32 102	34 469	39 609
Primes nettes émises								
Entreprises nationales	162 149	210 616	217 596	218 348	221 907	225 218	230 596	233 553
Entreprises sous contrôle étranger	31 696	33 247	34 751	34 078	34 577	32 937	32 598	34 732
Succursales d'entreprises étrangères	..	1 873	7 854	8 693	9 637	8 882	10 418	11 073
Ensemble des entreprises	..	212 489	225 450	227 041	231 545	234 100	241 014	244 626
1.1.2 Opérations d'assurance par risque à l'étranger, primes brutes								
Vie	..	..	..	..	..	..	..	..
Non-vie	..	..	..	..	..	..	..	..
Mixtes total	..	..	..	..	..	..	..	..
Total	..	..	..	..	..	..	..	..
1.1.3 Paiement par catégories d'assurance, primes brutes (vie)								
Rentes	27 237	29 443	32 863	34 019	31 782	31 215	30 000	31 730
Unit linked	12 808	12 721	12 919	13 863	13 863	15 351	15 994	17 293
Autre assurance vie	40 660	40 822	41 934	40 891	41 214	38 845	41 612	40 959
Total assurance vie	80 705	82 986	87 716	88 774	86 859	85 411	87 606	89 982
***dont :** Contrats de retraite*	..	..	..	..	..	..	..	..
1.1.4 Paiement par catégories d'assurance, primes brutes (non-vie)								
L'assurance automobile	26 350	27 577	28 592	31 425	32 589	36 521	40 579	44 565
Les assurances transport (y compris maritime et aérien)	4 156	4 537	4 476	4 379	5 116	4 749	4 933	5 050
L'assurance de fret	..	..	..	..	..	..	..	..
L'assurance incendie et des dommages aux bien	36 611	34 420	36 832	35 422	38 830	42 499	46 541	50 056
L'assurance des pertes pécuniaires	2 979	2 754	2 815	2 088	2 197	2 376	3 872	3 857
L'assurance de la responsabilité civile générale	12 321	12 623	13 265	14 213	15 425	16 126	17 517	18 440
Les assurances accidents et maladie	47 235	48 823	49 395	48 811	49 176	49 721	52 572	52 301
***dont :** Maladie*	39 555	41 036	41 747	40 924	41 627	37 178	39 328	40 220
Autres assurances non-vie	4 316	4 794	4 841	4 865	31 030	25 991	21 153	19 528
Réassurance obligatoire	..	..	..	..	..	..	..	..
Total assurance non-vie	133 968	135 526	140 215	141 203	174 363	177 983	187 167	193 798
1.2 Paiements bruts des sinistres								
Vie								
Entreprises nationales	85 244	66 288	69 267	74 625	73 307	78 596	69 073	70 871
Entreprises sous contrôle étranger	..	15 284	17 017	17 510	17 929	17 942	16 501	16 759
Succursales d'entreprises étrangères	..	..	..	..	..	..	..	..
Ensemble des entreprises	85 244	66 288	69 267	74 625	73 307	78 596	69 073	70 871
Non-vie								
Entreprises nationales	93 574	101 839	113 293	72 709	77 667	78 086	84 787	87 989
Entreprises sous contrôle étranger	..	12 192	12 402	8 955	3 653	9 227	9 500	10 110
Succursales d'entreprises étrangères	..	..	..	..	..	..	..	..
Ensemble des entreprises	93 574	101 839	113 293	72 709	77 667	78 086	84 787	87 989
Mixtes, ensemble des entreprises	..	..	..	..	..	..	..	..
Total								
Entreprises nationales	178 818	168 127	182 560	147 334	150 974	156 682	153 859	158 861
Entreprises sous contrôle étranger	..	27 475	29 419	26 465	21 581	27 169	26 001	26 869
Succursales d'entreprises étrangères	..	..	..	..	..	..	..	..
Ensemble des entreprises	178 818	168 127	182 560	147 334	150 974	156 682	153 859	158 861
1.3 Commissions								
Vie								
Entreprises nationales	6 312	6 005	5 367	5 583	5 069	4 987	4 794	4 961
Entreprises sous contrôle étranger	..	1 771	1 604	1 533	1 488	1 238	1 138	1 211
Succursales d'entreprises étrangères	..	..	..	..	..	..	..	..
Ensemble des entreprises	6 312	6 005	5 367	5 583	5 069	4 987	4 794	4 961
Non-vie								
Entreprises nationales	9 908	10 069	10 048	10 221	10 740	11 105	12 173	12 647
Entreprises sous contrôle étranger	..	1 985	1 720	1 626	257	1 594	1 623	1 806
Succursales d'entreprises étrangères	..	..	..	..	..	..	..	..
Ensemble des entreprises	9 908	10 069	10 048	10 221	10 740	11 105	12 173	12 647
Mixtes, ensemble des entreprises	..	..	..	..	..	..	..	..
Total								
Entreprises nationales	16 220	16 074	15 416	15 805	15 810	16 092	16 967	17 609
Entreprises sous contrôle étranger	..	3 756	3 323	3 159	1 745	2 832	2 760	3 017
Succursales d'entreprises étrangères	..	..	..	..	..	..	..	..
Ensemble des entreprises	16 220	16 074	15 416	15 805	15 810	16 092	16 967	17 609

ALLEMAGNE

Tableau 1. Agrégats sélectionnés *(suite)*

Millions EUR

	2011	2012	2013	2014	2015	2016	2017	2018
1.4 Dépenses brutes d'exploitation								
Vie								
Entreprises nationales	14 545	4 051	3 954	3 963	4 008	3 902	3 907	3 901
Entreprises sous contrôle étranger	..	925	921	894	1 036	938	952	1 001
Succursales d'entreprises étrangères	..	..	..	..	..	..	..	..
Ensemble des entreprises	14 545	4 051	3 954	3 963	4 008	3 902	3 907	3 901
Non-vie								
Entreprises nationales	28 382	11 593	11 599	10 296	10 627	10 807	11 161	11 390
Entreprises sous contrôle étranger	..	1 528	1 400	1 187	324	1 183	1 210	1 297
Succursales d'entreprises étrangères	..	..	..	..	..	..	..	..
Ensemble des entreprises	28 382	11 593	11 599	10 296	10 627	10 807	11 161	11 390
Mixtes, ensemble des entreprises	..	..	..	..	..	..	..	..
Total								
Entreprises nationales	42 927	15 644	15 553	14 259	14 635	14 709	15 068	15 291
Entreprises sous contrôle étranger	..	2 453	2 321	2 081	1 361	2 121	2 163	2 297
Succursales d'entreprises étrangères	..	..	..	..	..	..	..	..
Ensemble des entreprises	42 927	15 644	15 553	14 259	14 635	14 709	15 068	15 291
1.5 Opérations à l'étranger par succursale, primes brutes								
Vie								
Succursales et agences	..	..	..	..	..	..	..	200
Filiales	..	..	..	..	..	..	..	..
Total	..	..	..	..	..	..	..	200
Non-vie								
Succursales et agences	..	..	..	..	..	..	..	22 495
Filiales	..	..	..	..	..	..	..	..
Total	..	..	..	..	..	..	..	22 495
Mixtes total	..	..	..	..	..	..	..	..
Total								
Succursales et agences	..	..	..	..	..	..	..	22 695
Filiales	..	..	..	..	..	..	..	..
Total	..	..	..	..	..	..	..	22 695

.. Non disponible

Note : Voir les métadonnées détaillées sur : *http://metalinks.oecd.org/ins/20200312/620c.*

Source : Statistiques de l'OCDE sur les assurances (base de données)

ALLEMAGNE

Tableau 2. Nombre d'entreprises et d'employés

	2011	2012	2013	2014	2015	2016	2017	2018
2.1 Nombre d'entreprises								
Vie								
Entreprises nationales	95	90	91	91	85	85	86	86
Entreprises sous contrôle étranger	20	19	17	17	14	14	15	16
Succursales d'entreprises étrangères	20	19	2	2	2	2	1	1
Ensemble des entreprises	115	109	93	93	87	87	87	87
Non-vie								
Entreprises nationales	265	256	259	255	257	252	251	250
Entreprises sous contrôle étranger	25	25	23	21	22	18	17	21
Succursales d'entreprises étrangères	69	62	3	3	3	2	2	1
Ensemble des entreprises	334	318	262	258	260	254	253	251
Mixtes, ensemble des entreprises	**0**	**0**	**0**	**0**	**0**	**0**	..	..
Réassurance								
Entreprises nationales	33	30	29	27	27	27	27	28
Entreprises sous contrôle étranger	5	6	4	3	3	3	3	3
Succursales d'entreprises étrangères	7	7	1	1	1	1	1	1
Ensemble des entreprises	40	37	30	28	28	28	28	29
Total								
Entreprises nationales	393	376	379	373	369	364	364	364
Entreprises sous contrôle étranger	50	50	44	41	39	35	35	40
Succursales d'entreprises étrangères	96	88	6	6	6	5	4	3
Ensemble des entreprises	489	464	385	379	375	369	368	367
2.2 Nombre d'employés								
Entreprises d'assurance	125 783	126 625	128 755	126 755	128 784	..	..	..
Intermédiaires	27 952	27 407	27 331	26 982	25 917	..	..	..
Total	153 735	154 032	156 086	153 737	154 701	156 675	154 262	152 888

.. Non disponible

Note : Voir les métadonnées détaillées sur : *http://metalinks.oecd.org/ins/20200312/620c.*

Source : Statistiques de l'OCDE sur les assurances (base de données)

GRÈCE

Tableau 1. Agrégats sélectionnés

Millions EUR

	2011	2012	2013	2014	2015	2016	2017	2018
1.1 Opérations d'assurance conclues dans le pays déclarant								
1.1.1 Opérations d'assurance, par intérêt								
Primes brutes								
Entreprises nationales	4 691	4 289	4 071	3 806	3 573	3 531	3 729	3 798
Entreprises sous contrôle étranger	2 130	2 071	1 730	1 696	1 766	2 350	2 450	2 458
Succursales d'entreprises étrangères	261	211	0	0	0	0	0	0
Ensemble des entreprises	4 952	4 499	4 071	3 806	3 573	3 531	3 729	3 798
Primes cédées								
Entreprises nationales	737	534	824	471	459	396	402	429
Entreprises sous contrôle étranger	439	235	214	206	201	244	260	274
Succursales d'entreprises étrangères	90	0	0	0	0	0	0	0
Ensemble des entreprises	827	534	824	471	459	396	402	429
Primes nettes émises								
Entreprises nationales	3 954	3 754	3 247	3 334	3 114	3 135	3 328	3 369
Entreprises sous contrôle étranger	1 691	1 836	1 516	1 490	1 565	2 106	2 190	2 183
Succursales d'entreprises étrangères	171	211	0	0	0	0	0	0
Ensemble des entreprises	4 125	3 965	3 247	3 335	3 114	3 135	3 328	3 369
1.1.2 Opérations d'assurance par risque à l'étranger, primes brutes								
Vie	..	..	..	..	..	..	..	..
Non-vie	..	..	..	..	..	..	..	..
Mixtes	..	..	..	..	..	..	..	..
dont :								
Vie	..	..	..	..	..	..	..	..
Non-vie	..	..	..	..	..	..	..	..
Total	..	..	..	..	..	..	..	..
1.1.3 Paiement par catégories d'assurance, primes brutes (vie)								
Rentes	..	165	142	129	125	0	0	0
Unit linked	..	368	240	396	326	250	347	380
Autre assurance vie	..	1 406	1 299	1 353	1 348	1 416	1 533	1 499
Total Assurance Vie	..	1 939	1 681	1 879	1 799	1 666	1 881	1 879
***dont :** Contrats de retraite*	..	205	143	151	156	..	..	..
1.1.4 Paiement par catégories d'assurance, primes brutes (non-vie)								
L'assurance automobile	1 840	1 569	1 417	1 154	1 006	911	938	948
Les assurances transport (y compris maritime et aérien)	25	21	19	19	20	32	34	38
L'assurance de fret	27	24	24	21	21	..	0	0
L'assurance incendie et des dommages aux bien	529	538	529	448	440	410	398	409
L'assurance des pertes pécuniaires	69	78	69	30	30	10	20	31
L'assurance de la responsabilité civile générale	73	78	76	67	68	65	63	75
Les assurances accidents et maladie	76	68	64	57	57	300	242	263
***dont :** Maladie*	19	20	0	0	..	..	0	0
Autres assurances non-vie	146	179	188	128	129	137	146	153
Réassurance obligatoire	0	0	0	0	..	..	0	0
Total assurance non-vie	2 786	2 556	2 386	1 924	1 770	1 896	1 848	1 918
1.2 Paiements bruts des sinistres								
Vie								
Entreprises nationales	822	1 300	1 072	900	744	..	..	..
Entreprises sous contrôle étranger	591	1 017	707	1	502	..	..	..
Succursales d'entreprises étrangères	263	0	0	0	0	..	..	..
Ensemble des entreprises	1 085	1 300	1 072	900	744	..	..	..
Non-vie								
Entreprises nationales	501	431	373	355	314	..	..	..
Entreprises sous contrôle étranger	146	142	121	224	109	..	..	..
Succursales d'entreprises étrangères	47	0	1	1	0	..	..	..
Ensemble des entreprises	549	431	375	356	314	..	..	..
Mixtes								
Entreprises nationales	1 408	1 291	1 096	1 018	931	..	..	..
Entreprises sous contrôle étranger	430	441	364	412	347	..	..	..
Succursales d'entreprises étrangères	0	0	0	0	0	..	..	..
Ensemble des entreprises	1 408	1 291	1 096	1 018	931	..	..	..
dont :								
Vie	866	791	669	613	573	..	..	..
Entreprises nationales	866	791	669	613	573	..	..	..
Entreprises sous contrôle étranger	285	282	226	7	220	..	..	..
Succursales d'entreprises étrangères	0	0	0	0	0	..	..	..
Ensemble des entreprises	866	791	669	613	573	..	..	..
Non-vie	541	501	426	405	358	..	..	..
Entreprises nationales	541	501	426	405	358	..	..	..
Entreprises sous contrôle étranger	145	159	138	405	126	..	..	..
Succursales d'entreprises étrangères	0	0	0	0	0	..	..	..
Ensemble des entreprises	541	501	426	405	358	..	..	..
Total								
Entreprises nationales	2 731	3 022	2 541	2 273	1 989	..	..	..
Entreprises sous contrôle étranger	1 167	1 600	1 192	637	957	..	..	..
Succursales d'entreprises étrangères	310	0	1	1	0	..	..	..
Ensemble des entreprises	3 042	3 022	2 542	2 274	1 989	..	..	..

GRÈCE

Tableau 1. Agrégats sélectionnés *(suite)*

Millions EUR

	2011	2012	2013	2014	2015	2016	2017	2018
1.3 Commissions								
Vie								
Entreprises nationales	..	..	..	95	91	..	..	..
Entreprises sous contrôle étranger	..	..	..	70	70	..	..	..
Succursales d'entreprises étrangères	..	..	..	0	0	..	..	..
Ensemble des entreprises	..	..	..	95	91	..	..	..
Non-vie								
Entreprises nationales	..	..	..	161	158	..	..	..
Entreprises sous contrôle étranger	..	..	..	63	66	..	..	..
Succursales d'entreprises étrangères	..	..	..	0	0	..	..	..
Ensemble des entreprises	..	..	..	162	158	..	..	..
Mixtes								
Entreprises nationales	..	..	..	276	709	..	..	..
Entreprises sous contrôle étranger	..	..	..	115	115	..	..	..
Succursales d'entreprises étrangères	..	..	..	0	0	..	..	..
Ensemble des entreprises	..	..	..	276	709	..	..	..
dont :								
Vie	..	..	..	102	544	..	..	..
Entreprises nationales	..	..	..	102	544	..	..	..
Entreprises sous contrôle étranger	..	..	..	39	40	..	..	..
Succursales d'entreprises étrangères	..	..	..	0	0	..	..	..
Ensemble des entreprises	..	..	..	102	544	..	..	..
Non-vie	..	..	..	174	164	..	..	..
Entreprises nationales	..	..	..	174	164	..	..	..
Entreprises sous contrôle étranger	..	..	..	76	75	..	..	..
Succursales d'entreprises étrangères	..	..	..	0	0	..	..	..
Ensemble des entreprises	..	..	..	174	164	..	..	..
Total								
Entreprises nationales	..	..	..	532	957	..	..	..
Entreprises sous contrôle étranger	..	..	..	248	251	..	..	..
Succursales d'entreprises étrangères	..	..	..	0	0	..	..	..
Ensemble des entreprises	..	..	..	532	957	..	..	..
1.4 Dépenses brutes d'exploitation								
Vie								
Entreprises nationales	182	82	79	176	163	35	38	39
Entreprises sous contrôle étranger	139	75	66	141	132	32	35	35
Succursales d'entreprises étrangères	57	0	0	0	..	0	0	0
Ensemble des entreprises	239	82	79	176	163	35	38	39
Non-vie								
Entreprises nationales	373	104	124	264	247	248	301	242
Entreprises sous contrôle étranger	137	59	61	115	116	145	168	104
Succursales d'entreprises étrangères	60	1	0	0	0	0	0	0
Ensemble des entreprises	432	106	124	264	247	248	301	242
Mixtes								
Entreprises nationales	543	67	169	404	371	700	701	811
Entreprises sous contrôle étranger	191	16	57	154	150	448	438	550
Succursales d'entreprises étrangères	0	0	0	0	..	0	0	0
Ensemble des entreprises	543	67	169	404	371	700	701	811
dont :								
Vie	176	36	53	144	145	315	322	312
Entreprises nationales	176	36	53	144	145	315	322	312
Entreprises sous contrôle étranger	69	11	21	53	52	231	223	219
Succursales d'entreprises étrangères	0	0	0	0	..	0	0	0
Ensemble des entreprises	176	36	53	144	145	315	322	312
Non-vie	368	31	116	260	226	385	379	499
Entreprises nationales	368	31	116	260	226	385	379	499
Entreprises sous contrôle étranger	122	4	36	101	98	217	215	331
Succursales d'entreprises étrangères	0	0	0	0	..	0	0	0
Ensemble des entreprises	368	31	116	260	226	385	379	499
Total								
Entreprises nationales	1 098	253	372	844	781	983	1 041	1 092
Entreprises sous contrôle étranger	467	150	184	410	398	625	641	689
Succursales d'entreprises étrangères	117	1	0	0	0	0	0	0
Ensemble des entreprises	1 215	254	372	844	781	983	1 041	1 092

GRÈCE

Tableau 1. Agrégats sélectionnés *(suite)*

Millions EUR

	2011	2012	2013	2014	2015	2016	2017	2018
1.5 Opérations à l'étranger par succursale, primes brutes								
Vie								
Succursales et agences	0	..	..	..	..	..	0	0
Filiales	..	..	..	..	..	..	0	0
Total	0	..	..	..	..	..	0	0
Non-vie								
Succursales et agences	0	..	..	..	..	..	1	3
Filiales	..	..	..	..	..	..	0	0
Total	0	..	..	..	..	..	1	3
Mixtes								
Succursales et agences	..	..	..	..	..	..	0	18
Filiales	..	..	..	..	..	..	0	0
Total	..	..	..	..	..	..	0	18
dont :								
Vie	..	..	..	..	..	..	0	0
Succursales et agences	..	..	..	..	..	..	0	0
Filiales	..	..	..	..	..	..	0	0
Total	..	..	..	..	..	..	0	0
Non-vie	..	..	..	..	..	..	0	17
Succursales et agences	..	..	..	..	..	..	0	17
Filiales	..	..	..	..	..	..	0	0
Total	..	..	..	..	..	..	0	17
Total								
Succursales et agences	0	..	..	..	..	..	1	21
Filiales	..	..	..	..	..	..	0	0
Total	0	..	..	..	..	..	1	21

.. Non disponible

Note : Voir les métadonnées détaillées sur : *http://metalinks.oecd.org/ins/20200312/79b0.*

Source : Statistiques de l'OCDE sur les assurances (base de données)

GRÈCE

Tableau 2. Nombre d'entreprises et d'employés

	2011	2012	2013	2014	2015	2016	2017	2018
2.1 Nombre d'entreprises								
Vie								
Entreprises nationales	10	11	11	11	11	4	3	2
Entreprises sous contrôle étranger	6	7	7	7	7	2	2	1
Succursales d'entreprises étrangères	1	0	0	0	0	0	0	0
Ensemble des entreprises	11	11	11	11	11	4	3	2
Non-vie								
Entreprises nationales	31	31	28	24	24	24	22	20
Entreprises sous contrôle étranger	7	7	7	6	5	7	6	5
Succursales d'entreprises étrangères	2	2	2	2	2	0	0	0
Ensemble des entreprises	33	33	30	26	26	24	22	20
Mixtes								
Entreprises nationales	11	11	11	11	11	17	17	17
Entreprises sous contrôle étranger	4	4	4	4	4	10	10	10
Succursales d'entreprises étrangères	0	0	0	0	0	0	0	0
Ensemble des entreprises	11	11	11	11	11	17	17	17
Réassurance								
Entreprises nationales	0	0	0	0	0	0	0	0
Entreprises sous contrôle étranger	0	0	0	0	0	0	0	0
Succursales d'entreprises étrangères	0	0	0	0	0	0	0	0
Ensemble des entreprises	0	0	0	0	0	0	0	0
Total								
Entreprises nationales	52	53	50	46	46	45	42	39
Entreprises sous contrôle étranger	17	18	18	17	16	19	18	16
Succursales d'entreprises étrangères	3	2	2	2	2	0	0	0
Ensemble des entreprises	55	55	52	48	48	45	42	39
2.2 Nombre d'employés								
Entreprises d'assurance	..	..	..	..	..	..	..	..
Intermédiaires	..	..	..	..	..	..	..	..
Total	..	..	..	..	..	..	..	..

.. Non disponible

Note : Voir les métadonnées détaillées sur : *http://metalinks.oecd.org/ins/20200312/79b0.*

Source : Statistiques de l'OCDE sur les assurances (base de données)

HONGRIE

Tableau 1. Agrégats sélectionnés

Millions HUF

	2011	2012	2013	2014	2015	2016	2017	2018
1.1 Opérations d'assurance conclues dans le pays déclarant								
1.1.1 Opérations d'assurance, par intérêt								
Primes brutes								
Entreprises nationales	815 038	760 249	801 210	833 664	835 428	885 781	956 006	1 017 779
Entreprises sous contrôle étranger	770 794	718 932	763 286	796 332	788 248	835 272	897 699	953 320
Succursales d'entreprises étrangères	..	..	..	..	..	..	..	..
Ensemble des entreprises	815 038	760 249	801 210	833 664	835 428	885 781	956 006	1 017 779
Primes cédées								
Entreprises nationales	131 231	127 261	111 755	116 117	115 801	118 081	120 524	126 479
Entreprises sous contrôle étranger	120 088	118 373	104 254	108 557	104 464	107 021	106 729	113 942
Succursales d'entreprises étrangères	..	..	..	..	..	..	..	..
Ensemble des entreprises	131 231	127 261	111 755	116 117	115 801	118 081	120 524	126 479
Primes nettes émises								
Entreprises nationales	683 807	632 989	689 455	717 547	719 627	767 700	835 482	891 300
Entreprises sous contrôle étranger	650 706	600 559	659 032	687 774	683 784	728 251	790 970	839 379
Succursales d'entreprises étrangères	..	..	..	..	..	..	..	..
Ensemble des entreprises	683 807	632 989	689 455	717 547	719 627	767 700	835 482	891 300
1.1.2 Opérations d'assurance par risque à l'étranger, primes brutes								
Vie	30 145	3 284	3 358	3 533	4 234	4 317	4 630	5 116
Non-vie	2 165	1 257	1 840	1 923	1 052	2 308	2 657	2 100
Mixtes	5 326	7 943	4 500	2 829	4 368	8 142	9 004	8 816
dont :								
Vie	80	279	781	228	216	177	172	199
Non-vie	5 246	7 665	3 719	2 602	4 152	7 965	8 832	8 617
Total	37 636	12 484	9 698	8 285	9 654	14 767	16 291	16 033
1.1.3 Paiement par catégories d'assurance, primes brutes (vie)								
Rentes	4 247	3 529	2 975	3 147	3 479	..	..	..
Unit linked	298 106	261 098	286 919	282 059	266 857	..	..	..
Autre assurance vie	142 599	138 251	146 439	171 738	156 617	..	..	..
Total Assurance Vie	444 952	402 878	436 333	456 944	426 953	438 718	460 791	470 685
dont : *Contrats de retraite*	37	..	19	..	10	..	..	..
1.1.4 Paiement par catégories d'assurance, primes brutes (non-vie)								
L'assurance automobile	164 432	147 428	144 515	152 283	175 045	203 396	232 622	263 731
Les assurances transport (y compris maritime et aérien)	933	663	661	793	879	142	172	201
L'assurance de fret	3 082	2 405	2 552	2 856	3 165	5 733	6 143	6 313
L'assurance incendie et des dommages aux bien	147 551	152 904	159 562	158 219	161 160	168 736	179 697	188 516
L'assurance des pertes pécuniaires	4 922	2 930	3 739	3 672	4 822	5 430	5 027	6 051
L'assurance de la responsabilité civile générale	17 956	18 856	20 074	21 904	23 585	21 274	24 525	26 379
Les assurances accidents et maladie	22 596	23 361	25 922	28 358	29 859	22 389	24 898	31 241
dont : *Maladie*	5 929	7 128	8 559	9 558	8 668	4 250	5 557	8 909
Autres assurances non-vie	8 811	8 758	7 781	8 557	9 909	19 916	22 112	24 662
Réassurance obligatoire	..	..	..	..	..	..	..	..
Total assurance non-vie	370 284	357 305	364 806	376 641	408 424	447 017	495 197	547 094
1.2 Paiements bruts des sinistres								
Vie								
Entreprises nationales	170 016	153 649	139 994	130 633	150 198	155 047	172 359	156 899
Entreprises sous contrôle étranger	158 484	150 320	129 594	121 318	139 595	147 047	160 787	146 733
Succursales d'entreprises étrangères	..	..	..	..	..	..	..	..
Ensemble des entreprises	170 016	153 649	139 994	130 633	150 198	155 047	172 359	156 899
Non-vie								
Entreprises nationales	18 824	22 516	25 692	27 416	30 571	34 112	32 258	34 114
Entreprises sous contrôle étranger	11 865	11 387	12 611	13 973	14 605	16 056	12 917	12 308
Succursales d'entreprises étrangères	..	..	..	..	..	..	..	..
Ensemble des entreprises	18 824	22 516	25 692	27 416	30 571	34 112	32 258	34 114
Mixtes								
Entreprises nationales	411 093	413 298	422 789	379 879	356 926	361 448	389 622	413 120
Entreprises sous contrôle étranger	411 093	413 298	422 789	379 879	356 926	361 448	389 622	413 120
Succursales d'entreprises étrangères	..	..	..	..	..	..	..	..
Ensemble des entreprises	411 093	413 298	422 789	379 879	356 926	361 448	389 622	413 120
dont :								
Vie	236 953	240 059	242 802	212 244	180 098	176 820	185 216	205 734
Entreprises nationales	236 953	240 059	242 802	212 244	180 098	176 820	185 216	205 734
Entreprises sous contrôle étranger	236 953	240 059	242 802	212 244	180 098	176 820	185 216	205 734
Succursales d'entreprises étrangères	..	..	..	..	..	..	..	..
Ensemble des entreprises	236 953	240 059	242 802	212 244	180 098	176 820	185 216	205 734
Non-vie	174 139	173 240	179 988	167 635	176 829	184 628	204 406	207 386
Entreprises nationales	174 139	173 240	179 988	167 635	176 829	184 628	204 406	207 386
Entreprises sous contrôle étranger	174 139	173 240	179 988	167 635	176 829	184 628	204 406	207 386
Succursales d'entreprises étrangères	..	..	..	..	..	..	..	..
Ensemble des entreprises	174 139	173 240	179 988	167 635	176 829	184 628	204 406	207 386
Total								
Entreprises nationales	599 932	589 464	588 475	537 928	537 695	550 607	594 239	604 133
Entreprises sous contrôle étranger	581 441	575 006	564 995	515 171	511 127	524 551	563 326	572 162
Succursales d'entreprises étrangères	..	..	..	..	..	..	..	..
Ensemble des entreprises	599 932	589 464	588 475	537 928	537 695	550 607	594 239	604 133

HONGRIE

Tableau 1. Agrégats sélectionnés *(suite)*

Millions HUF

	2011	2012	2013	2014	2015	2016	2017	2018
1.3 Commissions								
Vie								
Entreprises nationales	23 907	20 760	14 900	14 024	13 526	16 531	17 513	15 243
Entreprises sous contrôle étranger	13 391	14 215	11 559	11 559	11 089	14 360	15 017	12 599
Succursales d'entreprises étrangères	..	..	..	..	..	..	..	..
Ensemble des entreprises	23 907	20 760	14 900	14 024	13 526	16 531	17 513	15 243
Non-vie								
Entreprises nationales	6 479	6 319	7 349	7 243	9 161	10 325	13 383	14 338
Entreprises sous contrôle étranger	5 335	4 457	4 813	4 948	5 986	5 650	6 550	6 809
Succursales d'entreprises étrangères	..	..	..	..	..	..	..	..
Ensemble des entreprises	6 479	6 319	7 349	7 243	9 161	10 325	13 383	14 338
Mixtes								
Entreprises nationales	74 891	69 058	75 007	72 592	79 086	108 207	114 286	123 934
Entreprises sous contrôle étranger	74 891	69 058	75 007	72 592	79 086	108 207	114 286	123 934
Succursales d'entreprises étrangères	..	..	..	..	..	..	..	..
Ensemble des entreprises	74 891	69 058	75 007	72 592	79 086	108 207	114 286	123 934
dont :								
Vie	30 426	26 909	29 847	30 235	29 116	39 083	38 017	36 194
Entreprises nationales	30 426	26 909	29 847	30 235	29 116	39 083	38 017	36 194
Entreprises sous contrôle étranger	30 426	26 909	29 847	30 235	29 116	39 083	38 017	36 194
Succursales d'entreprises étrangères	..	..	..	..	..	..	..	..
Ensemble des entreprises	30 426	26 909	29 847	30 235	29 116	39 083	38 017	36 194
Non-vie	44 465	42 148	45 160	42 357	49 970	69 124	76 269	87 740
Entreprises nationales	44 465	42 148	45 160	42 357	49 970	69 124	76 269	87 740
Entreprises sous contrôle étranger	44 465	42 148	45 160	42 357	49 970	69 124	76 269	87 740
Succursales d'entreprises étrangères	..	..	..	..	..	..	..	..
Ensemble des entreprises	44 465	42 148	45 160	42 357	49 970	69 124	76 269	87 740
Total								
Entreprises nationales	105 277	96 136	97 256	93 859	101 773	135 063	145 182	153 515
Entreprises sous contrôle étranger	93 617	87 729	91 380	89 099	96 162	128 218	135 853	143 341
Succursales d'entreprises étrangères	..	..	..	..	..	..	..	..
Ensemble des entreprises	105 277	96 136	97 256	93 859	101 773	135 063	145 182	153 515
1.4 Dépenses brutes d'exploitation								
Vie								
Entreprises nationales	52 633	37 846	32 595	35 399	32 897	34 946	34 955	32 702
Entreprises sous contrôle étranger	36 587	32 963	27 473	30 053	29 279	31 818	30 865	28 684
Succursales d'entreprises étrangères	..	..	..	..	..	..	..	..
Ensemble des entreprises	52 633	37 846	32 595	35 399	32 897	34 946	34 955	32 702
Non-vie								
Entreprises nationales	17 229	16 277	17 413	17 638	20 337	21 977	21 528	19 122
Entreprises sous contrôle étranger	12 859	10 465	11 126	11 890	14 690	13 298	10 965	11 520
Succursales d'entreprises étrangères	..	..	..	..	..	..	..	..
Ensemble des entreprises	17 229	16 277	17 413	17 638	20 337	21 977	21 528	19 122
Mixtes								
Entreprises nationales	170 062	155 577	172 680	181 142	167 842	176 431	185 944	203 460
Entreprises sous contrôle étranger	170 062	155 577	172 680	181 142	167 842	176 431	185 944	203 460
Succursales d'entreprises étrangères	..	..	..	..	..	..	..	..
Ensemble des entreprises	170 062	155 577	172 680	181 142	167 842	176 431	185 944	203 460
dont :								
Vie	68 791	55 125	56 633	70 675	55 349	56 859	50 779	55 001
Entreprises nationales	68 791	55 125	56 633	70 675	55 349	56 859	50 779	55 001
Entreprises sous contrôle étranger	68 791	55 125	56 633	70 675	55 349	56 859	50 779	55 001
Succursales d'entreprises étrangères	..	..	..	..	..	..	..	..
Ensemble des entreprises	68 791	55 125	56 633	70 675	55 349	56 859	50 779	55 001
Non-vie	101 271	100 451	116 047	110 467	112 493	119 571	135 165	148 459
Entreprises nationales	101 271	100 451	116 047	110 467	112 493	119 571	135 165	148 459
Entreprises sous contrôle étranger	101 271	100 451	116 047	110 467	112 493	119 571	135 165	148 459
Succursales d'entreprises étrangères	..	..	..	..	..	..	..	..
Ensemble des entreprises	101 271	100 451	116 047	110 467	112 493	119 571	135 165	148 459
Total								
Entreprises nationales	239 924	209 699	222 687	234 179	221 076	233 354	242 427	255 284
Entreprises sous contrôle étranger	219 509	199 004	211 279	223 085	211 811	221 547	227 774	243 664
Succursales d'entreprises étrangères	..	..	..	..	..	..	..	..
Ensemble des entreprises	239 924	209 699	222 687	234 179	221 076	233 354	242 427	255 284

HONGRIE

Tableau 1. Agrégats sélectionnés *(suite)*

Millions HUF

	2011	2012	2013	2014	2015	2016	2017	2018
1.5 Opérations à l'étranger par succursale, primes brutes								
Vie								
Succursales et agences	..	..	..	..	..	..	..	..
Filiales	..	..	..	..	..	..	..	..
Total	..	..	..	..	..	..	..	..
Non-vie								
Succursales et agences	..	..	..	..	..	..	..	..
Filiales	..	..	..	..	..	..	..	..
Total	..	..	..	..	..	..	..	..
Mixtes								
Succursales et agences	..	..	..	..	..	..	..	..
Filiales	..	..	..	..	..	..	..	..
Total	..	..	..	..	..	..	..	..
dont :								
Vie	..	..	..	..	..	..	..	..
Succursales et agences	..	..	..	..	..	..	..	..
Filiales	..	..	..	..	..	..	..	..
Total	..	..	..	..	..	..	..	..
Non-vie	..	..	..	..	..	..	..	..
Succursales et agences	..	..	..	..	..	..	..	..
Filiales	..	..	..	..	..	..	..	..
Total	..	..	..	..	..	..	..	..
Total								
Succursales et agences	..	..	..	..	..	..	..	..
Filiales	..	..	..	..	..	..	..	..
Total	..	..	..	..	..	..	..	..

.. Non disponible

Note : Voir les métadonnées détaillées sur : *http://metalinks.oecd.org/ins/20200312/7b13.*

Source : Statistiques de l'OCDE sur les assurances (base de données)

HONGRIE

Tableau 2. Nombre d'entreprises et d'employés

	2011	2012	2013	2014	2015	2016	2017	2018
2.1 Nombre d'entreprises								
Vie								
Entreprises nationales	12	12	10	10	10	8	7	6
Entreprises sous contrôle étranger	9	9	7	7	7	7	6	5
Succursales d'entreprises étrangères	..	..	..	..	0	0	0	0
Ensemble des entreprises	12	12	10	10	10	8	7	6
Non-vie								
Entreprises nationales	15	13	12	12	11	10	9	9
Entreprises sous contrôle étranger	9	7	6	6	6	6	5	5
Succursales d'entreprises étrangères	12	14	14	14	13	14	13	12
Ensemble des entreprises	27	27	26	26	24	24	22	21
Mixtes								
Entreprises nationales	10	10	10	10	9	9	9	8
Entreprises sous contrôle étranger	10	10	10	10	9	9	9	8
Succursales d'entreprises étrangères	1	1	1	1	2	2	2	2
Ensemble des entreprises	11	11	11	11	11	11	11	10
Réassurance								
Entreprises nationales	..	..	..	..	..	..	..	..
Entreprises sous contrôle étranger	..	..	..	..	..	..	..	..
Succursales d'entreprises étrangères	..	..	..	..	..	..	..	..
Ensemble des entreprises	..	..	..	..	..	..	..	..
Total								
Entreprises nationales	37	35	32	32	30	27	25	23
Entreprises sous contrôle étranger	28	26	23	23	22	22	20	18
Succursales d'entreprises étrangères	13	15	15	15	15	16	15	14
Ensemble des entreprises	50	50	47	47	45	43	40	37
2.2 Nombre d'employés								
Entreprises d'assurance	9 580	9 701	9 363	9 229	8 728	8 542	8 133	11 116
Intermédiaires	16 950	13 572	13 083	12 768	11 392	9 822	12 287	7 791
Total	26 530	23 273	22 445	21 997	20 121	18 364	20 420	18 907

.. Non disponible

Note : Voir les métadonnées détaillées sur : *http://metalinks.oecd.org/ins/20200312/7b13.*

Source : Statistiques de l'OCDE sur les assurances (base de données)

ISLANDE

Tableau 1. Agrégats sélectionnés

Millions ISK

	2011	2012	2013	2014	2015	2016	2017	2018
1.1 Opérations d'assurance conclues dans le pays déclarant								
1.1.1 Opérations d'assurance, par intérêt								
Primes brutes								
Entreprises nationales	48 117	50 490	51 142	51 849	55 346	58 777	65 274	70 561
Entreprises sous contrôle étranger	4 464	4 788	5 088	5 401	6 010	..	..	..
Succursales d'entreprises étrangères	0	..	..	..	..	..	..	..
Ensemble des entreprises	48 117	50 490	51 142	51 849	55 346	58 777	65 274	70 561
Primes cédées								
Entreprises nationales	3 425	3 371	3 136	2 918	2 882	2 725	2 613	2 869
Entreprises sous contrôle étranger	328	318	310	310	272	..	..	..
Succursales d'entreprises étrangères	0	..	..	..	..	..	..	..
Ensemble des entreprises	3 425	3 371	3 136	2 918	2 882	2 725	2 613	2 869
Primes nettes émises								
Entreprises nationales	44 692	47 118	48 005	48 931	52 465	56 052	62 662	67 693
Entreprises sous contrôle étranger	4 136	4 470	4 779	5 091	5 737	..	..	..
Succursales d'entreprises étrangères	0	..	..	..	..	..	..	..
Ensemble des entreprises	44 692	47 118	48 005	48 931	52 465	56 052	62 662	67 693
1.1.2 Opérations d'assurance par risque à l'étranger, primes brutes								
Vie	0	0	0	0	0	0	0	0
Non-vie	2 528	2 632	2 156	2 563	3 018	1 010	1 737	3 444
Mixtes total	..	..	..	..	..	..	..	..
Total	2 528	2 632	2 156	2 563	3 018	1 010	1 737	3 444
1.1.3 Paiement par catégories d'assurance, primes brutes (vie)								
Rentes	57	61	61	111	473	..	..	..
Unit linked	110	87	86	87	91	20	32	23
Autre assurance vie	3 227	3 532	3 913	4 042	4 087	5 141	5 789	5 815
Total assurance vie	3 395	3 680	4 061	4 240	4 651	5 161	5 821	5 837
***dont :** Contrats de retraite*	0	0	0	0	0	0	0	0
1.1.4 Paiement par catégories d'assurance, primes brutes (non-vie)								
L'assurance automobile	20 205	21 226	21 522	22 084	23 952	28 398	33 127	35 842
Les assurances transport (y compris maritime et aérien)	2 629	2 746	3 372	3 419	3 690	3 631	3 139	3 251
L'assurance de fret	632	667	638	646	751	0	0	0
L'assurance incendie et des dommages aux bien	12 838	14 028	13 816	13 903	13 911	12 484	13 048	14 472
L'assurance des pertes pécuniaires	100	77	45	23	27	33	26	59
L'assurance de la responsabilité civile générale	2 782	2 932	2 556	2 565	2 672	3 078	3 561	3 974
Les assurances accidents et maladie	5 318	5 108	5 102	4 947	5 646	5 960	6 509	7 093
***dont :** Maladie*	..	..	..	..	..	..	..	..
Autres assurances non-vie	27	27	30	22	42	32	42	33
Réassurance obligatoire	0	0	0	0	0	0	0	0
Total assurance non-vie	44 530	46 809	47 081	47 608	50 690	53 616	59 453	64 724
1.2 Paiements bruts des sinistres								
Vie								
Entreprises nationales	1 139	1 434	1 381	1 529	1 325	1 690	1 755	1 752
Entreprises sous contrôle étranger	21	56	47	30	58	..	..	..
Succursales d'entreprises étrangères	..	..	..	..	..	..	..	..
Ensemble des entreprises	1 139	1 434	1 381	1 529	1 325	1 690	1 755	1 752
Non-vie								
Entreprises nationales	28 721	30 190	31 417	32 554	36 082	41 655	43 781	51 533
Entreprises sous contrôle étranger	3 132	2 931	3 412	3 520	4 169	..	..	..
Succursales d'entreprises étrangères	..	..	..	..	..	..	..	..
Ensemble des entreprises	28 721	30 190	31 417	32 554	36 082	41 655	43 781	51 533
Mixtes, ensemble des entreprises	..	..	..	..	..	..	..	..
Total								
Entreprises nationales	29 861	31 624	32 798	34 083	37 407	43 345	45 536	53 285
Entreprises sous contrôle étranger	3 152	2 987	3 459	3 550	4 227	..	..	..
Succursales d'entreprises étrangères	..	..	..	..	..	..	..	..
Ensemble des entreprises	29 861	31 624	32 798	34 083	37 407	43 345	45 536	53 285
1.3 Commissions								
Vie								
Entreprises nationales	74	71	66	118	90	..	..	..
Entreprises sous contrôle étranger	4	12	20	42	3	..	..	..
Succursales d'entreprises étrangères	..	..	..	..	..	..	..	..
Ensemble des entreprises	74	71	66	118	90	..	..	..
Non-vie								
Entreprises nationales	101	122	102	39	36	..	..	..
Entreprises sous contrôle étranger	0	0	0	0	0	..	..	..
Succursales d'entreprises étrangères	..	..	..	..	..	..	..	..
Ensemble des entreprises	101	122	102	39	36	..	..	..
Mixtes, ensemble des entreprises	..	..	..	..	..	..	..	..
Total								
Entreprises nationales	175	193	168	157	126	..	..	..
Entreprises sous contrôle étranger	4	12	20	42	3	..	..	..
Succursales d'entreprises étrangères	..	..	..	..	..	..	..	..
Ensemble des entreprises	175	193	168	157	126	..	..	..

ISLANDE

Tableau 1. Agrégats sélectionnés *(suite)*

Millions ISK

	2011	2012	2013	2014	2015	2016	2017	2018
1.4 Dépenses brutes d'exploitation								
Vie								
Entreprises nationales	945	1 119	1 384	1 098	1 498	1 231	1 528	1 394
Entreprises sous contrôle étranger	57	77	90	18	161	..	..	..
Succursales d'entreprises étrangères	..	..	..	..	..	..	..	..
Ensemble des entreprises	945	1 119	1 384	1 098	1 498	1 231	1 528	1 394
Non-vie								
Entreprises nationales	9 081	9 987	9 860	9 680	4 314	6 931	7 422	11 994
Entreprises sous contrôle étranger	965	996	1 084	1 086	1 225	..	..	..
Succursales d'entreprises étrangères	..	..	..	..	..	..	..	..
Ensemble des entreprises	9 081	9 987	9 860	9 680	4 314	6 931	7 422	12 026
Mixtes, ensemble des entreprises	..	..	..	..	..	..	..	..
Total								
Entreprises nationales	10 027	11 106	11 244	10 778	5 812	8 162	8 950	13 389
Entreprises sous contrôle étranger	1 022	1 072	1 173	1 104	1 387	..	..	..
Succursales d'entreprises étrangères	..	..	..	..	..	..	..	..
Ensemble des entreprises	10 027	11 106	11 244	10 778	5 812	8 162	8 950	13 421
1.5 Opérations à l'étranger par succursale, primes brutes								
Vie								
Succursales et agences	0	0	..	..	..	..	..	..
Filiales	0	0	..	..	..	..	..	..
Total	0	0	..	..	..	..	..	..
Non-vie								
Succursales et agences	551	914	..	..	..	..	..	..
Filiales	0	0	..	..	..	..	..	..
Total	551	914	..	..	..	..	..	..
Mixtes total	..	..	..	..	..	..	..	..
Total								
Succursales et agences	551	914	..	..	..	..	..	..
Filiales	0	0	..	..	..	..	..	..
Total	551	914	..	..	..	..	..	..

.. Non disponible

Note : Voir les métadonnées détaillées sur : *http://metalinks.oecd.org/ins/20200312/d9ea*.

Source : Statistiques de l'OCDE sur les assurances (base de données)

ISLANDE

Tableau 2. Nombre d'entreprises et d'employés

	2011	2012	2013	2014	2015	2016	2017	2018
2.1 Nombre d'entreprises								
Vie								
Entreprises nationales	5	5	5	5	5	4	4	4
Entreprises sous contrôle étranger	1	1	1	1	1	..	..	..
Succursales d'entreprises étrangères	0	1	1	1	1	..	..	..
Ensemble des entreprises	5	6	6	6	6	4	4	4
Non-vie								
Entreprises nationales	6	6	5	5	5	4	4	4
Entreprises sous contrôle étranger	1	1	1	1	1	..	..	..
Succursales d'entreprises étrangères	0	1	1	1	1	..	..	..
Ensemble des entreprises	6	7	6	6	6	4	4	4
Mixtes, ensemble des entreprises	**0**	**0**	**0**	**0**	**0**	**0**	**0**	**0**
Réassurance								
Entreprises nationales	2	2	2	2	2	0	0	0
Entreprises sous contrôle étranger	0	0	..	..	..	..	..	..
Succursales d'entreprises étrangères	0	0	..	..	..	..	..	..
Ensemble des entreprises	2	2	2	2	2	0	0	0
Total								
Entreprises nationales	13	13	12	12	12	8	8	8
Entreprises sous contrôle étranger	2	2	2	2	2	0	0	0
Succursales d'entreprises étrangères	0	2	2	2	2	0	0	0
Ensemble des entreprises	13	15	14	14	14	8	8	8
2.2 Nombre d'employés								
Entreprises d'assurance	652	641	614	..	582	..	..	..
Intermédiaires	0	..	..	592	..	..	..	..
Total	652	..	614	592	582	..	..	..

.. Non disponible

Note : Voir les métadonnées détaillées sur : *http://metalinks.oecd.org/ins/20200312/d9ea.*

Source : Statistiques de l'OCDE sur les assurances (base de données)

IRLANDE

Tableau 1. Agrégats sélectionnés

Millions EUR

	2011	2012	2013	2014	2015	2016	2017	2018
1.1 Opérations d'assurance conclues dans le pays déclarant								
1.1.1 Opérations d'assurance, par intérêt								
Primes brutes								
Entreprises nationales	30 304	33 133	31 818	36 377	40 340	48 949	40 281	36 998
Entreprises sous contrôle étranger	..	..	..	..	..	..	..	..
Succursales d'entreprises étrangères	1 731	2 348	2 301	3 184	3 645	..	3 821	3 756
Ensemble des entreprises	32 035	35 481	34 119	39 561	43 985	48 949	44 102	40 754
Primes cédées								
Entreprises nationales	3 478	3 755	3 908	3 891	4 933	9 985	..	..
Entreprises sous contrôle étranger	..	..	..	..	..	..	..	..
Succursales d'entreprises étrangères	772	356	268	371	359	..	..	..
Ensemble des entreprises	4 250	4 111	4 176	4 262	5 292	9 985	..	..
Primes nettes émises								
Entreprises nationales	26 826	29 379	27 910	32 486	35 407	38 964	..	..
Entreprises sous contrôle étranger	..	..	..	..	..	..	..	..
Succursales d'entreprises étrangères	960	1 992	2 033	2 813	3 286	..	..	..
Ensemble des entreprises	27 786	31 371	29 943	35 299	38 693	38 964	..	..
1.1.2 Opérations d'assurance par risque à l'étranger, primes brutes								
Vie	15 627	15 038	16 125	21 410	23 192	..	19 774	16 644
Non-vie	3 195	3 676	3 826	3 960	4 263	..	2 277	2 671
Mixtes	..	..	..	..	..	..	6	191
dont :								
Vie	..	..	..	..	..	..	..	..
Non-vie	..	..	..	..	..	..	..	..
Total	18 821	18 714	19 951	25 370	27 455	..	22 057	19 506
1.1.3 Paiement par catégories d'assurance, primes brutes (vie)								
Rentes	..	..	..	..	..	0	0	0
Unit linked	..	..	..	..	..	28 838	30 737	26 568
Autre assurance vie	..	..	..	..	..	4 477	4 279	4 102
Total Assurance Vie	..	28 140	27 207	32 171	34 587	33 315	35 016	30 670
dont : *Contrats de retraite*	..	..	..	..	..	..	..	..
1.1.4 Paiement par catégories d'assurance, primes brutes (non-vie)								
L'assurance automobile	1 423	1 486	1 435	1 599	1 795	3 905	2 086	2 067
Les assurances transport (y compris maritime et aérien)	237	243	183	143	163	421	144	219
L'assurance de fret	0	..	..	..	..	0	0	..
L'assurance incendie et des dommages aux bien	1 728	1 906	1 763	1 758	1 768	4 023	1 401	1 503
L'assurance des pertes pécuniaires	67	..	105	124	92	332	830	848
L'assurance de la responsabilité civile générale	1 072	1 147	1 127	1 301	1 400	2 887	1 288	1 296
Les assurances accidents et maladie	1 432	1 288	1 171	1 235	2 750	1 935	2 396	2 323
dont : *Maladie*	..	..	..	..	..	..	..	..
Autres assurances non-vie	485	563	504	494	585	1 159	158	217
Réassurance obligatoire	284	374	330	373	414	746	217	..
Total assurance non-vie	6 729	7 007	6 618	7 027	8 967	15 408	8 520	8 473
1.2 Paiements bruts des sinistres								
Vie								
Entreprises nationales	..	27 921	28 263	27 434	28 474	32 280	26 726	25 196
Entreprises sous contrôle étranger	..	..	..	..	..	..	..	..
Succursales d'entreprises étrangères	..	..	1 235	1 114	1 356	..	2 435	2 052
Ensemble des entreprises	..	27 921	29 498	28 548	29 830	32 280	29 161	27 248
Non-vie								
Entreprises nationales	4 938	4 842	4 369	3 853	5 343	15 941	8 482	8 283
Entreprises sous contrôle étranger	..	..	..	..	..	..	..	..
Succursales d'entreprises étrangères	1 023	983	677	1 177	1 179	..	725	871
Ensemble des entreprises	5 961	5 825	5 046	5 030	6 522	15 941	9 207	9 154
Mixtes								
Entreprises nationales	..	..	..	..	..	..	..	..
Entreprises sous contrôle étranger	..	..	..	..	..	..	..	..
Succursales d'entreprises étrangères	..	..	..	..	..	..	357	983
Ensemble des entreprises	..	..	..	..	..	..	357	983
dont :								
Vie								
Entreprises nationales	..	..	..	..	..	..	..	..
Entreprises sous contrôle étranger	..	..	..	..	..	..	..	..
Succursales d'entreprises étrangères	..	..	..	..	..	..	..	..
Ensemble des entreprises	..	..	..	..	..	..	..	..
Non-vie								
Entreprises nationales	..	..	..	..	..	..	..	..
Entreprises sous contrôle étranger	..	..	..	..	..	..	..	..
Succursales d'entreprises étrangères	..	..	..	..	..	..	..	..
Ensemble des entreprises	..	..	..	..	..	..	..	..
Total								
Entreprises nationales	4 938	32 763	32 632	31 287	33 817	48 221	35 208	33 479
Entreprises sous contrôle étranger	..	..	..	..	..	..	..	..
Succursales d'entreprises étrangères	1 023	983	1 912	2 291	2 535	..	3 517	3 906
Ensemble des entreprises	5 961	33 746	34 544	33 578	36 352	48 221	38 725	37 385

IRLANDE

Tableau 1. Agrégats sélectionnés *(suite)*

Millions EUR

	2011	2012	2013	2014	2015	2016	2017	2018
1.3 Commissions								
Vie								
Entreprises nationales	..	1 593	1 844	2 051	2 281	2 198	1 517	1 625
Entreprises sous contrôle étranger	..	..	..	..	..	..	..	..
Succursales d'entreprises étrangères	..	..	43	64	59	..	94	44
Ensemble des entreprises	..	1 593	1 887	2 115	2 340	2 198	1 611	1 669
Non-vie								
Entreprises nationales	764	657	737	764	896	2 292	957	1 012
Entreprises sous contrôle étranger	..	..	..	..	..	..	..	..
Succursales d'entreprises étrangères	104	171	130	248	299	..	194	221
Ensemble des entreprises	868	828	867	1 012	1 195	2 292	1 511	1 233
Mixtes								
Entreprises nationales	..	..	..	..	..	..	..	..
Entreprises sous contrôle étranger	..	..	..	..	..	..	..	..
Succursales d'entreprises étrangères	..	..	..	..	..	..	80	110
Ensemble des entreprises	..	..	..	..	..	..	80	110
dont :								
Vie								
Entreprises nationales	..	..	..	..	..	..	..	..
Entreprises sous contrôle étranger	..	..	..	..	..	..	..	..
Succursales d'entreprises étrangères	..	..	..	..	..	..	..	..
Ensemble des entreprises	..	..	..	..	..	..	..	..
Non-vie	..	..	..	..	..	..	..	..
Entreprises nationales	..	..	..	..	..	..	..	..
Entreprises sous contrôle étranger	..	..	..	..	..	..	..	..
Succursales d'entreprises étrangères	..	..	..	..	..	..	..	..
Ensemble des entreprises	..	..	..	..	..	..	..	..
Total								
Entreprises nationales	764	2 250	2 581	2 815	3 177	4 490	2 474	2 637
Entreprises sous contrôle étranger	..	..	..	..	..	..	..	..
Succursales d'entreprises étrangères	104	171	173	312	358	..	368	375
Ensemble des entreprises	868	2 420	2 754	3 127	3 535	4 490	3 202	3 012
1.4 Dépenses brutes d'exploitation								
Vie								
Entreprises nationales	..	1 268	1 346	1 429	1 437	1 319	444	..
Entreprises sous contrôle étranger	..	..	..	..	..	..	..	..
Succursales d'entreprises étrangères	..	..	154	657	158	..	..	..
Ensemble des entreprises	..	1 268	1 500	2 086	1 595	1 319	444	..
Non-vie								
Entreprises nationales	688	622	650	589	484	1 873	932	..
Entreprises sous contrôle étranger	..	..	..	..	..	..	..	..
Succursales d'entreprises étrangères	186	295	159	223	224	..	..	..
Ensemble des entreprises	874	917	809	812	708	1 873	932	..
Mixtes								
Entreprises nationales	..	..	..	..	..	..	..	..
Entreprises sous contrôle étranger	..	..	..	..	..	..	..	..
Succursales d'entreprises étrangères	..	..	..	..	..	..	..	..
Ensemble des entreprises	..	..	..	..	..	..	..	..
dont :								
Vie	..	..	..	..	..	..	..	..
Entreprises nationales	..	..	..	..	..	..	..	..
Entreprises sous contrôle étranger	..	..	..	..	..	..	..	..
Succursales d'entreprises étrangères	..	..	..	..	..	..	..	..
Ensemble des entreprises	..	..	..	..	..	..	..	..
Non-vie	..	..	..	..	..	..	..	..
Entreprises nationales	..	..	..	..	..	..	..	..
Entreprises sous contrôle étranger	..	..	..	..	..	..	..	..
Succursales d'entreprises étrangères	..	..	..	..	..	..	..	..
Ensemble des entreprises	..	..	..	..	..	..	..	..
Total								
Entreprises nationales	688	1 891	1 996	2 018	1 921	3 192	1 376	..
Entreprises sous contrôle étranger	..	..	..	..	..	..	..	..
Succursales d'entreprises étrangères	186	295	313	880	382	..	..	..
Ensemble des entreprises	874	2 185	2 309	2 898	2 303	3 192	1 376	..

IRLANDE

Tableau 1. Agrégats sélectionnés *(suite)*

Millions EUR

	2011	2012	2013	2014	2015	2016	2017	2018
1.5 Opérations à l'étranger par succursale, primes brutes								
Vie								
Succursales et agences	2 434	3 422	5 563	5 970	6 234	..	6 438	5 266
Filiales	..	..	..	..	..	..	..	..
Total	2 434	3 422	5 563	5 970	6 234	..	6 438	5 266
Non-vie								
Succursales et agences	9 626	9 599	9 228	9 640	9 835	..	8 739	9 029
Filiales	..	..	..	..	..	..	..	..
Total	9 626	9 599	9 228	9 640	9 835	..	8 739	9 029
Mixtes								
Succursales et agences	..	..	..	..	..	..	..	..
Filiales	..	..	..	..	..	..	..	..
Total	..	..	..	..	..	..	..	..
dont :								
Vie	..	..	..	..	..	..	..	..
Succursales et agences	..	..	..	..	..	..	..	..
Filiales	..	..	..	..	..	..	..	..
Total	..	..	..	..	..	..	..	..
Non-vie	..	..	..	..	..	..	..	..
Succursales et agences	..	..	..	..	..	..	..	..
Filiales	..	..	..	..	..	..	..	..
Total	..	..	..	..	..	..	..	..
Total								
Succursales et agences	12 060	13 021	14 791	15 610	16 069	..	15 177	14 295
Filiales	..	..	..	..	..	..	..	..
Total	12 060	13 021	14 791	15 610	16 069	..	15 177	14 295

.. Non disponible

Note : Voir les métadonnées détaillées sur : *http://metalinks.oecd.org/ins/20200312/826a.*

Source : Statistiques de l'OCDE sur les assurances (base de données)

IRLANDE

Tableau 2. Nombre d'entreprises et d'employés

	2011	2012	2013	2014	2015	2016	2017	2018
2.1 Nombre d'entreprises								
Vie								
Entreprises nationales	62	55	53	51	48	44	45	42
Entreprises sous contrôle étranger	0	0	..	..	..	0	0	..
Succursales d'entreprises étrangères	9	8	8	8	11	11	12	13
Ensemble des entreprises	71	63	61	59	59	55	57	55
Non-vie								
Entreprises nationales	121	111	104	102	101	90	99	95
Entreprises sous contrôle étranger	0	0	..	..	..	0	0	..
Succursales d'entreprises étrangères	28	28	27	30	32	31	30	38
Ensemble des entreprises	149	139	131	132	133	121	129	133
Mixtes								
Entreprises nationales	0	0	0	0	0	0	1	0
Entreprises sous contrôle étranger	0	0	0	0	0	0	0	..
Succursales d'entreprises étrangères	0	0	0	0	0	0	0	0
Ensemble des entreprises	0	0	0	0	0	0	1	0
Réassurance								
Entreprises nationales	102	87	77	75	67	61	64	63
Entreprises sous contrôle étranger	0	0	..	..	..	0	0	..
Succursales d'entreprises étrangères	0	0	0	0	0	0	0	0
Ensemble des entreprises	102	87	77	75	67	61	64	63
Total								
Entreprises nationales	285	253	234	228	216	196	209	200
Entreprises sous contrôle étranger	..	..	..	..	..	0	0	..
Succursales d'entreprises étrangères	37	36	35	38	43	42	42	51
Ensemble des entreprises	322	289	269	266	259	238	251	251
2.2 Nombre d'employés								
Entreprises d'assurance	9 696	8 682	8 887	8 095	9 404	..	..	..
Intermédiaires	..	..	..	..	..	..	..	..
Total	9 696	8 682	8 887	..	..	..	..	..

.. Non disponible

Note : Voir les métadonnées détaillées sur : *http://metalinks.oecd.org/ins/20200312/826a.*

Source : Statistiques de l'OCDE sur les assurances (base de données)

ISRAËL

Tableau 1. Agrégats sélectionnés

Millions ILS

	2011	2012	2013	2014	2015	2016	2017	2018
1.1 Opérations d'assurance conclues dans le pays déclarant								
1.1.1 Opérations d'assurance, par intérêt								
Primes brutes								
Entreprises nationales	45 317	48 086	50 339	51 400	54 869	58 153	62 730	66 640
Entreprises sous contrôle étranger	9 663	840	889	953	1 135	1 165	1 234	1 296
Succursales d'entreprises étrangères	..	..	..	..	..	..	..	..
Ensemble des entreprises	45 317	48 086	50 339	51 400	54 869	58 153	62 730	66 640
Primes cédées								
Entreprises nationales	6 529	6 877	6 418	5 934	6 356	8 756	8 468	9 454
Entreprises sous contrôle étranger	894	185	164	162	232	225	228	249
Succursales d'entreprises étrangères	..	..	..	..	..	..	..	..
Ensemble des entreprises	6 529	6 877	6 418	5 934	6 356	8 756	8 468	9 454
Primes nettes émises								
Entreprises nationales	38 788	41 209	43 921	45 466	48 512	49 398	54 263	57 186
Entreprises sous contrôle étranger	8 769	656	726	791	903	940	1 006	1 047
Succursales d'entreprises étrangères	..	..	..	..	..	..	..	..
Ensemble des entreprises	38 788	41 209	43 921	45 466	48 512	49 398	54 263	57 186
1.1.2 Opérations d'assurance par risque à l'étranger, primes brutes								
Vie	..	..	..	..	..	..	..	..
Non-vie	..	..	..	..	..	..	..	..
Mixtes	3	..	..	..	..	..	..	..
dont :								
Vie	..	..	..	..	..	..	..	..
Non-vie	3	..	..	..	..	..	..	..
Total	3	..	..	..	..	..	..	..
1.1.3 Paiement par catégories d'assurance, primes brutes (vie)								
Rentes	1 593	1 542	1 361	1 194	1 084	1 273	1 125	1 118
Unit linked	16 662	17 673	18 557	18 236	20 266	20 897	23 867	25 433
Autre assurance vie	5 654	6 242	6 709	7 141	8 066	8 492	8 730	9 412
Total Assurance Vie	23 909	25 458	26 627	26 571	29 416	30 662	33 722	35 963
***dont :** Contrats de retraite*	..	..	..	..	..	..	..	..
1.1.4 Paiement par catégories d'assurance, primes brutes (non-vie)								
L'assurance automobile	10 358	10 673	11 040	11 439	11 775	13 053	13 396	14 129
Les assurances transport (y compris maritime et aérien)	41	41	38	38	39	38	36	40
L'assurance de fret	173	180	169	170	174	176	187	174
L'assurance incendie et des dommages aux bien	3 475	4 082	4 283	4 292	4 238	4 375	4 481	4 549
L'assurance des pertes pécuniaires	0	277	284	278	307	335	348	480
L'assurance de la responsabilité civile générale	2 354	2 487	2 575	2 697	2 814	2 917	3 094	3 250
Les assurances accidents et maladie	3 950	4 396	4 869	5 425	5 678	6 086	6 961	7 548
***dont :** Maladie*	..	3 580	3 859	4 189	4 203	4 448	5 144	5 614
Autres assurances non-vie	1 056	492	452	492	426	502	506	506
Réassurance obligatoire	..	..	..	0	0	0	..	0
Total assurance non-vie	21 408	22 628	23 712	24 830	25 452	27 483	29 009	30 676
1.2 Paiements bruts des sinistres								
Vie								
Entreprises nationales	..	..	0	3	6	8	.. c	..
Entreprises sous contrôle étranger	..	..	..	..	..	0	..	..
Succursales d'entreprises étrangères	..	..	..	..	..	..	..	..
Ensemble des entreprises	..	..	0	3	6	8	.. c	..
Non-vie								
Entreprises nationales	1 303	1 395	2 013	2 470	2 589	2 180	2 124	2 189
Entreprises sous contrôle étranger	..	..	..	..	39	72	22	30
Succursales d'entreprises étrangères	..	..	..	..	..	..	..	..
Ensemble des entreprises	1 303	1 395	2 013	2 470	2 589	2 180	2 124	2 189
Mixtes								
Entreprises nationales	24 636	25 830	24 594	27 644	30 828	31 879	35 461	36 580
Entreprises sous contrôle étranger	5 004	393	280	462	640	538	0	578
Succursales d'entreprises étrangères	..	..	..	..	..	..	..	..
Ensemble des entreprises	24 636	25 830	24 594	27 644	30 828	31 879	35 461	36 580
dont :								
Vie	11 651	12 472	12 644	13 825	15 363	16 243	18 411	19 489
Entreprises nationales	11 651	12 472	12 644	13 825	15 363	16 243	18 411	19 489
Entreprises sous contrôle étranger	3 564	27	18	26	39	36	42	50
Succursales d'entreprises étrangères	..	..	..	..	..	..	..	..
Ensemble des entreprises	11 651	12 472	12 644	13 825	15 363	16 243	18 411	19 489
Non-vie	12 985	13 358	11 949	13 819	15 465	15 636	17 051	17 091
Entreprises nationales	12 985	13 358	11 949	13 819	15 465	15 636	17 051	17 091
Entreprises sous contrôle étranger	1 440	366	262	436	600	502	575	528
Succursales d'entreprises étrangères	..	..	..	..	..	..	..	..
Ensemble des entreprises	12 985	13 358	11 949	13 819	15 465	15 636	17 051	17 091
Total								
Entreprises nationales	25 939	27 225	26 607	30 117	33 422	34 067	37 598	38 769
Entreprises sous contrôle étranger	5 004	393	280	462	679	609	22	608
Succursales d'entreprises étrangères	..	..	..	..	..	..	..	..
Ensemble des entreprises	25 939	27 225	26 607	30 117	33 422	34 067	37 598	38 769

ISRAËL

Tableau 1. Agrégats sélectionnés *(suite)*

Millions ILS

	2011	2012	2013	2014	2015	2016	2017	2018
1.3 Commissions								
Vie								
Entreprises nationales	..	..	0	6	15	19	.. c	..
Entreprises sous contrôle étranger	..	..	..	..	..	0	..	..
Succursales d'entreprises étrangères	..	..	..	..	..	..	..	..
Ensemble des entreprises	..	..	0	6	15	19	.. c	..
Non-vie								
Entreprises nationales	159	175	248	281	317	291	341	358
Entreprises sous contrôle étranger	..	..	..	..	0	0	0	0
Succursales d'entreprises étrangères	..	..	..	..	..	..	..	..
Ensemble des entreprises	159	175	248	281	317	291	341	358
Mixtes								
Entreprises nationales	5 070	5 512	5 688	5 940	6 296	6 709	7 109	7 592
Entreprises sous contrôle étranger	947	41	39	..	42	40	..	38
Succursales d'entreprises étrangères	..	..	..	..	..	..	..	..
Ensemble des entreprises	5 070	5 512	5 688	5 940	6 296	6 709	7 109	7 592
dont :								
Vie	2 328	2 577	2 571	2 639	2 912	3 097	3 215	3 531
Entreprises nationales	2 328	2 577	2 571	2 639	2 912	3 097	3 215	3 531
Entreprises sous contrôle étranger	635	1	1	1	1	1	1	1
Succursales d'entreprises étrangères	..	..	..	..	..	..	..	..
Ensemble des entreprises	2 328	2 577	2 571	2 639	2 912	3 097	3 215	3 531
Non-vie	2 742	2 936	3 118	3 300	3 384	3 612	3 893	4 061
Entreprises nationales	2 742	2 936	3 118	3 300	3 384	3 612	3 893	4 061
Entreprises sous contrôle étranger	312	40	38	38	41	39	37	37
Succursales d'entreprises étrangères	..	..	..	..	..	..	..	..
Ensemble des entreprises	2 742	2 936	3 118	3 300	3 384	3 612	3 893	4 061
Total								
Entreprises nationales	5 229	5 688	5 936	6 226	6 628	7 019	7 464	7 950
Entreprises sous contrôle étranger	947	41	39	..	42	40	0	38
Succursales d'entreprises étrangères	..	..	..	..	..	..	..	..
Ensemble des entreprises	5 229	5 688	5 936	6 226	6 628	7 019	7 464	7 950
1.4 Dépenses brutes d'exploitation								
Vie								
Entreprises nationales	..	..	1	10	32	32	.. c	..
Entreprises sous contrôle étranger	..	..	..	..	..	0	..	..
Succursales d'entreprises étrangères	..	..	..	..	..	..	..	..
Ensemble des entreprises	..	..	1	10	32	32	.. c	..
Non-vie								
Entreprises nationales	306	305	449	322	402	380	417	32
Entreprises sous contrôle étranger	..	..	..	..	30	29	33	36
Succursales d'entreprises étrangères	..	..	..	..	..	..	..	..
Ensemble des entreprises	306	305	449	322	402	380	417	32
Mixtes								
Entreprises nationales	5 198	5 270	5 285	5 169	5 719	6 033	6 504	13 992
Entreprises sous contrôle étranger	1 158	260	272	276	282	275	278	289
Succursales d'entreprises étrangères	..	..	..	..	..	..	..	..
Ensemble des entreprises	5 198	5 270	5 285	5 169	5 719	6 033	6 504	13 992
dont :								
Vie	2 104	2 323	2 542	2 608	2 790	2 707	2 849	2 946
Entreprises nationales	2 104	2 323	2 542	2 608	2 790	2 707	2 849	2 946
Entreprises sous contrôle étranger	565	53	61	56	54	55	51	51
Succursales d'entreprises étrangères	..	..	..	..	..	..	..	..
Ensemble des entreprises	2 104	2 323	2 542	2 608	2 790	2 707	2 849	2 946
Non-vie	2 445	2 373	2 502	2 561	2 721	2 785	3 002	3 185
Entreprises nationales	2 445	2 373	2 502	2 561	2 721	2 785	3 002	3 185
Entreprises sous contrôle étranger	368	208	212	220	228	220	227	239
Succursales d'entreprises étrangères	..	..	..	..	..	..	..	..
Ensemble des entreprises	2 445	2 373	2 502	2 561	2 721	2 785	3 002	3 185
Total								
Entreprises nationales	5 504	5 574	5 736	5 501	6 153	6 445	6 940	14 024
Entreprises sous contrôle étranger	1 158	260	272	276	312	304	311	325
Succursales d'entreprises étrangères	..	..	..	..	..	..	..	..
Ensemble des entreprises	5 504	5 574	5 736	5 501	6 153	6 445	6 940	14 024

ISRAËL

Tableau 1. Agrégats sélectionnés *(suite)*

Millions ILS

	2011	2012	2013	2014	2015	2016	2017	2018
1.5 Opérations à l'étranger par succursale, primes brutes								
Vie								
Succursales et agences	..	..	..	..	..	..	..	..
Filiales	..	..	..	..	..	..	..	..
Total	..	..	..	..	..	..	..	..
Non-vie								
Succursales et agences	..	..	..	..	..	..	..	..
Filiales	..	..	..	..	..	..	..	..
Total	..	..	..	..	..	..	..	..
Mixtes								
Succursales et agences	..	..	..	..	..	..	..	..
Filiales	..	..	..	..	..	..	..	..
Total	..	..	..	..	..	..	..	..
dont :								
Vie	..	..	..	..	..	..	..	..
Succursales et agences	..	..	..	..	..	..	..	..
Filiales	..	..	..	..	..	..	..	..
Total	..	..	..	..	..	..	..	..
Non-vie	..	..	..	..	..	..	..	..
Succursales et agences	..	..	..	..	..	..	..	..
Filiales	..	..	..	..	..	..	..	..
Total	..	..	..	..	..	..	..	..
Total								
Succursales et agences	..	..	..	..	..	..	..	..
Filiales	..	..	..	..	..	..	..	..
Total	..	..	..	..	..	..	..	..

.. Non disponible ; c Donnée confidentielle

Note : Voir les métadonnées détaillées sur : *http://metalinks.oecd.org/ins/20200312/9656..*

Les données statistiques concernant Israël sont fournies par et sous la responsabilité des autorités israéliennes compétentes. L'utilisation de ces données par l'OCDE est sans préjudice du statut des hauteurs du Golan, de Jérusalem Est et des colonies de peuplement israéliennes en Cisjordanie aux termes du droit international.

Source : Statistiques de l'OCDE sur les assurances (base de données)

ISRAËL

Tableau 2. Nombre d'entreprises et d'employés

	2011	2012	2013	2014	2015	2016	2017	2018
2.1 Nombre d'entreprises								
Vie								
Entreprises nationales	..	..	1	1	2	2	1	0
Entreprises sous contrôle étranger	..	..	..	..	0	..	..	0
Succursales d'entreprises étrangères	..	..	..	..	0	..	..	0
Ensemble des entreprises	..	..	1	1	2	2	1	0
Non-vie								
Entreprises nationales	10	10	12	12	10	10	10	12
Entreprises sous contrôle étranger	..	..	..	..	1	1	1	1
Succursales d'entreprises étrangères	..	2	2	3	3	3	3	3
Ensemble des entreprises	10	12	14	15	13	13	13	15
Mixtes								
Entreprises nationales	13	13	10	10	11	10	10	10
Entreprises sous contrôle étranger	2	1	1	1	1	1	1	1
Succursales d'entreprises étrangères	2	..	..	..	0	..	..	0
Ensemble des entreprises	15	13	10	10	11	10	10	10
Réassurance								
Entreprises nationales	..	..	..	..	0	..	..	0
Entreprises sous contrôle étranger	..	..	..	..	0	..	..	0
Succursales d'entreprises étrangères	..	..	..	..	0	..	..	0
Ensemble des entreprises	..	..	..	0	0	0	..	0
Total								
Entreprises nationales	23	23	23	23	23	22	21	22
Entreprises sous contrôle étranger	2	1	1	1	2	..	2	2
Succursales d'entreprises étrangères	2	2	2	3	3	3	3	3
Ensemble des entreprises	25	25	25	26	26	25	24	25
2.2 Nombre d'employés								
Entreprises d'assurance	..	..	..	..	..	..	..	..
Intermédiaires	..	..	..	..	..	..	..	..
Total	..	..	..	..	..	..	..	..

.. Non disponible

Note : Voir les métadonnées détaillées sur : *http://metalinks.oecd.org/ins/20200312/9656.*.

Les données statistiques concernant Israël sont fournies par et sous la responsabilité des autorités israéliennes compétentes. L'utilisation de ces données par l'OCDE est sans préjudice du statut des hauteurs du Golan, de Jérusalem Est et des colonies de peuplement israéliennes en Cisjordanie aux termes du droit international.

Source : Statistiques de l'OCDE sur les assurances (base de données)

ITALIE

Tableau 1. Agrégats sélectionnés

Millions EUR

	2011	2012	2013	2014	2015	2016	2017	2018
1.1 Opérations d'assurance conclues dans le pays déclarant								
1.1.1 Opérations d'assurance, par intérêt								
Primes brutes								
Entreprises nationales	112 362	107 192	120 973	145 244	149 011	136 278	132 924	138 120
Entreprises sous contrôle étranger	32 577	29 138	34 302	44 419	45 694	44 287	41 990	48 367
Succursales d'entreprises étrangères	416	399	373	375	473	521	504	565
Ensemble des entreprises	112 778	107 591	121 345	145 619	149 484	136 799	133 429	138 685
Primes cédées								
Entreprises nationales	5 043	5 178	4 513	4 203	4 079	4 914	4 939	5 213
Entreprises sous contrôle étranger	1 166	1 392	1 116	991	983	1 822	1 829	1 867
Succursales d'entreprises étrangères	57	45	49	58	53	62	57	67
Ensemble des entreprises	5 099	5 223	4 563	4 262	4 132	4 976	4 996	5 281
Primes nettes émises								
Entreprises nationales	107 319	102 014	116 459	141 041	144 932	131 364	127 986	132 907
Entreprises sous contrôle étranger	31 411	27 746	33 186	43 428	44 711	42 465	40 160	46 500
Succursales d'entreprises étrangères	359	354	323	317	420	459	447	497
Ensemble des entreprises	107 678	102 368	116 782	141 358	145 352	131 823	128 433	133 404
1.1.2 Opérations d'assurance par risque à l'étranger, primes brutes								
Vie	1	0	1	1	1	1	1	3
Non-vie	60	50	53	59	54	59	57	72
Mixtes	1 608	1 935	2 044	1 904	2 016	2 070	2 037	2 008
dont :								
Vie	1 213	1 327	1 232	1 073	1 166	1 255	1 252	1 215
Non-vie	395	607	811	831	849	814	784	792
Total	1 670	1 984	2 098	1 963	2 071	2 130	2 095	2 082
1.1.3 Paiement par catégories d'assurance, primes brutes (vie)								
Rentes	1 309	1 243	1 012	956	737	710	716	701
Unit linked	12 496	13 800	15 497	21 829	31 884	23 848	31 305	29 887
Autre assurance vie	60 064	54 597	68 501	87 639	82 220	77 596	66 709	71 545
Total Assurance Vie	73 869	69 639	85 010	110 424	114 842	102 154	98 730	102 133
***dont :** Contrats de retraite*	4 116	4 296	3 825	4 873	5 492	5 848	6 308	6 631
1.1.4 Paiement par catégories d'assurance, primes brutes (non-vie)								
L'assurance automobile	20 815	20 247	18 661	17 468	16 590	16 260	16 097	16 262
Les assurances transport (y compris maritime et aérien)	432	366	327	334	326	417	387	288
L'assurance de fret	234	227	208	212	204	198	202	209
L'assurance incendie et des dommages aux bien	5 127	5 056	5 269	5 611	5 544	5 863	5 851	6 116
L'assurance des pertes pécuniaires	1 223	961	967	1 018	1 034	1 119	1 204	1 203
L'assurance de la responsabilité civile générale	2 979	2 972	2 905	2 879	2 952	3 073	3 094	3 198
Les assurances accidents et maladie	5 306	5 151	5 144	5 221	5 415	5 868	6 200	6 471
***dont :** Maladie*	2 229	2 150	2 114	2 149	2 323	2 655	2 909	3 142
Autres assurances non-vie	944	698	1 163	988	1 082	1 217	1 293	1 373
Réassurance obligatoire	275	417	0	0	0	0	0	0
Total assurance non-vie	37 333	36 095	34 646	33 730	33 147	34 015	34 326	35 121
1.2 Paiements bruts des sinistres								
Vie								
Entreprises nationales	31 179	29 764	23 754	22 852	22 955	21 169	21 166	21 382
Entreprises sous contrôle étranger	14 849	14 078	11 058	10 413	12 229	10 866	10 142	10 653
Succursales d'entreprises étrangères	0	0	0	0	0	0	0	0
Ensemble des entreprises	31 179	29 764	23 754	22 852	22 955	21 169	21 166	21 382
Non-vie								
Entreprises nationales	5 191	5 084	5 061	5 016	4 931	4 776	5 209	5 170
Entreprises sous contrôle étranger	1 748	1 802	1 758	1 853	2 005	2 008	2 021	1 920
Succursales d'entreprises étrangères	249	257	231	257	308	369	364	357
Ensemble des entreprises	5 440	5 341	5 292	5 273	5 240	5 144	5 574	5 527
Mixtes								
Entreprises nationales	66 523	67 451	64 138	61 204	65 892	59 690	68 163	69 576
Entreprises sous contrôle étranger	17 536	16 282	16 899	14 972	16 842	16 097	17 146	17 740
Succursales d'entreprises étrangères	0	0	0	0	0	0	0	0
Ensemble des entreprises	66 523	67 451	64 138	61 204	65 892	59 690	68 163	69 576
dont :								
Vie	45 192	47 143	44 754	43 279	48 546	43 755	52 096	53 576
Entreprises nationales	45 192	47 143	44 754	43 279	48 546	43 755	52 096	53 576
Entreprises sous contrôle étranger	12 633	11 858	12 685	11 217	12 693	12 061	13 358	13 790
Succursales d'entreprises étrangères	0	0	0	0	0	0	0	0
Ensemble des entreprises	45 192	47 143	44 754	43 279	48 546	43 755	52 096	53 576
Non-vie	21 330	20 308	19 384	17 925	17 346	15 935	16 067	16 000
Entreprises nationales	21 330	20 308	19 384	17 925	17 346	15 935	16 067	16 000
Entreprises sous contrôle étranger	4 903	4 424	4 215	3 754	4 149	4 037	3 788	3 950
Succursales d'entreprises étrangères	0	0	0	0	0	0	0	0
Ensemble des entreprises	21 330	20 308	19 384	17 925	17 346	15 935	16 067	16 000
Total								
Entreprises nationales	102 893	102 298	92 953	89 071	93 778	85 635	94 539	96 128
Entreprises sous contrôle étranger	34 132	32 162	29 715	27 238	31 075	28 972	29 309	30 313
Succursales d'entreprises étrangères	249	257	231	257	308	369	364	357
Ensemble des entreprises	103 141	102 555	93 185	89 328	94 087	86 003	94 904	96 485

ITALIE

Tableau 1. Agrégats sélectionnés *(suite)*

Millions EUR

	2011	2012	2013	2014	2015	2016	2017	2018
1.3 Commissions								
Vie								
Entreprises nationales	727	601	576	650	641	626	620	590
Entreprises sous contrôle étranger	532	405	384	430	436	449	434	432
Succursales d'entreprises étrangères	0	0	0	0	0	0	0	..
Ensemble des entreprises	727	601	576	650	641	626	620	590
Non-vie								
Entreprises nationales	1 721	1 620	1 576	1 656	1 706	1 748	1 829	1 915
Entreprises sous contrôle étranger	629	560	548	608	734	767	752	777
Succursales d'entreprises étrangères	82	78	73	72	93	107	108	123
Ensemble des entreprises	1 803	1 698	1 649	1 729	1 799	1 855	1 937	2 038
Mixtes								
Entreprises nationales	7 516	7 101	7 278	7 573	7 699	7 571	7 600	7 673
Entreprises sous contrôle étranger	1 916	1 778	1 830	1 978	2 106	2 006	2 073	2 139
Succursales d'entreprises étrangères	0	0	0	0	0	0	0	..
Ensemble des entreprises	7 516	7 101	7 278	7 573	7 699	7 571	7 600	7 673
dont :								
Vie	2 187	1 868	2 088	2 273	2 447	2 306	2 317	2 300
Entreprises nationales	2 187	1 868	2 088	2 273	2 447	2 306	2 317	2 300
Entreprises sous contrôle étranger	560	413	450	510	542	504	550	608
Succursales d'entreprises étrangères	0	0	0	0	0	0	0	..
Ensemble des entreprises	2 187	1 868	2 088	2 273	2 447	2 306	2 317	2 300
Non-vie	5 329	5 232	5 190	5 300	5 251	5 265	5 283	5 372
Entreprises nationales	5 329	5 232	5 190	5 300	5 251	5 265	5 283	5 372
Entreprises sous contrôle étranger	1 356	1 366	1 380	1 468	1 564	1 502	1 523	1 531
Succursales d'entreprises étrangères	0	0	0	0	0	0	0	..
Ensemble des entreprises	5 329	5 232	5 190	5 300	5 251	5 265	5 283	5 372
Total								
Entreprises nationales	9 964	9 322	9 431	9 879	10 046	9 945	10 049	10 177
Entreprises sous contrôle étranger	3 078	2 743	2 763	3 015	3 277	3 222	3 259	3 349
Succursales d'entreprises étrangères	82	78	73	72	93	107	108	123
Ensemble des entreprises	10 046	9 399	9 504	9 952	10 139	10 052	10 157	10 300
1.4 Dépenses brutes d'exploitation								
Vie								
Entreprises nationales	1 033	912	876	953	948	963	970	925
Entreprises sous contrôle étranger	734	600	570	622	634	673	658	649
Succursales d'entreprises étrangères	0	0	0	0	0	0	0	..
Ensemble des entreprises	1 033	912	876	953	948	963	970	925
Non-vie								
Entreprises nationales	2 324	2 168	2 154	2 252	2 332	2 390	2 501	2 634
Entreprises sous contrôle étranger	873	750	794	818	968	1 012	992	1 022
Succursales d'entreprises étrangères	119	115	112	110	144	176	174	183
Ensemble des entreprises	2 442	2 283	2 266	2 362	2 476	2 565	2 676	2 817
Mixtes								
Entreprises nationales	9 381	9 321	9 490	9 686	9 829	9 860	9 929	10 069
Entreprises sous contrôle étranger	2 363	2 304	2 294	2 443	2 632	2 566	2 658	2 742
Succursales d'entreprises étrangères	0	0	0	0	0	0	0	..
Ensemble des entreprises	9 381	9 321	9 490	9 686	9 829	9 860	9 929	10 069
dont :								
Vie	2 867	2 788	2 970	3 109	3 292	3 196	3 223	3 244
Entreprises nationales	2 867	2 788	2 970	3 109	3 292	3 196	3 223	3 244
Entreprises sous contrôle étranger	724	635	628	696	743	708	773	833
Succursales d'entreprises étrangères	0	0	0	0	0	0	0	..
Ensemble des entreprises	2 867	2 788	2 970	3 109	3 292	3 196	3 223	3 244
Non-vie	6 514	6 532	6 520	6 577	6 537	6 664	6 706	6 825
Entreprises nationales	6 514	6 532	6 520	6 577	6 537	6 664	6 706	6 825
Entreprises sous contrôle étranger	1 639	1 669	1 667	1 747	1 889	1 858	1 885	1 909
Succursales d'entreprises étrangères	0	0	0	0	0	0	0	..
Ensemble des entreprises	6 514	6 532	6 520	6 577	6 537	6 664	6 706	6 825
Total								
Entreprises nationales	12 737	12 401	12 520	12 891	13 109	13 213	13 400	13 629
Entreprises sous contrôle étranger	3 971	3 653	3 658	3 883	4 234	4 251	4 307	4 413
Succursales d'entreprises étrangères	119	115	112	110	144	176	174	183
Ensemble des entreprises	12 856	12 516	12 633	13 001	13 253	13 388	13 574	13 812

ITALIE

Tableau 1. Agrégats sélectionnés *(suite)*

Millions EUR

	2011	2012	2013	2014	2015	2016	2017	2018
1.5 Opérations à l'étranger par succursale, primes brutes								
Vie								
Succursales et agences	0	0	0	1	1	3	1	2
Filiales	1 938	2 813	3 333	3 469	4 224	1 339	1 712	1 403
Total	1 938	2 813	3 333	3 469	4 226	1 342	1 713	1 404
Non-vie								
Succursales et agences	24	9	12	12	9	10	13	7
Filiales	0	0	0	0	0	0	0	..
Total	24	9	12	12	9	10	13	7
Mixtes								
Succursales et agences	717	762	823	892	868	1 376	1 114	1 138
Filiales	56 657	57 155	56 340	54 902	58 541	57 863	60 367	56 485
Total	57 375	57 917	57 163	55 795	59 409	59 239	61 482	57 623
dont :								
Vie	38 781	39 265	39 445	39 878	42 059	41 554	43 469	40 058
Succursales et agences	106	127	154	175	235	477	215	208
Filiales	38 675	39 138	39 291	39 703	41 824	41 077	43 254	39 850
Total	38 781	39 265	39 445	39 878	42 059	41 554	43 469	40 058
Non-vie	18 593	18 652	17 718	15 917	17 350	17 685	18 012	17 565
Succursales et agences	611	634	668	718	633	899	899	930
Filiales	17 982	18 018	17 049	15 199	16 717	16 785	17 113	16 635
Total	18 593	18 652	17 718	15 917	17 350	17 685	18 012	17 565
Total								
Succursales et agences	741	771	835	905	878	1 390	1 128	1 147
Filiales	58 596	59 968	59 673	58 371	62 765	59 202	62 079	57 887
Total	59 337	60 739	60 508	59 276	63 643	60 592	63 207	59 034

.. Non disponible

Note : Voir les métadonnées détaillées sur : *http://metalinks.oecd.org/ins/20200312/123c.*

Source : Statistiques de l'OCDE sur les assurances (base de données)

ITALIE

Tableau 2. Nombre d'entreprises et d'employés

	2011	2012	2013	2014	2015	2016	2017	2018
2.1 Nombre d'entreprises								
Vie								
Entreprises nationales	43	41	41	38	35	32	30	26
Entreprises sous contrôle étranger	24	23	23	20	19	17	13	11
Succursales d'entreprises étrangères	21	20	17	19	20	22	19	20
Ensemble des entreprises	64	61	58	57	55	54	49	46
Non-vie								
Entreprises nationales	71	69	67	63	58	54	50	51
Entreprises sous contrôle étranger	24	21	20	18	19	18	16	16
Succursales d'entreprises étrangères	59	61	65	60	65	65	73	81
Ensemble des entreprises	130	130	132	123	123	119	123	132
Mixtes								
Entreprises nationales	28	25	23	21	21	21	20	20
Entreprises sous contrôle étranger	11	9	8	8	9	10	9	9
Succursales d'entreprises étrangères	9	12	13	14	14	13	14	13
Ensemble des entreprises	37	37	36	35	35	34	34	33
Réassurance								
Entreprises nationales	0	0	0	0	0	0	0	..
Entreprises sous contrôle étranger	0	0	0	0	0	0	0	..
Succursales d'entreprises étrangères	8	7	7	7	7	7	7	7
Ensemble des entreprises	8	7	7	7	7	7	7	7
Total								
Entreprises nationales	142	135	131	122	114	107	100	97
Entreprises sous contrôle étranger	59	53	51	46	47	45	38	36
Succursales d'entreprises étrangères	97	100	102	100	106	107	113	121
Ensemble des entreprises	239	235	233	222	220	214	213	218
2.2 Nombre d'employés								
Entreprises d'assurance	40 817	40 798	39 887	40 259	40 588	40 872	40 386	40 028
Intermédiaires	226 235	220 130	227 444	220 288	220 850	212 596	..	..
Total	267 052	260 928	267 331	260 547	261 438	253 468	..	..

.. Non disponible

Note : Voir les métadonnées détaillées sur : *http://metalinks.oecd.org/ins/20200312/123c.*

Source : Statistiques de l'OCDE sur les assurances (base de données)

JAPON

Tableau 1. Agrégats sélectionnés

Millions JPY

	2011	2012	2013	2014	2015	2016	2017	2018
1.1 Opérations d'assurance conclues dans le pays déclarant								
1.1.1 Opérations d'assurance, par intérêt								
Primes brutes								
Entreprises nationales	41 906 428	44 184 695	42 971 395	46 031 579	46 908 456	42 615 488	41 452 663	44 740 881
Entreprises sous contrôle étranger	4 089 357	6 746 278	6 184 716	6 724 592	7 046 820	6 617 836	6 432 494	8 315 056
Succursales d'entreprises étrangères	4 051 225	2 028 538	1 699 621	1 548 143	1 537 624	1 703 444	1 739 958	348 167
Ensemble des entreprises	45 360 413	37 140 563	34 738 150	37 222 352	37 748 110	44 318 932	43 192 621	45 089 048
Primes cédées								
Entreprises nationales	2 596 877	3 820 152	3 823 919	4 207 229	4 127 260	4 449 638	4 176 204	4 817 685
Entreprises sous contrôle étranger	1 012 341	2 083 368	1 802 239	2 084 233	1 890 218	2 143 727	1 733 566	2 285 450
Succursales d'entreprises étrangères	554 339	20 507	38 391	47 768	75 917	214 477	239 041	223 967
Ensemble des entreprises	3 041 779	2 188 965	1 780 848	2 129 106	2 022 086	4 664 115	4 415 245	5 041 652
Primes nettes émises								
Entreprises nationales	39 309 551	40 364 544	39 147 476	41 824 350	42 781 196	38 165 836	37 276 448	39 923 181
Entreprises sous contrôle étranger	3 077 014	4 662 910	4 382 477	4 640 359	5 156 602	4 474 105	4 698 925	6 029 602
Succursales d'entreprises étrangères	3 500 605	2 008 031	1 661 230	1 500 375	1 461 707	1 488 976	1 499 865	124 190
Ensemble des entreprises	42 322 354	34 951 598	32 957 302	35 093 246	35 726 024	39 654 812	38 776 313	40 047 371
1.1.2 Opérations d'assurance par risque à l'étranger, primes brutes								
Vie	..	..	..	..	..	..	..	..
Non-vie	..	..	..	..	..	..	..	..
Mixtes total	..	..	..	..	..	..	..	..
Total	..	..	..	..	..	..	..	..
1.1.3 Paiement par catégories d'assurance, primes brutes (vie)								
Rentes	..	4 374 166	4 312 468	5 154 122	4 729 892	4 340 846	3 607 407	3 875 104
Unit linked	..	..	..	..	..	..	..	..
Autre assurance vie	..	29 076 673	27 864 772	30 015 418	31 464 495	27 968 949	27 990 703	29 370 822
Total assurance vie	35 863 385	33 450 839	32 177 240	35 169 540	36 194 387	32 309 795	31 598 110	33 245 926
***dont :** Contrats de retraite*	..	3 683 892	3 851 878	4 175 622	4 562 867	3 057 696	2 953 431	2 861 906
1.1.4 Paiement par catégories d'assurance, primes brutes (non-vie)								
L'assurance automobile	3 650 671	5 268 338	5 632 807	5 786 949	5 916 489	6 026 253	5 814 388	5 905 312
Les assurances transport (y compris maritime et aérien)	305 977	149 531	170 502	170 115	186 542	159 142	152 632	150 286
L'assurance de fret	67 288	217 090	242 939	248 817	242 488	230 397	239 546	253 139
L'assurance incendie et des dommages aux bien	1 762 054	1 787 943	1 983 049	2 104 111	2 228 178	..	..	..
L'assurance des pertes pécuniaires	..	216 797	266 835	299 082	342 570	..	..	..
L'assurance de la responsabilité civile générale	535 395	519 985	584 318	598 945	615 167	633 290	657 637	692 945
Les assurances accidents et maladie	1 262 653	780 078	897 507	979 477	982 614	..	..	..
***dont :** Maladie*	..	-216	76	214	-152	..	..	..
Autres assurances non-vie	2 096 987	132 908	154 909	169 874	183 922	..	..	..
Réassurance obligatoire	..	..	..	..	..	..	..	..
Total assurance non-vie	9 730 581	9 072 670	9 932 866	10 357 370	10 697 970	10 859 799	10 750 127	11 173 102
1.2 Paiements bruts des sinistres								
Vie								
Entreprises nationales	29 178 265	31 012 138	33 069 327	34 214 304	31 685 988	28 227 418	28 115 903	28 748 864
Entreprises sous contrôle étranger	2 738 842	5 218 820	6 584 738	6 428 288	5 559 928	5 107 453	5 198 975	5 980 013
Succursales d'entreprises étrangères	1 583 330	673 623	709 471	738 243	768 206	786 644	827 193	37 839
Ensemble des entreprises	30 761 595	31 685 761	33 778 798	34 952 547	32 454 194	29 014 062	28 943 096	28 786 703
Non-vie								
Entreprises nationales	9 249 885	6 215 207	5 904 278	5 953 809	5 917 050	6 694 135	5 856 017	7 585 094
Entreprises sous contrôle étranger	400 264	251 245	341 353	373 601	366 795	383 518	237 359	480 088
Succursales d'entreprises étrangères	366 743	..	..	..	..	104 648	98 935	222 146
Ensemble des entreprises	9 616 628	..	..	..	..	6 798 783	5 954 952	7 807 240
Mixtes, ensemble des entreprises	..	..	..	..	..	..	..	..
Total								
Entreprises nationales	38 428 150	37 227 345	38 973 605	40 168 113	37 603 038	34 921 553	33 971 920	36 333 958
Entreprises sous contrôle étranger	3 139 106	5 470 065	6 926 091	6 801 889	5 926 723	5 490 971	5 436 334	6 460 101
Succursales d'entreprises étrangères	1 950 073	673 623	709 471	738 243	768 206	891 292	926 128	259 985
Ensemble des entreprises	40 378 223	31 685 761	33 778 798	34 952 547	32 454 194	35 812 845	34 898 048	36 593 943
1.3 Commissions								
Vie								
Entreprises nationales	..	..	..	..	..	..	..	..
Entreprises sous contrôle étranger	..	..	..	..	..	..	..	..
Succursales d'entreprises étrangères	..	..	..	..	..	..	..	..
Ensemble des entreprises	..	..	..	..	..	..	..	..
Non-vie								
Entreprises nationales	1 241 891	1 141 653	1 149 357	1 229 205	1 273 631	1 240 454	1 221 324	1 241 826
Entreprises sous contrôle étranger	71 775	48 003	25 883	33 975	37 223	20 067	-15 311	-19 855
Succursales d'entreprises étrangères	67 079	..	..	..	..	-19 897	-29 330	-33 799
Ensemble des entreprises	1 308 970	..	..	..	..	1 220 557	1 191 994	1 208 027
Mixtes, ensemble des entreprises	..	..	..	..	..	..	..	..
Total								
Entreprises nationales	1 241 891	1 141 653	1 149 357	1 229 205	1 273 631	1 240 454	1 221 324	1 241 826
Entreprises sous contrôle étranger	71 775	48 003	25 883	33 975	37 223	20 067	-15 311	-19 855
Succursales d'entreprises étrangères	67 079	..	..	..	..	-19 897	-29 330	-33 799
Ensemble des entreprises	1 308 970	..	..	..	..	1 220 557	1 191 994	1 208 027

JAPON

Tableau 1. Agrégats sélectionnés *(suite)*

Millions JPY

	2011	2012	2013	2014	2015	2016	2017	2018
1.4 Dépenses brutes d'exploitation								
Vie								
Entreprises nationales	3 679 493	4 030 195	4 068 896	4 178 568	4 356 425	4 369 595	4 385 030	4 856 591
Entreprises sous contrôle étranger	494 700	838 416	862 622	893 811	945 921	948 132	965 055	1 353 249
Succursales d'entreprises étrangères	565 754	319 261	320 576	320 518	349 858	357 069	366 406	22 814
Ensemble des entreprises	4 245 247	4 349 456	4 389 472	4 499 086	4 706 283	4 726 664	4 751 436	4 879 405
Non-vie								
Entreprises nationales	1 688 096	1 229 758	3 034 716	3 189 416	3 275 358	3 247 478	3 206 606	3 318 518
Entreprises sous contrôle étranger	85 470	69 136	176 725	238 092	249 835	207 689	125 459	185 822
Succursales d'entreprises étrangères	124 057	..	..	..	..	34 405	37 023	34 772
Ensemble des entreprises	1 812 153	..	..	..	..	3 281 883	3 243 629	3 353 290
Mixtes, ensemble des entreprises	..	..	..	..	..	..	..	..
Total								
Entreprises nationales	5 367 589	5 259 953	7 103 612	7 367 984	7 631 783	7 617 073	7 591 636	8 175 109
Entreprises sous contrôle étranger	580 170	907 552	1 039 347	1 131 903	1 195 756	1 155 821	1 090 514	1 539 071
Succursales d'entreprises étrangères	689 811	319 261	320 576	320 518	349 858	391 474	403 429	57 586
Ensemble des entreprises	6 057 400	4 349 456	4 389 472	4 499 086	4 706 283	8 008 547	7 995 065	8 232 695
1.5 Opérations à l'étranger par succursale, primes brutes								
Vie								
Succursales et agences	..	..	..	..	..	..	..	..
Filiales	..	..	..	..	..	..	..	..
Total	..	..	..	..	..	..	..	..
Non-vie								
Succursales et agences	..	..	..	..	..	..	..	..
Filiales	..	..	..	..	..	..	..	..
Total	..	..	..	..	..	..	..	..
Mixtes total	..	..	..	..	..	..	..	..
Total								
Succursales et agences	..	..	..	..	..	..	..	..
Filiales	..	..	..	..	..	..	..	..
Total	..	..	..	..	..	..	..	..

.. Non disponible

Note : Voir les métadonnées détaillées sur : *http://metalinks.oecd.org/ins/20200312/475d.*

Source : Statistiques de l'OCDE sur les assurances (base de données)

JAPON

Tableau 2. Nombre d'entreprises et d'employés

	2011	2012	2013	2014	2015	2016	2017	2018
2.1 Nombre d'entreprises								
Vie								
Entreprises nationales	39	40	40	39	38	38	38	40
Entreprises sous contrôle étranger	14	15	15	13	13	13	13	14
Succursales d'entreprises étrangères	4	3	3	3	3	3	3	1
Ensemble des entreprises	43	43	43	42	41	41	41	41
Non-vie								
Entreprises nationales	29	30	30	30	30	30	29	30
Entreprises sous contrôle étranger	5	5	6	7	7	7	6	7
Succursales d'entreprises étrangères	23	23	22	22	22	21	23	21
Ensemble des entreprises	52	53	52	52	52	51	52	51
Mixtes, ensemble des entreprises	**0**	**0**	**0**	**0**	**0**	**0**	**..**	**..**
Réassurance								
Entreprises nationales	2	..	..	..	..	..	..	..
Entreprises sous contrôle étranger	0	..	..	..	..	..	..	..
Succursales d'entreprises étrangères	5	..	..	..	..	..	..	..
Ensemble des entreprises	7	..	..	..	..	..	..	..
Total								
Entreprises nationales	..	..	..	..	68	68	67	70
Entreprises sous contrôle étranger	..	..	..	..	20	20	19	21
Succursales d'entreprises étrangères	..	..	..	..	25	24	26	22
Ensemble des entreprises	..	..	..	..	93	92	93	92
2.2 Nombre d'employés								
Entreprises d'assurance	..	447 435	221 675	226 043	120 353	..	..	..
Intermédiaires	..	..	2 283 335	2 293 863	2 059 743	..	..	..
Total	..	..	2 505 010	2 519 906	2 080 096	..	345 582	..

.. Non disponible

Note : Voir les métadonnées détaillées sur : *http://metalinks.oecd.org/ins/20200312/475d.*

Source : Statistiques de l'OCDE sur les assurances (base de données)

CORÉE

Tableau 1. Agrégats sélectionnés

Millions KRW

	2011	2012	2013	2014	2015	2016	2017	2018
1.1 Opérations d'assurance conclues dans le pays déclarant								
1.1.1 Opérations d'assurance, par intérêt								
Primes brutes								
Entreprises nationales	148 670 607	179 792 881	180 479 019	192 380 611	205 460 047	210 800 275	209 464 937	206 866 894
Entreprises sous contrôle étranger	15 090 753	16 543 211	15 928 630	13 324 532	15 765 302	16 670 208	17 513 911	14 930 441
Succursales d'entreprises étrangères	4 083 506	3 894 692	4 755 050	4 594 745	2 267 929	4 629 847	4 849 409	5 320 101
Ensemble des entreprises	152 754 113	183 687 573	185 234 069	196 975 356	207 727 976	215 430 122	214 314 346	212 186 995
Primes cédées								
Entreprises nationales	7 618 035	8 770 133	9 411 425	9 694 294	10 255 858	10 505 959	11 215 981	11 733 647
Entreprises sous contrôle étranger	322 429	581 696	538 227	478 174	638 961	599 183	611 390	584 975
Succursales d'entreprises étrangères	614 890	448 135	456 049	651 726	732 347	817 712	990 510	1 035 820
Ensemble des entreprises	8 232 925	9 218 268	9 867 474	10 346 020	10 988 205	11 323 671	12 206 491	12 769 467
Primes nettes émises								
Entreprises nationales	141 052 572	171 022 748	171 067 594	182 686 317	195 204 189	200 294 316	198 248 956	195 133 247
Entreprises sous contrôle étranger	14 768 324	15 961 515	15 390 403	12 846 358	15 126 341	16 071 025	16 902 521	14 345 466
Succursales d'entreprises étrangères	3 468 616	3 446 557	4 299 001	3 943 019	1 535 582	3 812 135	3 858 899	4 284 281
Ensemble des entreprises	144 521 188	174 469 305	175 366 595	186 629 336	196 739 771	204 106 451	202 107 855	199 417 528
1.1.2 Opérations d'assurance par risque à l'étranger, primes brutes								
Vie	..	..	..	..	..	..	..	..
Non-vie	..	..	..	..	..	..	..	..
Mixtes total	..	..	..	..	..	..	..	..
Total	..	..	..	..	..	..	..	..
1.1.3 Paiement par catégories d'assurance, primes brutes (vie)								
Rentes	17 029 899	29 118 668	25 867 249	23 905 884	24 586 649	21 347 503	19 558 128	17 605 227
Unit linked	21 278 374	21 003 522	21 073 957	20 670 949	20 643 073	19 406 180	19 623 687	18 834 528
Autre assurance vie	48 349 089	57 004 710	61 618 265	65 998 453	71 983 930	79 057 566	74 791 666	74 403 374
Total assurance vie	86 657 362	107 126 900	108 559 471	110 575 286	117 213 652	119 811 249	113 973 481	110 843 129
***dont :** Contrats de retraite*	7 039 411	6 187 541	8 103 216	11 817 288	13 694 337	16 718 996	14 905 838	16 869 826
1.1.4 Paiement par catégories d'assurance, primes brutes (non-vie)								
L'assurance automobile	13 714 894	13 667 642	13 692 186	14 188 378	15 635 198	16 975 333	17 426 917	17 276 192
Les assurances transport (y compris maritime et aérien)	1 173 162	1 249 845	1 062 919	1 006 367	971 854	854 536	917 229	832 470
L'assurance de fret	..	..	0	0	..	..	..	..
L'assurance incendie et des dommages aux bien	433 977	509 590	515 217	484 799	472 624	471 017	428 560	373 175
L'assurance des pertes pécuniaires	1 551 994	1 697 064	1 637 782	1 601 517	1 672 799	1 693 861	1 858 689	2 133 544
L'assurance de la responsabilité civile générale	828 088	870 395	947 583	910 341	967 362	1 100 438	1 182 101	1 233 606
Les assurances accidents et maladie	16 518 450	18 558 162	49 501 658	24 196 315	39 104 233	30 297 640	33 024 528	36 093 627
***dont :** Maladie*	6 537 864	7 171 480	83 983	10 090 810	11 740 294	13 406 917	14 790 086	10 444 106
Autres assurances non-vie	30 630 900	00 774 054	8 105 434	32 685 216	30 357 048	42 702 138	43 864 781	41 435 506
Réassurance obligatoire	..	..	0	0	..	..	..	..
Total assurance non-vie	64 851 555	75 326 752	75 462 779	85 163 744	89 181 118	94 094 963	98 702 805	99 378 120
1.2 Paiements bruts des sinistres								
Vie								
Entreprises nationales	50 774 694	50 571 293	51 098 146	61 070 702	65 751 692	77 155 805	78 055 802	77 155 805
Entreprises sous contrôle étranger	7 803 732	7 981 965	8 103 569	69 035 817	6 945 034	9 505 582	10 803 105	9 505 582
Succursales d'entreprises étrangères	1 295 108	1 251 467	1 252 924	1 292 842	1 333 124	1 410 493	1 457 100	1 410 493
Ensemble des entreprises	52 069 802	51 822 760	52 351 070	62 363 544	67 084 816	78 566 298	79 512 902	78 566 298
Non-vie								
Entreprises nationales	23 980 095	26 319 367	22 119 519	30 233 735	30 895 053	32 747 964	35 060 020	40 091 995
Entreprises sous contrôle étranger	620 798	833 963	516 770	844 722	843 763	802 729	767 651	824 571
Succursales d'entreprises étrangères	919 952	914 946	7 033 799	1 098 087	1 264 227	1 282 459	1 285 551	1 554 862
Ensemble des entreprises	24 900 047	27 234 313	29 153 318	31 331 823	32 159 280	34 030 423	36 345 571	41 646 857
Mixtes, ensemble des entreprises	..	..	..	..	..	..	..	..
Total								
Entreprises nationales	74 754 789	76 890 660	73 217 665	91 304 438	96 646 745	109 903 769	113 115 822	117 247 800
Entreprises sous contrôle étranger	8 424 530	8 815 928	8 620 339	69 880 539	7 788 797	10 308 311	11 570 756	10 330 153
Succursales d'entreprises étrangères	2 215 060	2 166 413	8 286 723	2 390 929	2 597 351	2 692 952	2 742 651	2 965 355
Ensemble des entreprises	76 969 849	79 057 073	81 504 388	93 695 367	99 244 096	112 596 721	115 858 473	120 213 155
1.3 Commissions								
Vie								
Entreprises nationales	..	..	..	..	..	..	..	..
Entreprises sous contrôle étranger	..	..	..	..	..	..	..	..
Succursales d'entreprises étrangères	..	..	..	..	..	..	..	..
Ensemble des entreprises	..	..	..	..	..	..	..	..
Non-vie								
Entreprises nationales	..	..	..	..	..	..	..	..
Entreprises sous contrôle étranger	..	..	..	..	..	..	..	..
Succursales d'entreprises étrangères	..	..	..	..	..	..	..	..
Ensemble des entreprises	..	..	..	..	..	..	..	..
Mixtes, ensemble des entreprises	..	..	..	..	..	..	..	..
Total								
Entreprises nationales	..	..	..	..	..	..	..	..
Entreprises sous contrôle étranger	..	..	..	..	..	..	..	..
Succursales d'entreprises étrangères	..	..	..	..	..	..	..	..
Ensemble des entreprises	..	..	..	..	..	..	..	..

CORÉE

Tableau 1. Agrégats sélectionnés *(suite)*

Millions KRW

	2011	2012	2013	2014	2015	2016	2017	2018
1.4 Dépenses brutes d'exploitation								
Vie								
Entreprises nationales	27 793 931	23 307 641	25 608 456	27 511 983	28 987 407	28 236 989	28 574 504	36 539 562
Entreprises sous contrôle étranger	7 229 266	5 189 114	5 278 175	806 034	756 903	5 074 779	5 675 330	5 878 573
Succursales d'entreprises étrangères	1 024 103	734 416	770 753	4 595 483	5 009 714	760 976	619 584	790 806
Ensemble des entreprises	28 818 034	24 042 057	26 379 209	32 107 466	33 997 121	28 997 965	29 194 088	37 330 368
Non-vie								
Entreprises nationales	9 820 687	11 569 785	11 294 192	16 760 436	13 511 865	14 238 364	15 685 551	16 637 805
Entreprises sous contrôle étranger	121 666	320 770	129 781	245 017	182 669	163 724	225 860	254 141
Succursales d'entreprises étrangères	428 369	331 833	1 592 503	1 116 586	405 386	411 714	434 676	510 688
Ensemble des entreprises	10 249 056	11 901 618	12 886 695	17 877 022	13 917 251	14 650 078	16 120 227	17 148 493
Mixtes, ensemble des entreprises	..	..	..	..	..	..	..	..
Total								
Entreprises nationales	37 614 618	34 877 426	36 902 648	44 272 419	42 499 272	42 475 353	44 260 055	53 177 367
Entreprises sous contrôle étranger	7 350 932	5 509 884	5 407 956	1 051 051	939 572	5 238 503	5 901 190	6 132 714
Succursales d'entreprises étrangères	1 452 472	1 066 249	2 363 256	5 712 069	5 415 100	1 172 690	1 054 260	1 301 494
Ensemble des entreprises	39 067 090	35 943 675	39 265 904	49 984 488	47 914 372	43 648 043	45 314 315	54 478 861
1.5 Opérations à l'étranger par succursale, primes brutes								
Vie								
Succursales et agences	..	..	..	..	..	..	..	..
Filiales	..	..	..	..	..	..	..	..
Total	..	..	..	..	..	..	..	..
Non-vie								
Succursales et agences	..	..	..	..	..	..	..	..
Filiales	..	..	..	..	..	..	..	..
Total	..	..	..	..	..	..	..	..
Mixtes total	..	..	..	..	..	..	..	..
Total								
Succursales et agences	..	..	..	..	..	..	..	..
Filiales	..	..	..	..	..	..	..	..
Total	..	..	..	..	..	..	..	..

.. Non disponible

Note : Voir les métadonnées détaillées sur : *http://metalinks.oecd.org/ins/20200312/cd6f.*

Source : Statistiques de l'OCDE sur les assurances (base de données)

CORÉE

Tableau 2. Nombre d'entreprises et d'employés

	2011	2012	2013	2014	2015	2016	2017	2018
2.1 Nombre d'entreprises								
Vie								
Entreprises nationales	22	23	24	24	24	24	24	24
Entreprises sous contrôle étranger	8	8	8	7	7	8	8	8
Succursales d'entreprises étrangères	1	1	1	1	1	1	1	1
Ensemble des entreprises	23	24	25	25	25	25	25	25
Non-vie								
Entreprises nationales	15	16	16	17	17	17	18	17
Entreprises sous contrôle étranger	6	6	3	4	4	4	5	4
Succursales d'entreprises étrangères	8	8	8	5	5	5	6	5
Ensemble des entreprises	23	24	24	22	22	22	24	22
Mixtes, ensemble des entreprises	**0**	**0**	**0**	**0**	**0**	**0**	..	..
Réassurance								
Entreprises nationales	1	1	1	1	1	1	1	1
Entreprises sous contrôle étranger	0	..	..	0	0	0	0	0
Succursales d'entreprises étrangères	6	6	6	8	8	9	9	9
Ensemble des entreprises	7	7	7	9	9	10	10	10
Total								
Entreprises nationales	38	40	41	42	42	42	43	42
Entreprises sous contrôle étranger	14	14	11	11	11	12	13	12
Succursales d'entreprises étrangères	15	15	15	14	14	15	16	15
Ensemble des entreprises	53	55	56	56	56	57	59	57
2.2 Nombre d'employés								
Entreprises d'assurance	57 861	62 155	63 859	61 158	59 685	58 833	57 854	58 833
Intermédiaires	278 594	288 362	280 087	245 127	235 319	229 292	222 411	229 292
Total	336 455	350 517	343 946	306 285	295 004	288 125	280 265	288 125

.. Non disponible

Note : Voir les métadonnées détaillées sur : *http://metalinks.oecd.org/ins/20200312/cd6f.*

Source : Statistiques de l'OCDE sur les assurances (base de données)

LETTONIE

Tableau 1. Agrégats sélectionnés

Millions EUR

	2011	2012	2013	2014	2015	2016	2017	2018
1.1 Opérations d'assurance conclues dans le pays déclarant								
1.1.1 Opérations d'assurance, par intérêt								
Primes brutes								
Entreprises nationales	326	354	350	371	379	364	419	489
Entreprises sous contrôle étranger	137	155	150	151	188	267	293	352
Succursales d'entreprises étrangères	73	93	121	146	152	168	227	267
Ensemble des entreprises	399	447	471	517	531	532	646	756
Primes cédées								
Entreprises nationales	24	26	17	19	22	25	44	77
Entreprises sous contrôle étranger	6	5	4	4	7	18	27	54
Succursales d'entreprises étrangères	..	..	..	..	..	..	..	..
Ensemble des entreprises	24	26	17	19	22	25	44	77
Primes nettes émises								
Entreprises nationales	302	328	333	352	357	339	375	412
Entreprises sous contrôle étranger	131	150	146	147	182	249	266	298
Succursales d'entreprises étrangères	73	93	121	146	152	168	227	267
Ensemble des entreprises	375	421	454	498	509	507	602	679
1.1.2 Opérations d'assurance par risque à l'étranger, primes brutes								
Vie	..	..	..	..	..	0	0	..
Non-vie	..	..	..	..	..	160	204	234
Mixtes	..	..	..	..	..	0	0	0
dont :								
Vie	..	..	..	..	..	0	0	0
Non-vie	..	..	..	..	..	..	0	..
Total	..	..	..	..	..	160	204	234
1.1.3 Paiement par catégories d'assurance, primes brutes (vie)								
Rentes	0	0	0	0	0	11	18	25
Unit linked	23	21	23	34	43	45	57	55
Autre assurance vie	50	57	66	73	72	68	70	65
Total Assurance Vie	74	79	89	107	115	124	145	145
***dont :** Contrats de retraite*	0	0	0	0	0	..	..	..
1.1.4 Paiement par catégories d'assurance, primes brutes (non-vie)								
L'assurance automobile	184	204	221	222	221	229	301	381
Les assurances transport (y compris maritime et aérien)	3	3	2	2	2	2	5	4
L'assurance de fret	5	6	5	3	3	3	1	3
L'assurance incendie et des dommages aux bien	55	63	67	86	84	76	84	90
L'assurance des pertes pécuniaires	12	12	11	13	14	12	11	16
L'assurance de la responsabilité civile générale	15	21	17	21	21	19	19	21
Les assurances accidents et maladie	41	50	46	52	58	55	63	78
***dont :** Maladie*	34	42	38	42	48	45	54	64
Autres assurances non-vie	9	10	12	12	13	13	16	18
Réassurance obligatoire	0	0	0	0	0	0	0	0
Total assurance non-vie	325	368	382	411	416	409	501	611
1.2 Paiements bruts des sinistres								
Vie								
Entreprises nationales	15	19	31	26	29	0	0	..
Entreprises sous contrôle étranger	15	18	26	24	27	0	0	0
Succursales d'entreprises étrangères	26	27	31	31	34	0	0	..
Ensemble des entreprises	41	46	62	57	63	0	0	..
Non-vie								
Entreprises nationales	164	169	165	184	198	180	193	229
Entreprises sous contrôle étranger	78	75	68	77	92	139	126	170
Succursales d'entreprises étrangères	18	25	38	43	50	60	78	86
Ensemble des entreprises	182	194	204	226	248	240	271	315
Mixtes								
Entreprises nationales	..	..	..	..	..	33	43	43
Entreprises sous contrôle étranger	..	..	..	..	..	27	31	34
Succursales d'entreprises étrangères	..	..	..	..	..	40	47	48
Ensemble des entreprises	..	..	..	..	..	72	90	91
dont :								
Vie	..	..	..	..	..	72	90	91
Entreprises nationales	..	..	..	..	..	33	43	43
Entreprises sous contrôle étranger	..	..	..	..	..	27	31	34
Succursales d'entreprises étrangères	..	..	..	..	..	40	47	48
Ensemble des entreprises	..	..	..	..	..	72	90	91
Non-vie	..	..	..	..	..	..	0	..
Entreprises nationales	..	..	..	..	..	..	0	..
Entreprises sous contrôle étranger	..	..	..	..	..	..	0	..
Succursales d'entreprises étrangères	..	..	..	..	..	..	0	..
Ensemble des entreprises	..	..	..	..	..	..	0	..
Total								
Entreprises nationales	179	188	196	209	227	213	236	272
Entreprises sous contrôle étranger	92	93	94	102	119	166	158	203
Succursales d'entreprises étrangères	44	52	69	73	83	99	125	134
Ensemble des entreprises	223	240	265	283	311	312	361	406

LETTONIE

Tableau 1. Agrégats sélectionnés *(suite)*

Millions EUR

	2011	2012	2013	2014	2015	2016	2017	2018
1.3 Commissions								
Vie								
Entreprises nationales	0	1	1	1	0	0	0	0
Entreprises sous contrôle étranger	0	1	1	1	1	0	0	0
Succursales d'entreprises étrangères	4	4	5	5	6	..	..	..
Ensemble des entreprises	4	5	5	6	6	0	0	0
Non-vie								
Entreprises nationales	33	38	32	45	34	32	40	65
Entreprises sous contrôle étranger	2	5	..	7	11	16	13	37
Succursales d'entreprises étrangères	2	4	10	12	13	..	..	..
Ensemble des entreprises	35	41	42	58	47	32	40	65
Mixtes								
Entreprises nationales	..	..	..	..	..	0	1	1
Entreprises sous contrôle étranger	..	..	..	..	..	0	0	1
Succursales d'entreprises étrangères	..	..	..	..	..	..	..	..
Ensemble des entreprises	..	..	..	..	..	0	1	1
dont :								
Vie	..	..	..	..	..	0	1	1
Entreprises nationales	..	..	..	..	..	0	1	1
Entreprises sous contrôle étranger	..	..	..	..	..	0	0	1
Succursales d'entreprises étrangères	..	..	..	..	..	..	..	..
Ensemble des entreprises	..	..	..	..	..	0	1	1
Non-vie	..	..	..	..	..	..	0	..
Entreprises nationales	..	..	..	..	..	..	0	..
Entreprises sous contrôle étranger	..	..	..	..	..	..	0	..
Succursales d'entreprises étrangères	..	..	..	..	..	..	..	..
Ensemble des entreprises	..	..	..	..	..	..	0	..
Total								
Entreprises nationales	33	38	33	46	34	33	41	65
Entreprises sous contrôle étranger	2	6	1	8	11	16	14	37
Succursales d'entreprises étrangères	6	8	15	17	19	..	..	..
Ensemble des entreprises	39	46	48	64	53	33	41	65
1.4 Dépenses brutes d'exploitation								
Vie								
Entreprises nationales	5	4	4	4	4	0	0	0
Entreprises sous contrôle étranger	4	4	4	4	4	0	0	0
Succursales d'entreprises étrangères	..	..	..	..	..	..	..	..
Ensemble des entreprises	5	4	4	4	4	0	0	0
Non-vie								
Entreprises nationales	100	110	102	108	109	56	87	119
Entreprises sous contrôle étranger	43	45	40	40	51	30	51	81
Succursales d'entreprises étrangères	..	..	..	..	..	..	..	..
Ensemble des entreprises	100	110	102	108	109	56	87	119
Mixtes								
Entreprises nationales	..	..	..	..	..	4	5	5
Entreprises sous contrôle étranger	..	..	..	..	..	4	4	5
Succursales d'entreprises étrangères	..	..	..	..	..	..	..	..
Ensemble des entreprises	..	..	..	..	..	4	5	5
dont :								
Vie	..	..	..	..	..	4	5	5
Entreprises nationales	..	..	..	..	..	4	5	5
Entreprises sous contrôle étranger	..	..	..	..	..	4	4	5
Succursales d'entreprises étrangères	..	..	..	..	..	..	..	..
Ensemble des entreprises	..	..	..	..	..	4	5	5
Non-vie	..	..	..	..	..	..	0	..
Entreprises nationales	..	..	..	..	..	..	0	..
Entreprises sous contrôle étranger	..	..	..	..	..	..	0	..
Succursales d'entreprises étrangères	..	..	..	..	..	..	..	..
Ensemble des entreprises	..	..	..	..	..	..	0	..
Total								
Entreprises nationales	104	115	106	112	113	60	92	124
Entreprises sous contrôle étranger	47	49	44	44	55	34	55	86
Succursales d'entreprises étrangères	..	..	..	..	..	..	..	..
Ensemble des entreprises	104	115	106	112	113	60	92	124

LETTONIE

Tableau 1. Agrégats sélectionnés *(suite)*

Millions EUR

	2011	2012	2013	2014	2015	2016	2017	2018
1.5 Opérations à l'étranger par succursale, primes brutes								
Vie								
Succursales et agences	0	0	0	0	0	0	0	..
Filiales	..	..	..	..	..	..	..	..
Total	0	0	0	0	0	0	0	..
Non-vie								
Succursales et agences	126	143	158	168	157	158	203	233
Filiales	..	..	..	..	..	..	..	..
Total	126	143	158	168	157	158	203	233
Mixtes								
Succursales et agences	..	..	..	..	..	0	0	..
Filiales	..	..	..	..	..	..	..	..
Total	..	..	..	..	..	0	0	..
dont :								
Vie	..	..	..	..	..	0	0	..
Succursales et agences	..	..	..	..	..	0	0	..
Filiales	..	..	..	..	..	..	..	..
Total	..	..	..	..	..	0	0	..
Non-vie	..	..	..	..	..	..	0	..
Succursales et agences	..	..	..	..	..	..	0	..
Filiales	..	..	..	..	..	..	..	..
Total	..	..	..	..	..	..	0	..
Total								
Succursales et agences	126	143	158	168	157	158	203	233
Filiales	..	..	..	..	..	..	..	..
Total	126	143	158	168	157	158	203	233

.. Non disponible

Note : Voir les métadonnées détaillées sur : *http://metalinks.oecd.org/ins/20200312/89a9.*

Source : Statistiques de l'OCDE sur les assurances (base de données)

LETTONIE

Tableau 2. Nombre d'entreprises et d'employés

	2011	2012	2013	2014	2015	2016	2017	2018
2.1 Nombre d'entreprises								
Vie								
Entreprises nationales	3	2	2	2	2	..	0	0
Entreprises sous contrôle étranger	1	1	1	1	1	..	0	0
Succursales d'entreprises étrangères	5	5	5	5	4	..	0	0
Ensemble des entreprises	8	7	7	7	6	..	0	0
Non-vie								
Entreprises nationales	9	7	5	5	6	5	4	4
Entreprises sous contrôle étranger	4	3	2	2	3	3	2	2
Succursales d'entreprises étrangères	5	8	7	9	10	8	7	7
Ensemble des entreprises	14	15	12	14	16	13	11	11
Mixtes								
Entreprises nationales	0	0	0	0	0	2	2	2
Entreprises sous contrôle étranger	0	0	0	0	0	1	1	1
Succursales d'entreprises étrangères	0	0	0	0	0	4	4	4
Ensemble des entreprises	0	0	0	0	0	6	6	6
Réassurance								
Entreprises nationales	0	0	0	0	0	..	0	..
Entreprises sous contrôle étranger	0	0	0	0	0	..	0	..
Succursales d'entreprises étrangères	0	0	0	0	0	..	0	..
Ensemble des entreprises	0	0	0	0	0	..	0	..
Total								
Entreprises nationales	12	9	7	7	8	7	6	6
Entreprises sous contrôle étranger	5	4	3	3	4	4	3	3
Succursales d'entreprises étrangères	10	13	12	14	14	12	11	11
Ensemble des entreprises	22	22	19	21	22	19	17	17
2.2 Nombre d'employés								
Entreprises d'assurance	2 873	2 749	2 300	2 121	1 047	..	..	..
Intermédiaires	1 195	1 168	846	773	905	..	..	..
Total	4 068	3 917	3 146	2 894	1 952	..	..	..

.. Non disponible

Note : Voir les métadonnées détaillées sur : *http://metalinks.oecd.org/ins/20200312/89a9.*

Source : Statistiques de l'OCDE sur les assurances (base de données)

LITUANIE

Tableau 1. Agrégats sélectionnés

Millions EUR

	2011	2012	2013	2014	2015	2016	2017	2018
1.1 Opérations d'assurance conclues dans le pays déclarant								
1.1.1 Opérations d'assurance, par intérêt								
Primes brutes								
Entreprises nationales	283	309	288	303	326	393	425	447
Entreprises sous contrôle étranger	272	299	278	294	316	383	416	437
Succursales d'entreprises étrangères	209	208	280	298	319	317	367	432
Ensemble des entreprises	493	518	567	601	645	710	793	878
Primes cédées								
Entreprises nationales	14	14	10	8	8	21	27	29
Entreprises sous contrôle étranger	14	13	10	8	8	21	27	29
Succursales d'entreprises étrangères	..	..	..	21	24	15	40	55
Ensemble des entreprises	..	..	..	29	32	36	68	84
Primes nettes émises								
Entreprises nationales	269	296	277	295	318	372	398	418
Entreprises sous contrôle étranger	258	285	268	285	308	362	388	408
Succursales d'entreprises étrangères	..	..	..	277	295	302	327	376
Ensemble des entreprises	..	..	..	572	613	674	725	794
1.1.2 Opérations d'assurance par risque à l'étranger, primes brutes								
Vie	..	..	..	..	..	..	..	..
Non-vie	..	..	..	..	..	..	..	..
Mixtes	..	..	..	..	..	..	..	..
dont :								
Vie	..	..	..	..	..	..	..	..
Non-vie	..	..	..	..	..	..	..	..
Total	..	..	..	..	..	..	..	..
1.1.3 Paiement par catégories d'assurance, primes brutes (vie)								
Rentes	2	3	3	4	5	6	7	7
Unit linked	114	115	126	152	170	157	137	151
Autre assurance vie	46	48	52	59	60	84	88	90
Total Assurance Vie	162	166	181	215	236	247	231	248
***dont :** Contrats de retraite*	..	..	..	..	..	1	..	..
1.1.4 Paiement par catégories d'assurance, primes brutes (non-vie)								
L'assurance automobile	190	209	228	227	236	273	353	403
Les assurances transport (y compris maritime et aérien)	1	2	2	2	2	2	2	2
L'assurance de fret	2	2	2	2	2	2	3	3
L'assurance incendie et des dommages aux bien	71	68	74	79	89	98	103	109
L'assurance des pertes pécuniaires	19	20	20	18	17	17	20	23
L'assurance de la responsabilité civile générale	15	16	19	20	20	20	21	22
Les assurances accidents et maladie	31	34	40	37	42	49	56	65
***dont :** Maladie*	18	21	25	21	24	30	35	42
Autres assurances non-vie	1	1	1	1	1	2	3	3
Réassurance obligatoire	..	..	..	..	..	..	0	0
Total assurance non-vie	330	352	386	386	409	463	561	630
1.2 Paiements bruts des sinistres								
Vie								
Entreprises nationales	10	10	15	13	15	26	29	32
Entreprises sous contrôle étranger	10	10	15	13	15	23	26	29
Succursales d'entreprises étrangères	59	60	41	47	42	45	56	48
Ensemble des entreprises	70	70	57	60	57	71	85	80
Non-vie								
Entreprises nationales	121	126	105	105	116	134	169	153
Entreprises sous contrôle étranger	104	106	85	92	102	134	169	153
Succursales d'entreprises étrangères	93	74	104	111	113	117	126	158
Ensemble des entreprises	214	200	209	216	229	251	295	311
Mixtes								
Entreprises nationales	28	43	40	35	40	43	65	46
Entreprises sous contrôle étranger	27	41	38	33	38	43	65	46
Succursales d'entreprises étrangères	2	3	4	4	6	8	11	15
Ensemble des entreprises	30	46	44	40	46	51	75	62
dont :								
Vie	24	41	39	35	40	43	66	49
Entreprises nationales	23	39	37	32	36	39	60	42
Entreprises sous contrôle étranger	22	37	35	30	34	39	60	42
Succursales d'entreprises étrangères	1	2	2	2	3	4	6	7
Ensemble des entreprises	24	41	39	35	40	43	66	49
Non-vie	6	5	5	5	6	8	9	13
Entreprises nationales	5	4	3	3	4	4	4	4
Entreprises sous contrôle étranger	5	4	3	3	4	4	4	4
Succursales d'entreprises étrangères	1	1	2	2	2	4	5	9
Ensemble des entreprises	6	5	5	5	6	8	9	13
Total								
Entreprises nationales	159	179	161	154	171	203	263	231
Entreprises sous contrôle étranger	141	157	138	138	155	200	260	228
Succursales d'entreprises étrangères	154	137	149	163	161	170	193	221
Ensemble des entreprises	314	316	310	316	332	373	456	453

LITUANIE

Tableau 1. Agrégats sélectionnés *(suite)*

Millions EUR

	2011	2012	2013	2014	2015	2016	2017	2018
1.3 Commissions								
Vie								
Entreprises nationales	0	0	0	0	0	0	0	0
Entreprises sous contrôle étranger	0	0	0	0	0	0	0	0
Succursales d'entreprises étrangères	..	..	..	0	0	0	0	0
Ensemble des entreprises	..	..	..	0	0	0	0	0
Non-vie								
Entreprises nationales	1	1	0	1	0	2	5	7
Entreprises sous contrôle étranger	1	1	0	1	0	2	5	7
Succursales d'entreprises étrangères	..	..	..	3	3	2	7	12
Ensemble des entreprises	..	..	..	3	3	4	12	19
Mixtes								
Entreprises nationales	2	2	3	1	1	0	0	0
Entreprises sous contrôle étranger	2	2	3	1	1	0	0	0
Succursales d'entreprises étrangères	..	..	..	0	1	1	1	1
Ensemble des entreprises	..	..	..	1	1	1	1	2
dont :								
Vie	..	..	..	..	1	1	1	2
Entreprises nationales	1	1	1	..	1	0	0	0
Entreprises sous contrôle étranger	1	1	1	..	1	0	0	0
Succursales d'entreprises étrangères	..	..	..	..	1	1	1	1
Ensemble des entreprises	..	..	..	..	1	1	1	2
Non-vie	..	..	..	..	0	0	0	0
Entreprises nationales	1	1	2	..	0	0	0	0
Entreprises sous contrôle étranger	1	1	2	..	0	0	0	0
Succursales d'entreprises étrangères	..	..	..	..	0	0	0	0
Ensemble des entreprises	..	..	..	..	0	0	0	0
Total								
Entreprises nationales	3	3	3	1	1	3	5	7
Entreprises sous contrôle étranger	3	3	3	1	1	3	5	7
Succursales d'entreprises étrangères	..	..	..	3	4	3	8	13
Ensemble des entreprises	..	..	..	4	5	6	13	21
1.4 Dépenses brutes d'exploitation								
Vie								
Entreprises nationales	8	8	9	9	12	16	16	16
Entreprises sous contrôle étranger	8	8	9	9	12	14	14	15
Succursales d'entreprises étrangères	..	..	..	8	6	7	0	6
Ensemble des entreprises	..	..	..	17	18	22	21	22
Non-vie								
Entreprises nationales	73	79	72	71	97	87	90	94
Entreprises sous contrôle étranger	69	75	68	68	94	85	89	92
Succursales d'entreprises étrangères	..	..	..	63	95	63	65	76
Ensemble des entreprises	..	..	..	134	192	150	155	170
Mixtes								
Entreprises nationales	18	20	22	17	28	9	14	14
Entreprises sous contrôle étranger	16	18	21	16	25	9	14	14
Succursales d'entreprises étrangères	..	..	..	9	29	12	13	14
Ensemble des entreprises	..	..	..	27	56	22	26	28
dont :								
Vie	..	..	..	26	55	20	24	25
Entreprises nationales	15	17	19	17	27	8	13	13
Entreprises sous contrôle étranger	13	15	17	15	24	8	13	13
Succursales d'entreprises étrangères	..	..	..	9	28	12	11	12
Ensemble des entreprises	..	..	..	26	55	20	24	25
Non-vie	..	..	..	1	2	2	2	3
Entreprises nationales	3	3	3	1	1	1	1	1
Entreprises sous contrôle étranger	3	3	3	1	1	1	1	1
Succursales d'entreprises étrangères	..	..	..	0	1	1	1	2
Ensemble des entreprises	..	..	..	1	2	2	2	3
Total								
Entreprises nationales	99	107	102	97	137	111	120	124
Entreprises sous contrôle étranger	93	101	98	93	131	108	116	121
Succursales d'entreprises étrangères	..	..	..	81	130	82	83	96
Ensemble des entreprises	..	..	..	178	267	194	203	220

Tableau 1. Agrégats sélectionnés *(suite)*

Millions EUR

	2011	2012	2013	2014	2015	2016	2017	2018
1.5 Opérations à l'étranger par succursale, primes brutes								
Vie								
Succursales et agences	0	0	0	0	0	0	0	0
Filiales	..	..	..	..	..	..	..	..
Total	0	0	0	0	0	0	0	0
Non-vie								
Succursales et agences	0	0	1	17	40	65	115	142
Filiales	..	..	..	..	..	..	..	..
Total	0	0	1	17	40	65	115	142
Mixtes								
Succursales et agences	20	22	26	31	37	40	46	46
Filiales	..	..	..	..	..	..	..	..
Total	20	22	26	31	37	40	46	46
dont :								
Vie	9	10	11	14	18	19	22	22
Succursales et agences	9	10	11	14	18	19	22	22
Filiales	..	..	..	..	..	..	..	..
Total	9	10	11	14	18	19	22	22
Non-vie	11	12	15	17	20	21	24	24
Succursales et agences	11	12	15	17	20	21	24	24
Filiales	..	..	..	..	..	..	..	..
Total	11	12	15	17	20	21	24	24
Total								
Succursales et agences	20	22	27	48	77	105	161	188
Filiales	..	..	..	..	..	..	..	..
Total	20	22	27	48	77	105	161	188

.. Non disponible

Note : Voir les métadonnées détaillées sur : *http://metalinks.oecd.org/ins/20200312/f619.*

Source : Statistiques de l'OCDE sur les assurances (base de données)

LITUANIE

Tableau 2. Nombre d'entreprises et d'employés

	2011	2012	2013	2014	2015	2016	2017	2018
2.1 Nombre d'entreprises								
Vie								
Entreprises nationales	1	1	1	1	1	3	3	3
Entreprises sous contrôle étranger	1	1	1	1	1	2	2	2
Succursales d'entreprises étrangères	4	4	3	3	3	2	2	2
Ensemble des entreprises	5	5	4	4	4	5	5	5
Non-vie								
Entreprises nationales	6	6	5	5	5	4	4	4
Entreprises sous contrôle étranger	3	3	2	2	3	3	3	3
Succursales d'entreprises étrangères	9	9	10	10	10	9	9	8
Ensemble des entreprises	15	15	15	15	15	13	13	12
Mixtes								
Entreprises nationales	4	4	4	4	4	2	2	2
Entreprises sous contrôle étranger	3	3	3	3	3	2	2	2
Succursales d'entreprises étrangères	1	1	1	1	1	1	1	1
Ensemble des entreprises	5	5	5	5	5	3	3	3
Réassurance								
Entreprises nationales	..	..	..	..	..	..	..	..
Entreprises sous contrôle étranger	..	..	..	..	..	..	..	..
Succursales d'entreprises étrangères	..	..	..	..	..	..	..	..
Ensemble des entreprises	..	..	..	..	..	..	..	..
Total								
Entreprises nationales	11	11	10	10	10	9	9	9
Entreprises sous contrôle étranger	7	7	6	6	7	7	7	7
Succursales d'entreprises étrangères	14	14	14	14	14	12	12	11
Ensemble des entreprises	25	25	24	24	24	21	21	20
2.2 Nombre d'employés								
Entreprises d'assurance	3 875	4 390	4 519	4 414	4 482	4 562	4 599	4 569
Intermédiaires	1 325	1 320	1 320	1 433	1 441	1 480	1 463	1 459
Total	5 200	5 710	5 839	5 847	5 923	6 042	6 062	6 028

.. Non disponible

Note : Voir les métadonnées détaillées sur : *http://metalinks.oecd.org/ins/20200312/f619.*

Source : Statistiques de l'OCDE sur les assurances (base de données)

LUXEMBOURG

Tableau 1. Agrégats sélectionnés

Millions EUR

	2011	2012	2013	2014	2015	2016	2017	2018
1.1 Opérations d'assurance conclues dans le pays déclarant								
1.1.1 Opérations d'assurance, par intérêt								
Primes brutes								
Entreprises nationales	13 626	19 445	18 410	21 712	19 100	18 259	21 446	20 702
Entreprises sous contrôle étranger	12 583	17 930	17 036	20 356	17 075	13 690	18 728	18 360
Succursales d'entreprises étrangères	150	144	191	76	78	70	77	77
Ensemble des entreprises	13 776	19 589	18 601	21 788	19 178	18 329	21 523	20 779
Primes cédées								
Entreprises nationales	2 935	6 109	4 624	6 122	3 030	3 235	3 026	4 794
Entreprises sous contrôle étranger	2 737	5 892	4 246	5 863	2 770	2 943	2 657	4 452
Succursales d'entreprises étrangères	37	40	37	33	26	31	27	33
Ensemble des entreprises	2 973	6 149	4 661	6 155	3 056	3 267	3 053	4 827
Primes nettes émises								
Entreprises nationales	10 691	13 336	13 787	15 590	16 070	15 024	18 421	15 908
Entreprises sous contrôle étranger	9 846	12 037	12 790	14 493	14 305	10 747	16 070	13 907
Succursales d'entreprises étrangères	113	104	153	43	52	39	50	44
Ensemble des entreprises	10 804	13 440	13 940	15 633	16 122	15 063	18 470	15 952
1.1.2 Opérations d'assurance par risque à l'étranger, primes brutes								
Vie	11 564	17 115	15 837	18 455	16 383	15 071	18 182	17 356
Non-vie	547	476	572	438	587	621	784	658
Mixtes	0	..	0	0	0	0	0	0
dont :								
Vie	0	..	0	0	0	0	0	0
Non-vie	0	..	0	0	0	0	0	0
Total	12 112	17 591	16 408	18 893	16 969	15 692	18 967	18 014
1.1.3 Paiement par catégories d'assurance, primes brutes (vie)								
Rentes	..	..	..	..	..	..	..	..
Unit linked	8 836	11 224	10 516	11 086	12 874	11 949	15 426	12 966
Autre assurance vie	3 382	6 826	6 413	9 103	4 685	4 767	4 283	6 064
Total Assurance Vie	12 218	18 050	16 929	20 190	17 559	16 716	19 709	19 030
***dont :** Contrats de retraite*	..	..	..	..	..	..	..	..
1.1.4 Paiement par catégories d'assurance, primes brutes (non-vie)								
L'assurance automobile	426	..	..	..	..	..	..	..
Les assurances transport (y compris maritime et aérien)	0	..	..	..	..	..	..	..
L'assurance de fret	30	..	..	..	..	..	..	..
L'assurance incendie et des dommages aux bien	271	..	..	..	..	..	..	..
L'assurance des pertes pécuniaires	321	..	..	..	..	..	..	..
L'assurance de la responsabilité civile générale	106	..	..	..	..	..	..	..
Les assurances accidents et maladie	90	..	..	..	..	..	..	..
***dont :** Maladie*	59	..	..	..	..	..	..	..
Autres assurances non-vie	53	..	..	..	..	..	..	..
Réassurance obligatoire	27	..	..	..	..	..	..	..
Total assurance non-vie	1 325	1 300	1 501	1 339	1 476	1 554	1 767	1 707
1.2 Paiements bruts des sinistres								
Vie								
Entreprises nationales	7 091	11 111	11 696	10 597	9 995	11 802	12 002	11 103
Entreprises sous contrôle étranger	6 863	10 823	11 179	10 214	9 032	11 035	11 291	10 262
Succursales d'entreprises étrangères	34	10	25	25	27	28	27	26
Ensemble des entreprises	7 125	11 122	11 721	10 622	10 023	11 829	12 029	11 129
Non-vie								
Entreprises nationales	606	623	1 105	809	900	860	961	987
Entreprises sous contrôle étranger	315	348	691	428	512	766	500	488
Succursales d'entreprises étrangères	31	27	39	36	18	31	37	26
Ensemble des entreprises	637	650	1 143	845	918	891	999	1 014
Mixtes								
Entreprises nationales	0	..	0	0	0	0	0	0
Entreprises sous contrôle étranger	0	..	0	0	0	0	0	0
Succursales d'entreprises étrangères	39	38	27	133	17	8	8	9
Ensemble des entreprises	39	38	27	133	17	8	8	9
dont :								
Vie	19	20	15	130	17	8	8	9
Entreprises nationales	0	..	0	0	0	0	0	0
Entreprises sous contrôle étranger	0	..	0	0	0	0	0	0
Succursales d'entreprises étrangères	19	20	15	130	17	8	8	9
Ensemble des entreprises	19	20	15	130	17	8	8	9
Non-vie	20	18	12	3	0	0	0	0
Entreprises nationales	0	..	0	0	0	0	0	0
Entreprises sous contrôle étranger	0	..	0	0	0	0	0	0
Succursales d'entreprises étrangères	20	18	12	3	0	0	0	0
Ensemble des entreprises	20	18	12	3	0	0	0	0
Total								
Entreprises nationales	7 697	11 734	12 801	11 406	10 896	12 661	12 964	12 091
Entreprises sous contrôle étranger	7 178	11 171	11 869	10 642	9 544	11 802	11 791	10 751
Succursales d'entreprises étrangères	104	76	90	195	62	66	72	61
Ensemble des entreprises	7 800	11 810	12 891	11 600	10 958	12 728	13 036	12 152

LUXEMBOURG

Tableau 1. Agrégats sélectionnés *(suite)*

Millions EUR

	2011	2012	2013	2014	2015	2016	2017	2018
1.3 Commissions								
Vie								
Entreprises nationales	353	328	327	317	326	291	320	312
Entreprises sous contrôle étranger	..	328	309	297	289	186	283	276
Succursales d'entreprises étrangères	0	0	0	0	0	0	0	0
Ensemble des entreprises	353	328	328	317	326	292	320	312
Non-vie								
Entreprises nationales	217	205	217	211	237	251	284	283
Entreprises sous contrôle étranger	..	205	119	109	122	143	151	140
Succursales d'entreprises étrangères	12	11	12	9	9	9	8	7
Ensemble des entreprises	229	217	229	221	246	260	292	290
Mixtes								
Entreprises nationales	0	..	0	0	0	0	0	0
Entreprises sous contrôle étranger	..	..	0	0	0	0	0	0
Succursales d'entreprises étrangères	11	12	12	3	4	4	3	0
Ensemble des entreprises	11	12	12	3	4	4	3	0
dont :								
Vie	5	5	5	3	4	4	3	0
Entreprises nationales	0	..	0	0	0	0	0	0
Entreprises sous contrôle étranger	..	..	0	0	0	0	0	0
Succursales d'entreprises étrangères	5	5	5	3	4	4	3	0
Ensemble des entreprises	5	5	5	3	4	4	3	0
Non-vie	7	7	7	0	0	0	0	0
Entreprises nationales	0	..	0	0	0	0	0	0
Entreprises sous contrôle étranger	..	..	0	0	0	0	0	0
Succursales d'entreprises étrangères	7	7	7	0	0	0	0	0
Ensemble des entreprises	7	7	7	0	0	0	0	0
Total								
Entreprises nationales	570	533	544	528	563	542	604	595
Entreprises sous contrôle étranger	..	533	428	406	411	329	435	416
Succursales d'entreprises étrangères	23	24	25	13	14	14	11	7
Ensemble des entreprises	593	557	569	541	576	556	615	602
1.4 Dépenses brutes d'exploitation								
Vie								
Entreprises nationales	288	656	362	376	406	417	433	450
Entreprises sous contrôle étranger	274	622	347	358	374	352	392	411
Succursales d'entreprises étrangères	0	0	0	1	0	1	1	1
Ensemble des entreprises	288	656	362	376	406	418	433	450
Non-vie								
Entreprises nationales	53	270	66	72	82	81	96	59
Entreprises sous contrôle étranger	27	270	34	41	46	78	58	17
Succursales d'entreprises étrangères	3	14	3	2	2	3	3	5
Ensemble des entreprises	55	285	69	74	84	84	99	64
Mixtes								
Entreprises nationales	0	..	0	0	0	0	0	0
Entreprises sous contrôle étranger	0	..	0	0	0	0	0	0
Succursales d'entreprises étrangères	6	18	7	1	1	1	1	1
Ensemble des entreprises	6	18	7	1	1	1	1	1
dont :								
Vie	2	7	3	1	1	1	1	1
Entreprises nationales	0	..	0	0	0	0	0	0
Entreprises sous contrôle étranger	0	..	0	0	0	0	0	0
Succursales d'entreprises étrangères	2	7	3	1	1	1	1	1
Ensemble des entreprises	2	7	3	1	1	1	1	1
Non-vie	3	11	4	0	0	0	0	0
Entreprises nationales	0	..	0	0	0	0	0	0
Entreprises sous contrôle étranger	0	..	0	0	0	0	0	0
Succursales d'entreprises étrangères	3	11	4	0	0	0	0	0
Ensemble des entreprises	3	11	4	0	0	0	0	0
Total								
Entreprises nationales	341	926	429	448	488	498	529	509
Entreprises sous contrôle étranger	302	892	381	399	421	430	450	428
Succursales d'entreprises étrangères	8	33	9	4	3	4	5	6
Ensemble des entreprises	349	959	438	451	491	502	534	515

LUXEMBOURG

Tableau 1. Agrégats sélectionnés (*suite*)

Millions EUR

	2011	2012	2013	2014	2015	2016	2017	2018
1.5 Opérations à l'étranger par succursale, primes brutes								
Vie								
Succursales et agences	2 161	2 619	2 648	3 250	3 552	4 622	3 492	4 746
Filiales	0	0	..	..	..	..	..	..
Total	2 161	2 619	2 648	3 250	3 552	4 622	3 492	4 746
Non-vie								
Succursales et agences	1 088	1 417	1 546	1 831	1 965	2 022	1 957	2 847
Filiales	0	0	..	..	..	..	..	..
Total	1 088	1 417	1 546	1 831	1 965	2 022	1 957	2 847
Mixtes								
Succursales et agences	0	..	0	0	0	0	0	0
Filiales	0	..	..	..	..	..	..	..
Total	0	..	0	0	0	0	0	0
dont :								
Vie	0	..	0	0	0	0	0	0
Succursales et agences	0	..	0	0	0	0	0	0
Filiales	0	..	..	..	..	..	..	..
Total	0	..	0	0	0	0	0	0
Non-vie	0	..	0	0	0	0	0	0
Succursales et agences	0	..	0	0	0	0	0	0
Filiales	0	..	..	..	..	..	..	..
Total	0	..	0	0	0	0	0	0
Total								
Succursales et agences	3 250	4 036	4 194	5 082	5 516	6 644	5 449	7 593
Filiales	0	0	..	..	..	..	..	..
Total	3 250	4 036	4 194	5 082	5 516	6 644	5 449	7 593

.. Non disponible

Note : Voir les métadonnées détaillées sur : *http://metalinks.oecd.org/ins/20200312/3fe4.*

Source : Statistiques de l'OCDE sur les assurances (base de données)

LUXEMBOURG

Tableau 2. Nombre d'entreprises et d'employés

	2011	2012	2013	2014	2015	2016	2017	2018
2.1 Nombre d'entreprises								
Vie								
Entreprises nationales	45	43	42	44	43	40	39	38
Entreprises sous contrôle étranger	41	39	34	39	38	34	35	30
Succursales d'entreprises étrangères	2	1	2	2	2	3	3	3
Ensemble des entreprises	47	44	44	46	45	43	42	41
Non-vie								
Entreprises nationales	29	31	34	34	32	33	34	41
Entreprises sous contrôle étranger	25	27	27	8	21	24	25	33
Succursales d'entreprises étrangères	10	11	10	10	10	10	9	8
Ensemble des entreprises	39	42	44	44	42	43	43	49
Mixtes								
Entreprises nationales	0	0	0	0	0	0	0	0
Entreprises sous contrôle étranger	0	0	0	0	0	0	0	0
Succursales d'entreprises étrangères	3	3	3	3	3	3	2	3
Ensemble des entreprises	3	3	3	3	3	3	2	3
Réassurance								
Entreprises nationales	242	238	226	224	217	208	204	198
Entreprises sous contrôle étranger	222	219	207	205	204	191	187	181
Succursales d'entreprises étrangères	0	0	0	0	0	0	0	0
Ensemble des entreprises	242	238	226	224	217	208	204	198
Total								
Entreprises nationales	316	312	302	302	292	281	277	277
Entreprises sous contrôle étranger	288	285	268	252	263	249	247	244
Succursales d'entreprises étrangères	15	15	15	15	15	16	14	14
Ensemble des entreprises	331	327	317	317	307	297	291	291
2.2 Nombre d'employés								
Entreprises d'assurance	3 967	4 326	5 692	6 057	6 484	6 484	7 446	8 034
Intermédiaires	9 375	9 659	10 030	550	561	522	586	637
Total	13 342	13 985	15 722	6 607	7 045	7 006	8 032	8 671

Note : Voir les métadonnées détaillées sur : *http://metalinks.oecd.org/ins/20200312/3fe4.*
Source : Statistiques de l'OCDE sur les assurances (base de données)

MEXIQUE

Tableau 1. Agrégats sélectionnés

Millions MXN

	2011	2012	2013	2014	2015	2016	2017	2018
1.1 Opérations d'assurance conclues dans le pays déclarant								
1.1.1 Opérations d'assurance, par intérêt								
Primes brutes								
Entreprises nationales	281 792	310 747	347 196	363 530	395 083	450 740	502 856	543 652
Entreprises sous contrôle étranger	167 708	189 698	207 890	220 225	242 872	265 159	290 985	312 037
Succursales d'entreprises étrangères	..	..	..	..	..	..	..	..
Ensemble des entreprises	281 792	310 747	347 196	363 530	395 083	450 740	502 856	543 652
Primes cédées								
Entreprises nationales	49 771	50 188	60 551	58 378	67 135	70 420	93 577	91 472
Entreprises sous contrôle étranger	21 903	24 728	26 822	29 932	40 217	40 674	58 977	51 768
Succursales d'entreprises étrangères	..	..	..	..	..	..	..	..
Ensemble des entreprises	49 771	50 188	60 551	58 378	67 135	70 420	93 577	91 472
Primes nettes émises								
Entreprises nationales	232 021	260 559	286 645	305 152	327 947	380 320	409 279	452 180
Entreprises sous contrôle étranger	145 805	164 970	181 068	190 293	202 655	224 485	232 008	260 270
Succursales d'entreprises étrangères	..	..	..	..	..	..	..	..
Ensemble des entreprises	232 021	260 559	286 645	305 152	327 947	380 320	409 279	452 180
1.1.2 Opérations d'assurance par risque à l'étranger, primes brutes								
Vie	..	..	..	..	..	..	..	..
Non-vie	349	425	402	..	..	..	..	..
Mixtes	1 553	1 787	1 692	..	..	..	..	..
dont :								
Vie	..	..	..	..	..	..	..	..
Non-vie	..	..	..	..	..	..	..	..
Total	1 902	2 212	2 093	..	..	..	..	..
1.1.3 Paiement par catégories d'assurance, primes brutes (vie)								
Rentes	15 749	17 633	20 099	20 521	19 719	19 286	21 310	24 176
Unit linked	..	..	..	..	..	..	..	0
Autre assurance vie	109 511	125 175	138 959	148 624	162 199	189 860	193 587	218 641
Total Assurance Vie	125 260	142 808	159 058	169 145	181 918	209 146	214 897	242 817
***dont :** Contrats de retraite*	..	..	..	..	..	..	..	..
1.1.4 Paiement par catégories d'assurance, primes brutes (non-vie)								
L'assurance automobile	56 099	62 944	66 562	68 735	75 858	91 375	103 014	110 405
Les assurances transport (y compris maritime et aérien)	7 049	7 691	7 851	9 356	11 007	11 312	16 558	12 811
L'assurance de fret	..	..	..	..	..	..	..	..
L'assurance incendie et des dommages aux bien	14 010	9 980	16 520	12 232	13 815	14 497	18 115	37 929
L'assurance des pertes pécuniaires	686	749	5 210	501	947	1 131	12 278	1 774
L'assurance de la responsabilité civile générale	5 914	6 920	7 341	7 201	9 099	9 668	12 005	11 757
Les assurances accidents et maladie	41 814	45 526	51 189	56 686	59 550	66 512	76 720	85 417
***dont :** Maladie*	1 835	1 918	2 682	2 719	2 622	3 218	3 518	4 279
Autres assurances non-vie	30 214	33 390	32 581	38 511	42 081	45 976	48 006	39 687
Réassurance obligatoire	..	..	..	..	..	..	..	..
Total assurance non-vie	155 785	167 200	187 253	193 221	212 357	240 470	286 696	299 780
1.2 Paiements bruts des sinistres								
Vie								
Entreprises nationales	9 566	10 279	11 800	12 325	13 760	14 829	16 234	18 272
Entreprises sous contrôle étranger	4 663	..	..	5 875	6 443	6 971	7 390	8 005
Succursales d'entreprises étrangères	..	..	..	..	..	..	..	..
Ensemble des entreprises	9 566	10 279	11 800	12 325	13 760	14 829	16 234	18 272
Non-vie								
Entreprises nationales	14 750	14 874	21 716	17 912	19 552	23 827	32 868	32 866
Entreprises sous contrôle étranger	4 751	..	..	4 093	4 923	5 515	7 449	5 433
Succursales d'entreprises étrangères	..	..	..	..	..	..	..	..
Ensemble des entreprises	14 750	14 874	21 716	17 912	19 552	23 827	32 868	32 866
Mixtes								
Entreprises nationales	109 005	115 041	159 315	148 932	162 803	185 481	204 354	224 193
Entreprises sous contrôle étranger	70 654	..	..	104 822	109 465	125 575	136 316	151 138
Succursales d'entreprises étrangères	..	..	..	..	..	..	..	..
Ensemble des entreprises	109 005	115 041	159 315	148 932	162 803	185 481	204 354	224 193
dont :								
Vie	50 966	55 436	76 467	81 643	88 136	101 700	115 199	124 902
Entreprises nationales	50 966	55 436	76 467	81 643	88 136	101 700	115 199	124 902
Entreprises sous contrôle étranger	38 918	..	..	67 855	70 802	81 029	89 726	97 155
Succursales d'entreprises étrangères	..	..	..	..	..	..	..	..
Ensemble des entreprises	50 966	55 436	76 467	81 643	88 136	101 700	115 199	124 902
Non-vie	58 039	59 605	82 848	67 289	74 667	83 781	89 154	99 291
Entreprises nationales	58 039	59 605	82 848	67 289	74 667	83 781	89 154	99 291
Entreprises sous contrôle étranger	31 736	..	..	36 968	38 662	44 546	46 591	53 983
Succursales d'entreprises étrangères	..	..	..	..	..	..	..	..
Ensemble des entreprises	58 039	59 605	82 848	67 289	74 667	83 781	89 154	99 291
Total								
Entreprises nationales	133 321	140 195	192 832	179 169	196 115	224 138	253 455	275 331
Entreprises sous contrôle étranger	80 068	..	..	114 791	120 830	138 061	151 155	164 576
Succursales d'entreprises étrangères	..	..	..	..	..	..	..	..
Ensemble des entreprises	133 321	140 195	192 832	179 169	196 115	224 138	253 455	275 331

MEXIQUE

Tableau 1. Agrégats sélectionnés *(suite)*

Millions MXN

	2011	2012	2013	2014	2015	2016	2017	2018
1.3 Commissions								
Vie								
Entreprises nationales	1 257	1 133	1 075	749	1 045	1 155	..	..
Entreprises sous contrôle étranger	268	277	251	74	192	247	..	..
Succursales d'entreprises étrangères	..	..	..	..	..	..	..	..
Ensemble des entreprises	1 257	1 133	1 075	749	1 045	1 155	..	..
Non-vie								
Entreprises nationales	5 935	6 911	8 410	9 458	7 257	9 473	..	..
Entreprises sous contrôle étranger	2 373	2 721	3 523	3 808	1 888	1 618	..	..
Succursales d'entreprises étrangères	..	..	..	..	..	..	..	..
Ensemble des entreprises	5 935	6 911	8 410	9 458	7 257	9 473	..	..
Mixtes								
Entreprises nationales	38 671	44 178	46 777	49 973	48 713	56 225	..	..
Entreprises sous contrôle étranger	24 611	28 060	29 464	31 616	30 146	33 073	..	..
Succursales d'entreprises étrangères	..	..	..	..	..	..	..	..
Ensemble des entreprises	38 671	44 178	46 777	49 973	48 713	56 225	..	..
dont :								
Vie	15 773	18 508	19 316	21 023	22 507	26 955	..	..
Entreprises nationales	15 773	18 508	19 316	21 023	22 507	26 955	..	..
Entreprises sous contrôle étranger	10 807	12 501	12 940	17 514	14 838	17 151	..	..
Succursales d'entreprises étrangères	..	..	..	..	..	..	..	..
Ensemble des entreprises	15 773	18 508	19 316	21 023	22 507	26 955	..	..
Non-vie	22 898	25 670	27 462	28 950	26 206	29 270	..	..
Entreprises nationales	22 898	25 670	27 462	28 950	26 206	29 270	..	..
Entreprises sous contrôle étranger	13 803	15 559	16 524	14 103	15 308	15 922	..	..
Succursales d'entreprises étrangères	..	..	..	..	..	..	..	..
Ensemble des entreprises	22 898	25 670	27 462	28 950	26 206	29 270	..	..
Total								
Entreprises nationales	45 863	52 222	56 263	60 180	57 016	66 853	..	..
Entreprises sous contrôle étranger	27 251	31 058	33 239	35 498	32 226	34 937	..	..
Succursales d'entreprises étrangères	..	..	..	..	..	..	..	..
Ensemble des entreprises	45 863	52 222	56 263	60 180	57 016	66 853	..	..
1.4 Dépenses brutes d'exploitation								
Vie								
Entreprises nationales	1 095	1 313	1 486	1 156	1 336	1 705	1 617	1 480
Entreprises sous contrôle étranger	675	..	..	570	661	723	759	734
Succursales d'entreprises étrangères	..	..	..	..	..	..	..	..
Ensemble des entreprises	1 095	1 313	1 486	1 156	1 336	1 705	1 617	1 480
Non-vie								
Entreprises nationales	2 337	2 968	3 545	4 198	4 924	5 852	7 490	8 280
Entreprises sous contrôle étranger	1 402	..	..	2 010	3 137	3 249	4 041	3 412
Succursales d'entreprises étrangères	..	..	..	..	..	..	..	..
Ensemble des entreprises	2 337	2 968	3 545	4 198	4 924	5 852	7 490	8 280
Mixtes								
Entreprises nationales	14 115	14 382	16 389	16 621	18 736	21 447	23 147	25 162
Entreprises sous contrôle étranger	8 627	..	..	10 470	12 270	13 297	13 037	15 216
Succursales d'entreprises étrangères	..	..	..	..	..	..	..	..
Ensemble des entreprises	14 115	14 382	16 389	16 621	18 736	21 447	23 147	25 162
dont :								
Vie	6 838	7 085	8 530	8 486	9 990	11 792	11 674	12 701
Entreprises nationales	6 838	7 085	8 530	8 486	9 990	11 792	11 674	12 701
Entreprises sous contrôle étranger	5 052	..	..	6 273	7 388	8 480	7 981	8 964
Succursales d'entreprises étrangères	..	..	..	..	..	..	..	..
Ensemble des entreprises	6 838	7 085	8 530	8 486	9 990	11 792	11 674	12 701
Non-vie	7 277	7 298	7 859	8 135	8 746	9 655	11 473	12 461
Entreprises nationales	7 277	7 298	7 859	8 135	8 746	9 655	11 473	12 461
Entreprises sous contrôle étranger	3 575	..	..	4 198	4 882	4 818	5 055	6 252
Succursales d'entreprises étrangères	..	..	..	..	..	..	..	..
Ensemble des entreprises	7 277	7 298	7 859	8 135	8 746	9 655	11 473	12 461
Total								
Entreprises nationales	17 548	18 662	21 420	21 974	24 996	29 004	32 254	34 923
Entreprises sous contrôle étranger	10 704	..	..	13 050	16 068	17 270	17 837	19 363
Succursales d'entreprises étrangères	..	..	..	..	..	..	..	..
Ensemble des entreprises	17 548	18 662	21 420	21 974	24 996	29 004	32 254	34 923

MEXIQUE

Tableau 1. Agrégats sélectionnés *(suite)*

Millions MXN

	2011	2012	2013	2014	2015	2016	2017	2018
1.5 Opérations à l'étranger par succursale, primes brutes								
Vie								
Succursales et agences	..	..	..	..	..	..	..	..
Filiales	..	..	..	..	..	..	..	..
Total	..	..	..	..	..	..	..	..
Non-vie								
Succursales et agences	..	..	..	..	..	..	..	..
Filiales	..	..	..	..	..	..	..	..
Total	..	..	..	..	..	..	..	..
Mixtes								
Succursales et agences	..	..	..	..	..	..	..	..
Filiales	..	..	..	..	..	..	..	..
Total	..	..	..	..	..	..	..	..
dont :								
Vie	..	..	..	..	..	..	..	..
Succursales et agences	..	..	..	..	..	..	..	..
Filiales	..	..	..	..	..	..	..	..
Total	..	..	..	..	..	..	..	..
Non-vie	..	..	..	..	..	..	..	..
Succursales et agences	..	..	..	..	..	..	..	..
Filiales	..	..	..	..	..	..	..	..
Total	..	..	..	..	..	..	..	..
Total								
Succursales et agences	..	..	..	..	..	..	..	..
Filiales	..	..	..	..	..	..	..	..
Total	..	..	..	..	..	..	..	..

.. Non disponible

Note : Voir les métadonnées détaillées sur : *http://metalinks.oecd.org/ins/20200312/f017*.

Source : Statistiques de l'OCDE sur les assurances (base de données)

MEXIQUE

Tableau 2. Nombre d'entreprises et d'employés

	2011	2012	2013	2014	2015	2016	2017	2018
2.1 Nombre d'entreprises								
Vie								
Entreprises nationales	21	20	20	16	16	17	15	15
Entreprises sous contrôle étranger	12	11	11	9	9	10	8	8
Succursales d'entreprises étrangères	..	..	..	..	..	..	..	..
Ensemble des entreprises	21	20	20	16	16	17	15	15
Non-vie								
Entreprises nationales	44	47	45	49	46	44	60	58
Entreprises sous contrôle étranger	27	27	27	26	23	22	31	28
Succursales d'entreprises étrangères	..	..	..	..	..	..	..	..
Ensemble des entreprises	44	47	45	49	46	44	60	58
Mixtes								
Entreprises nationales	35	35	37	38	37	37	38	36
Entreprises sous contrôle étranger	20	21	21	22	21	20	21	20
Succursales d'entreprises étrangères	..	..	..	..	..	..	..	..
Ensemble des entreprises	35	35	37	38	37	37	38	36
Réassurance								
Entreprises nationales	2	2	2	2	3	2	2	2
Entreprises sous contrôle étranger	..	0	0	0	0	0	0	..
Succursales d'entreprises étrangères	..	..	..	..	..	..	..	..
Ensemble des entreprises	2	2	2	2	3	2	2	2
Total								
Entreprises nationales	102	104	104	105	102	100	115	111
Entreprises sous contrôle étranger	59	59	59	57	53	52	60	56
Succursales d'entreprises étrangères	..	..	..	..	..	..	..	..
Ensemble des entreprises	102	104	104	105	102	100	115	111
2.2 Nombre d'employés								
Entreprises d'assurance	14 487	14 491	14 500	14 799	19 168	..	..	..
Intermédiaires	35 173	36 190	46 712	51 780	55 005	57 900	61 695	..
Total	49 660	50 681	61 212	66 579	74 173	57 900	61 695	..

.. Non disponible

Note : Voir les métadonnées détaillées sur : *http://metalinks.oecd.org/ins/20200312/f017.*

Source : Statistiques de l'OCDE sur les assurances (base de données)

PAYS-BAS

Tableau 1. Agrégats sélectionnés

Millions EUR

	2011	2012	2013	2014	2015	2016	2017	2018
1.1 Opérations d'assurance conclues dans le pays déclarant								
1.1.1 Opérations d'assurance, par intérêt								
Primes brutes								
Entreprises nationales	41 183	39 012	38 077	36 523	33 708	69 887	71 228	73 667
Entreprises sous contrôle étranger	9 625	9 255	7 674	2 969	5 812	4 102	4 371	3 429
Succursales d'entreprises étrangères	955	891	430	62	0	..	..	..
Ensemble des entreprises	42 138	39 903	38 507	36 585	33 708	69 887	71 228	73 667
Primes cédées								
Entreprises nationales	5 720	3 109	2 951	3 880	2 814	1 198	1 698	1 460
Entreprises sous contrôle étranger	1 701	1 706	1 484	1 615	1 365	287	353	84
Succursales d'entreprises étrangères	116	79	20	0	0	..	..	..
Ensemble des entreprises	5 836	3 188	2 971	3 880	2 814	1 198	1 698	1 460
Primes nettes émises								
Entreprises nationales	35 463	35 903	35 126	32 643	30 894	68 689	69 530	72 207
Entreprises sous contrôle étranger	7 923	7 549	6 190	1 354	4 447	3 815	4 018	3 345
Succursales d'entreprises étrangères	839	812	410	62	0	..	..	..
Ensemble des entreprises	36 302	36 715	35 536	32 705	30 894	68 689	69 530	72 207
1.1.2 Opérations d'assurance par risque à l'étranger, primes brutes								
Vie	..	..	..	..	..	269	273	300
Non-vie	..	..	..	..	..	534	452	1 102
Mixtes total	..	..	..	..	..	..	252	501
Total	..	..	..	..	..	803	977	1 903
1.1.3 Paiement par catégories d'assurance, primes brutes (vie)								
Rentes	12 001	10 892	10 998	10 806	9 035	0	0	0
Unit linked	9 332	7 836	7 086	6 504	5 533	5 262	4 553	4 296
Autre assurance vie	329	247	188	150	122	8 465	8 411	7 674
Total assurance vie	21 662	18 975	18 272	17 460	14 690	13 727	12 964	11 970
***dont :** Contrats de retraite*	6 887	6 034	5 810	5 552	5 208	334	157	38
1.1.4 Paiement par catégories d'assurance, primes brutes (non-vie)								
L'assurance automobile	4 587	4 500	4 376	3 934	3 884	3 892	4 051	4 312
Les assurances transport (y compris maritime et aérien)	563	596	525	435	404	361	283	273
L'assurance de fret	291	263	256	231	191	..	0	0
L'assurance incendie et des dommages aux bien	3 515	3 698	3 664	3 449	3 456	3 256	3 290	3 380
L'assurance des pertes pécuniaires	309	278	206	164	176	258	206	271
L'assurance de la responsabilité civile générale	1 045	1 116	1 125	1 064	1 033	882	883	919
Les assurances accidents et maladie	8 585	8 560	8 167	7 867	7 851	46 459	47 499	50 393
***dont :** Maladie*	..	..	..	..	..	45 064	46 044	48 900
Autres assurances non-vie	2 027	1 907	1 919	1 976	2 016	1 049	1 165	1 099
Réassurance obligatoire	..	..	..	..	..	..	0	0
Total assurance non-vie	20 923	20 918	20 238	19 120	19 011	56 157	57 377	60 647
1.2 Paiements bruts des sinistres								
Vie								
Entreprises nationales	23 689	25 331	24 085	25 487	22 576	20 919	25 124	20 129
Entreprises sous contrôle étranger	3 206	3 538	3 205	1 136	4 504	4 203	4 286	3 640
Succursales d'entreprises étrangères	378	401	420	0	0	..	..	..
Ensemble des entreprises	24 067	25 732	24 505	25 487	22 576	20 919	25 124	20 129
Non-vie								
Entreprises nationales	13 957	13 999	14 304	13 666	13 806	50 966	51 936	53 872
Entreprises sous contrôle étranger	2 840	2 870	2 915	867	1 937	1 053	844	693
Succursales d'entreprises étrangères	42	41	41	149	0	..	..	..
Ensemble des entreprises	13 999	14 040	14 345	13 815	13 806	50 966	51 936	53 872
Mixtes, ensemble des entreprises	**..**	**..**	**..**	**..**	**..**	**..**	**473**	**481**
Total								
Entreprises nationales	37 646	39 330	38 389	39 153	36 382	71 885	77 533	74 482
Entreprises sous contrôle étranger	6 046	6 408	6 120	2 003	6 441	5 256	5 130	4 333
Succursales d'entreprises étrangères	420	442	461	149	0	..	..	..
Ensemble des entreprises	38 066	39 772	38 850	39 302	36 382	71 885	77 533	74 482
1.3 Commissions								
Vie								
Entreprises nationales	614	473	243	190	158	..	..	..
Entreprises sous contrôle étranger	325	196	64	17	49	..	..	..
Succursales d'entreprises étrangères	14	17	12	0	0	..	..	..
Ensemble des entreprises	628	490	255	190	158	..	..	..
Non-vie								
Entreprises nationales	3 070	3 197	2 891	2 713	2 663	..	..	..
Entreprises sous contrôle étranger	851	833	734	282	464	..	..	..
Succursales d'entreprises étrangères	23	22	22	21	0	..	..	..
Ensemble des entreprises	3 093	3 219	2 913	2 734	2 663	..	..	..
Mixtes, ensemble des entreprises	**..**	**..**	**..**	**..**	**..**	**..**	**..**	**..**
Total								
Entreprises nationales	3 684	3 670	3 134	2 903	2 821	..	..	..
Entreprises sous contrôle étranger	1 176	1 029	798	299	513	..	..	..
Succursales d'entreprises étrangères	37	39	34	21	0	..	..	..
Ensemble des entreprises	3 721	3 709	3 168	2 924	2 821	..	..	..

PAYS-BAS

Tableau 1. Agrégats sélectionnés *(suite)*

Millions EUR

	2011	2012	2013	2014	2015	2016	2017	2018
1.4 Dépenses brutes d'exploitation								
Vie								
Entreprises nationales	2 768	2 827	2 266	2 497	2 072	2 183	2 002	1 839
Entreprises sous contrôle étranger	349	342	297	113	378	417	356	274
Succursales d'entreprises étrangères	59	37	44	0	0	..	..	..
Ensemble des entreprises	2 827	2 864	2 310	2 497	2 072	2 183	2 002	1 839
Non-vie								
Entreprises nationales	4 863	4 933	4 809	4 635	4 485	6 219	6 156	6 235
Entreprises sous contrôle étranger	1 244	1 181	1 136	373	771	525	550	461
Succursales d'entreprises étrangères	25	24	25	23	0	..	..	..
Ensemble des entreprises	4 888	4 957	4 834	4 658	4 485	6 219	6 156	6 235
Mixtes, ensemble des entreprises	..	..	..	..	..	..	**115**	**71**
Total								
Entreprises nationales	7 631	7 759	7 075	7 132	6 557	8 402	8 273	8 145
Entreprises sous contrôle étranger	1 593	1 523	1 433	486	1 149	942	906	735
Succursales d'entreprises étrangères	84	61	69	23	0	..	..	..
Ensemble des entreprises	7 715	7 820	7 144	7 155	6 557	8 402	8 273	8 145
1.5 Opérations à l'étranger par succursale, primes brutes								
Vie								
Succursales et agences	662	540	370	276	..	253	260	291
Filiales	..	..	..	..	..	..	..	..
Total	662	540	370	276	267	253	260	291
Non-vie								
Succursales et agences	1 067	1 276	1 132	1 289	..	175	163	153
Filiales	..	..	..	..	..	..	..	..
Total	1 067	1 276	1 132	1 289	1 487	175	163	153
Mixtes total	..	..	..	..	..	..	**0**	**477**
Total								
Succursales et agences	1 729	1 816	1 502	1 565	..	428	423	921
Filiales	..	..	..	..	..	..	..	..
Total	1 729	1 816	1 502	1 565	1 754	428	423	921

.. Non disponible

Note : Voir les métadonnées détaillées sur : *http://metalinks.oecd.org/ins/20200312/e9f0.*

Source : Statistiques de l'OCDE sur les assurances (base de données)

PAYS-BAS

Tableau 2. Nombre d'entreprises et d'employés

	2011	2012	2013	2014	2015	2016	2017	2018
2.1 Nombre d'entreprises								
Vie								
Entreprises nationales	52	41	36	38	..	31	30	27
Entreprises sous contrôle étranger	8	6	6	7	..	11	10	6
Succursales d'entreprises étrangères	1	4	4	0	..	..	..	..
Ensemble des entreprises	53	45	40	38	..	31	30	27
Non-vie								
Entreprises nationales	174	158	316	136	..	107	101	96
Entreprises sous contrôle étranger	5	15	14	8	..	9	8	7
Succursales d'entreprises étrangères	4	2	1	2	..	..	..	..
Ensemble des entreprises	178	160	317	138	..	107	101	96
Mixtes, ensemble des entreprises	**0**	**0**	**0**	**0**	**0**	**0**	**0**	**..**
Réassurance								
Entreprises nationales	16	15	11	10	..	9	9	8
Entreprises sous contrôle étranger	1	1	0	0	..	0	0	0
Succursales d'entreprises étrangères	..	0	0	0	..	..	..	..
Ensemble des entreprises	16	15	11	10	..	9	9	8
Total								
Entreprises nationales	242	214	363	184	..	147	140	131
Entreprises sous contrôle étranger	14	22	20	15	..	20	18	13
Succursales d'entreprises étrangères	5	6	5	2	..	..	..	..
Ensemble des entreprises	247	220	368	186	..	147	140	131
2.2 Nombre d'employés								
Entreprises d'assurance	..	..	..	..	..	..	..	..
Intermédiaires	..	..	..	..	..	..	..	..
Total	..	..	..	..	..	..	..	..

.. Non disponible

Note : Voir les métadonnées détaillées sur : *http://metalinks.oecd.org/ins/20200312/e9f0.*

Source : Statistiques de l'OCDE sur les assurances (base de données)

NOUVELLE-ZÉLANDE

Tableau 1. Agrégats sélectionnés

Millions NZD

	2011	2012	2013	2014	2015	2016	2017	2018
1.1 Opérations d'assurance conclues dans le pays déclarant								
1.1.1 Opérations d'assurance, par intérêt								
Primes brutes								
Entreprises nationales	..	..	..	..	..	..	..	..
Entreprises sous contrôle étranger	..	..	..	..	..	..	..	..
Succursales d'entreprises étrangères	..	..	..	..	..	..	..	..
Ensemble des entreprises	..	5 665	6 266	6 460	6 678	6 828	7 240	..
Primes cédées								
Entreprises nationales	..	..	..	..	..	..	..	..
Entreprises sous contrôle étranger	..	..	..	..	..	..	..	..
Succursales d'entreprises étrangères	..	..	..	..	..	..	..	..
Ensemble des entreprises	..	1 207	1 412	1 292	1 305	1 789	1 852	..
Primes nettes émises								
Entreprises nationales	..	..	..	..	..	..	..	..
Entreprises sous contrôle étranger	..	..	..	..	..	..	..	..
Succursales d'entreprises étrangères	..	..	..	..	..	..	..	..
Ensemble des entreprises	..	6 365	6 758	7 186	7 523	7 303	7 729	..
1.1.2 Opérations d'assurance par risque à l'étranger, primes brutes								
Vie	..	..	..	..	..	..	..	..
Non-vie	..	..	..	..	..	..	..	..
Mixtes	..	..	..	..	..	..	..	..
dont :								
Vie	..	..	..	..	..	..	..	..
Non-vie	..	..	..	..	..	..	..	..
Total	..	..	..	..	..	..	..	..
1.1.3 Paiement par catégories d'assurance, primes brutes (vie)								
Rentes	..	..	..	..	..	..	..	..
Unit linked	..	..	..	..	..	..	..	..
Autre assurance vie	..	..	..	..	..	..	..	..
Total Assurance Vie	..	..	..	..	..	..	..	..
dont : *Contrats de retraite*	..	..	..	..	..	..	..	..
1.1.4 Paiement par catégories d'assurance, primes brutes (non-vie)								
L'assurance automobile	..	..	..	..	..	..	..	..
Les assurances transport (y compris maritime et aérien)	..	..	..	..	..	..	..	..
L'assurance de fret	..	..	..	..	..	..	..	..
L'assurance incendie et des dommages aux bien	..	..	..	..	..	..	..	..
L'assurance des pertes pécuniaires	..	..	..	..	..	..	..	..
L'assurance de la responsabilité civile générale	..	..	..	..	..	..	..	..
Les assurances accidents et maladie	..	..	..	..	..	..	..	..
dont : *Maladie*	..	..	..	..	..	..	..	..
Autres assurances non-vie	..	..	..	..	..	..	..	..
Réassurance obligatoire	..	..	..	..	..	..	..	..
Total assurance non-vie	..	5 665	6 266	6 460	6 678	6 828	7 240	..
1.2 Paiements bruts des sinistres								
Vie								
Entreprises nationales	..	..	..	..	..	..	..	..
Entreprises sous contrôle étranger	..	..	..	..	..	..	..	..
Succursales d'entreprises étrangères	..	..	..	..	..	..	..	..
Ensemble des entreprises	..	1 360	1 303	1 399	1 544	1 598	1 579	..
Non-vie								
Entreprises nationales	..	..	..	..	..	..	..	..
Entreprises sous contrôle étranger	..	..	..	..	..	..	..	..
Succursales d'entreprises étrangères	..	..	..	..	..	..	..	..
Ensemble des entreprises	..	9 531	4 539	5 642	6 302	4 864	6 662	..
Mixtes								
Entreprises nationales	..	..	..	..	..	..	..	..
Entreprises sous contrôle étranger	..	..	..	..	..	..	..	..
Succursales d'entreprises étrangères	..	..	..	..	..	..	..	..
Ensemble des entreprises	..	..	..	..	..	..	..	..
dont :								
Vie								
Entreprises nationales	..	..	..	..	..	..	..	..
Entreprises sous contrôle étranger	..	..	..	..	..	..	..	..
Succursales d'entreprises étrangères	..	..	..	..	..	..	..	..
Ensemble des entreprises	..	..	..	..	..	..	..	..
Non-vie								
Entreprises nationales	..	..	..	..	..	..	..	..
Entreprises sous contrôle étranger	..	..	..	..	..	..	..	..
Succursales d'entreprises étrangères	..	..	..	..	..	..	..	..
Ensemble des entreprises	..	..	..	..	..	..	..	..
Total								
Entreprises nationales	..	..	..	..	..	..	..	..
Entreprises sous contrôle étranger	..	..	..	..	..	..	..	..
Succursales d'entreprises étrangères	..	..	..	..	..	..	..	..
Ensemble des entreprises	..	10 891	5 842	7 041	7 846	6 462	8 241	..

NOUVELLE-ZÉLANDE

Tableau 1. Agrégats sélectionnés *(suite)*

Millions NZD

	2011	2012	2013	2014	2015	2016	2017	2018
1.3 Commissions								
Vie								
Entreprises nationales	..	..	..	..	..	..	..	..
Entreprises sous contrôle étranger	..	..	..	..	..	..	..	..
Succursales d'entreprises étrangères	..	..	..	..	..	..	..	..
Ensemble des entreprises	..	..	..	..	..	..	..	..
Non-vie								
Entreprises nationales	..	..	..	..	..	..	..	..
Entreprises sous contrôle étranger	..	..	..	..	..	..	..	..
Succursales d'entreprises étrangères	..	..	..	..	..	..	..	..
Ensemble des entreprises	..	..	..	..	..	..	..	..
Mixtes								
Entreprises nationales	..	..	..	..	..	..	..	..
Entreprises sous contrôle étranger	..	..	..	..	..	..	..	..
Succursales d'entreprises étrangères	..	..	..	..	..	..	..	..
Ensemble des entreprises	..	..	..	..	..	..	..	..
dont :								
Vie								
Entreprises nationales	..	..	..	..	..	..	..	..
Entreprises sous contrôle étranger	..	..	..	..	..	..	..	..
Succursales d'entreprises étrangères	..	..	..	..	..	..	..	..
Ensemble des entreprises	..	..	..	..	..	..	..	..
Non-vie	..	..	..	..	..	..	..	..
Entreprises nationales	..	..	..	..	..	..	..	..
Entreprises sous contrôle étranger	..	..	..	..	..	..	..	..
Succursales d'entreprises étrangères	..	..	..	..	..	..	..	..
Ensemble des entreprises	..	..	..	..	..	..	..	..
Total								
Entreprises nationales	..	..	..	..	..	..	..	..
Entreprises sous contrôle étranger	..	..	..	..	..	..	..	..
Succursales d'entreprises étrangères	..	..	..	..	..	..	..	..
Ensemble des entreprises	..	..	..	..	..	..	..	..
1.4 Dépenses brutes d'exploitation								
Vie								
Entreprises nationales	..	..	..	..	..	..	..	..
Entreprises sous contrôle étranger	..	..	..	..	..	..	..	..
Succursales d'entreprises étrangères	..	..	..	..	..	..	..	..
Ensemble des entreprises	..	2 169	2 151	2 384	2 323	2 489	2 476	..
Non-vie								
Entreprises nationales	..	..	..	..	..	..	..	..
Entreprises sous contrôle étranger	..	..	..	..	..	..	..	..
Succursales d'entreprises étrangères	..	..	..	..	..	..	..	..
Ensemble des entreprises	..	12 070	6 102	7 490	8 472	6 875	8 884	..
Mixtes								
Entreprises nationales	..	..	..	..	..	..	..	..
Entreprises sous contrôle étranger	..	..	..	..	..	..	..	..
Succursales d'entreprises étrangères	..	..	..	..	..	..	..	..
Ensemble des entreprises	..	..	..	..	..	..	..	..
dont :								
Vie	..	..	..	..	..	..	..	..
Entreprises nationales	..	..	..	..	..	..	..	..
Entreprises sous contrôle étranger	..	..	..	..	..	..	..	..
Succursales d'entreprises étrangères	..	..	..	..	..	..	..	..
Ensemble des entreprises	..	..	..	..	..	..	..	..
Non-vie	..	..	..	..	..	..	..	..
Entreprises nationales	..	..	..	..	..	..	..	..
Entreprises sous contrôle étranger	..	..	..	..	..	..	..	..
Succursales d'entreprises étrangères	..	..	..	..	..	..	..	..
Ensemble des entreprises	..	..	..	..	..	..	..	..
Total								
Entreprises nationales	..	..	..	..	..	..	..	..
Entreprises sous contrôle étranger	..	..	..	..	..	..	..	..
Succursales d'entreprises étrangères	..	..	..	..	..	..	..	..
Ensemble des entreprises	..	14 239	8 253	9 874	10 795	9 364	11 360	..

NOUVELLE-ZÉLANDE

Tableau 1. Agrégats sélectionnés *(suite)*

Millions NZD

	2011	2012	2013	2014	2015	2016	2017	2018
1.5 Opérations à l'étranger par succursale, primes brutes								
Vie								
Succursales et agences	..	..	..	..	..	..	..	..
Filiales	..	..	..	..	..	..	..	..
Total	..	..	..	..	..	..	..	..
Non-vie								
Succursales et agences	..	..	..	..	..	..	..	..
Filiales	..	..	..	..	..	..	..	..
Total	..	..	..	..	..	..	..	..
Mixtes								
Succursales et agences	..	..	..	..	..	..	..	..
Filiales	..	..	..	..	..	..	..	..
Total	..	..	..	..	..	..	..	..
dont :								
Vie	..	..	..	..	..	..	..	..
Succursales et agences	..	..	..	..	..	..	..	..
Filiales	..	..	..	..	..	..	..	..
Total	..	..	..	..	..	..	..	..
Non-vie	..	..	..	..	..	..	..	..
Succursales et agences	..	..	..	..	..	..	..	..
Filiales	..	..	..	..	..	..	..	..
Total	..	..	..	..	..	..	..	..
Total								
Succursales et agences	..	..	..	..	..	..	..	..
Filiales	..	..	..	..	..	..	..	..
Total	..	..	..	..	..	..	..	..

.. Non disponible

Note : Voir les métadonnées détaillées sur : *http://metalinks.oecd.org/ins/20200312/8424.*

Source : Statistiques de l'OCDE sur les assurances (base de données)

NOUVELLE-ZÉLANDE

Tableau 2. Nombre d'entreprises et d'employés

	2011	2012	2013	2014	2015	2016	2017	2018
2.1 Nombre d'entreprises								
Vie								
Entreprises nationales	..	..	..	..	..	..	..	..
Entreprises sous contrôle étranger	..	..	..	..	..	..	..	..
Succursales d'entreprises étrangères	..	..	..	..	..	..	..	..
Ensemble des entreprises	..	43	37	43	30	30	30	..
Non-vie								
Entreprises nationales	..	..	..	..	..	..	..	..
Entreprises sous contrôle étranger	..	..	..	..	..	..	..	..
Succursales d'entreprises étrangères	..	..	..	..	..	..	..	..
Ensemble des entreprises	..	142	130	145	102	90	87	..
Mixtes								
Entreprises nationales	..	..	..	..	..	..	..	..
Entreprises sous contrôle étranger	..	..	..	..	..	..	..	..
Succursales d'entreprises étrangères	..	..	..	..	..	..	..	..
Ensemble des entreprises	..	..	..	..	..	..	..	..
Réassurance								
Entreprises nationales	..	..	..	..	..	..	..	..
Entreprises sous contrôle étranger	..	..	..	..	..	..	..	..
Succursales d'entreprises étrangères	..	..	..	..	..	..	..	..
Ensemble des entreprises	..	..	..	..	..	..	..	..
Total								
Entreprises nationales	..	..	..	..	..	..	..	..
Entreprises sous contrôle étranger	..	..	..	..	..	..	..	..
Succursales d'entreprises étrangères	..	..	..	..	..	..	..	..
Ensemble des entreprises	..	185	167	188	132	120	117	..
2.2 Nombre d'employés								
Entreprises d'assurance	..	..	10 780	10 720	10 680	..	..	..
Intermédiaires	..	..	..	..	..	..	..	..
Total	..	10 640	10 780	..	..	..	..	..

.. Non disponible

Note : Voir les métadonnées détaillées sur : *http://metalinks.oecd.org/ins/20200312/8424.*

Source : Statistiques de l'OCDE sur les assurances (base de données)

NORVÈGE

Tableau 1. Agrégats sélectionnés

Millions NOK

	2011	2012	2013	2014	2015	2016	2017	2018
1.1 Opérations d'assurance conclues dans le pays déclarant								
1.1.1 Opérations d'assurance, par intérêt								
Primes brutes								
Entreprises nationales	106 973	119 751	119 149	134 884	135 864	138 612	139 748	148 945
Entreprises sous contrôle étranger	6 388	8 589	8 948	11 029	13 195	..	..	..
Succursales d'entreprises étrangères	26 383	30 039	30 872	31 867	30 638	31 150	29 049	29 917
Ensemble des entreprises	133 356	149 790	150 021	166 751	166 502	169 762	168 797	178 862
Primes cédées								
Entreprises nationales	..	6 252	6 396	6 891	7 973	7 053	7 061	7 109
Entreprises sous contrôle étranger	..	316	173	198	218	..	..	..
Succursales d'entreprises étrangères	..	4 290	4 219	4 653	4 976	5 362	4 814	4 868
Ensemble des entreprises	..	10 542	10 614	11 544	12 950	12 415	11 876	11 976
Primes nettes émises								
Entreprises nationales	..	113 499	112 754	127 993	127 890	131 559	132 686	141 836
Entreprises sous contrôle étranger	..	8 273	8 775	10 832	12 978	..	..	..
Succursales d'entreprises étrangères	..	25 749	26 653	27 213	25 662	25 788	24 235	25 049
Ensemble des entreprises	..	139 248	139 407	155 206	153 552	157 347	156 921	166 885
1.1.2 Opérations d'assurance par risque à l'étranger, primes brutes								
Vie	..	31	..	..	9	7	6	4 144
Non-vie	1 556	7 352	6 202	11 468	11 250	10 855	10 417	10 989
Mixtes total	..	..	..	..	..	..	..	..
Total	1 556	7 383	6 202	11 468	11 260	10 862	10 422	15 133
1.1.3 Paiement par catégories d'assurance, primes brutes (vie)								
Rentes	..	..	..	..	..	..	..	..
Unit linked	..	..	..	..	..	..	..	..
Autre assurance vie	..	..	..	..	..	..	..	..
Total assurance vie	71 577	81 742	81 299	92 185	91 794	94 093	93 577	99 961
***dont :** Contrats de retraite*	..	69 652	66 873	..	..	..	..	..
1.1.4 Paiement par catégories d'assurance, primes brutes (non-vie)								
L'assurance automobile	10 787	19 403	..	20 378	20 706	20 897	21 029	22 316
Les assurances transport (y compris maritime et aérien)	4 009	9 581	..	6 574	5 201	15 291	5 292	5 203
L'assurance de fret	..	..	..	..	..	0	..	..
L'assurance incendie et des dommages aux bien	10 811	17 738	..	18 195	19 041	23 135	22 553	23 487
L'assurance des pertes pécuniaires	125	585	..	127	97	432	92	98
L'assurance de la responsabilité civile générale	686	1 755	..	1 695	1 637	2 000	1 774	1 980
Les assurances accidents et maladie	3 229	6 111	..	5 608	5 553	10 526	10 288	11 075
***dont :** Maladie*	..	..	..	..	..	0	..	..
Autres assurances non vie	5 967	12 875	..	21 989	13 048	7 085	6 088	12 644
Réassurance obligatoire	..	..	..	..	..	0	..	2 099
Total assurance non-vie	35 615	68 048	..	74 566	65 283	79 366	67 116	78 901
1.2 Paiements bruts des sinistres								
Vie								
Entreprises nationales	40 252	45 033	45 143	45 742	49 007	51 548	54 419	58 887
Entreprises sous contrôle étranger	2 723	3 120	3 186	3 150	4 796	.. c	..	..
Succursales d'entreprises étrangères	494	482	692	476	235	288	281	298
Ensemble des entreprises	40 746	45 515	45 835	46 218	49 242	51 836	54 700	59 185
Non-vie								
Entreprises nationales	26 292	28 356	23 486	30 742	34 587	32 537	31 896	34 370
Entreprises sous contrôle étranger	342	542	.. c	.. c	.. c	.. c	..	..
Succursales d'entreprises étrangères	17 552	24 549	20 026	22 287	21 584	21 146	20 655	20 427
Ensemble des entreprises	43 844	52 905	43 512	53 030	56 170	53 683	52 550	54 797
Mixtes, ensemble des entreprises	..	..	..	..	..	..	..	..
Total								
Entreprises nationales	66 544	73 389	68 629	76 485	83 593	84 085	86 315	93 257
Entreprises sous contrôle étranger	3 065	3 662	3 186	3 150	4 796	..	..	..
Succursales d'entreprises étrangères	18 046	25 031	20 718	22 763	21 819	21 434	20 935	20 725
Ensemble des entreprises	84 590	98 420	89 347	99 248	105 413	105 519	107 250	113 983
1.3 Commissions								
Vie								
Entreprises nationales	..	692	774	839	916	890	783	737
Entreprises sous contrôle étranger	..	152	179	202	227	.. c	.. c	.. c
Succursales d'entreprises étrangères	..	0	0	0	..	..	..	..
Ensemble des entreprises	..	692	774	839	916	890	783	737
Non-vie								
Entreprises nationales	..	1 507	1 536	2 204	2 119	1 956	2 105	2 309
Entreprises sous contrôle étranger	..	35	.. c	.. c	..	.. c	.. c	.. c
Succursales d'entreprises étrangères	..	1 101	1 084	1 099	1 107	950	915	916
Ensemble des entreprises	..	2 608	2 619	3 303	3 226	2 906	3 020	3 224
Mixtes, ensemble des entreprises	..	..	..	..	..	..	..	..
Total								
Entreprises nationales	..	2 199	2 310	3 043	3 035	2 846	2 889	3 046
Entreprises sous contrôle étranger	..	187	179	202	227	..	..	..
Succursales d'entreprises étrangères	..	1 101	1 084	1 099	1 107	950	915	916
Ensemble des entreprises	..	3 300	3 393	4 142	4 142	3 797	3 804	3 961

NORVÈGE

Tableau 1. Agrégats sélectionnés *(suite)*

Millions NOK

	2011	2012	2013	2014	2015	2016	2017	2018
1.4 Dépenses brutes d'exploitation								
Vie								
Entreprises nationales	5 818	7 019	6 688	7 205	7 383	7 750	7 380	7 817
Entreprises sous contrôle étranger	688	692	185	807	765	.. c	..	..
Succursales d'entreprises étrangères	144	0	126	162	..	157	143	126
Ensemble des entreprises	5 962	7 019	6 814	7 367	7 383	7 907	7 523	7 943
Non-vie								
Entreprises nationales	6 155	5 527	5 925	6 585	6 138	6 139	6 956	11 045
Entreprises sous contrôle étranger	76	48	.. c	.. c	.. c	.. c	..	..
Succursales d'entreprises étrangères	5 121	4 765	4 203	5 318	5 574	5 465	4 732	5 207
Ensemble des entreprises	11 276	10 292	10 128	11 903	11 712	11 605	11 688	16 252
Mixtes, ensemble des entreprises	..	..	..	..	..	..	..	..
Total								
Entreprises nationales	11 973	12 546	12 613	13 790	13 521	13 889	14 336	18 862
Entreprises sous contrôle étranger	764	740	185	807	765	..	..	..
Succursales d'entreprises étrangères	5 265	4 765	4 329	5 480	5 574	5 623	4 875	5 333
Ensemble des entreprises	17 238	17 311	16 942	19 270	19 095	19 512	19 211	24 195
1.5 Opérations à l'étranger par succursale, primes brutes								
Vie								
Succursales et agences	..	..	.. c	..	..	..	..	..
Filiales	..	..	..	..	..	..	..	..
Total	..	..	.. c	..	..	..	..	..
Non-vie								
Succursales et agences	2 476	2 454	1 134	4 636	1 569	7 141	2 493	2 431
Filiales	..	..	.. c	.. c	..	..	..	..
Total	2 476	2 454	1 134	4 636	1 569	7 141	2 493	2 431
Mixtes total	..	..	..	..	..	..	..	..
Total								
Succursales et agences	2 476	2 454	1 134	4 636	1 569	7 141	2 493	2 431
Filiales	..	..	..	..	..	..	..	..
Total	2 476	2 454	1 134	4 636	1 569	7 141	2 493	2 431

.. Non disponible ; c Donnée confidentielle

Note : Voir les métadonnées détaillées sur : *http://metalinks.oecd.org/ins/20200312/ecf7.*

Source : Statistiques de l'OCDE sur les assurances (base de données)

NORVÈGE

Tableau 2. Nombre d'entreprises et d'employés

	2011	2012	2013	2014	2015	2016	2017	2018
2.1 Nombre d'entreprises								
Vie								
Entreprises nationales	12	10	12	10	10	10	13	12
Entreprises sous contrôle étranger	2	2	2	2	2	2	3	3
Succursales d'entreprises étrangères	10	9	9	7	7	7	6	6
Ensemble des entreprises	22	19	21	17	17	17	19	18
Non-vie								
Entreprises nationales	76	63	59	59	58	59	58	56
Entreprises sous contrôle étranger	1	1	1	1	2	2	2	1
Succursales d'entreprises étrangères	21	25	25	22	21	23	23	21
Ensemble des entreprises	97	88	84	81	79	82	81	77
Mixtes, ensemble des entreprises	**0**	**0**	**0**	**0**	**0**	..	..	..
Réassurance								
Entreprises nationales	..	..	..	..	..	..	..	..
Entreprises sous contrôle étranger	..	..	..	..	..	..	..	..
Succursales d'entreprises étrangères	..	..	..	..	..	..	..	..
Ensemble des entreprises	..	..	..	..	..	..	..	..
Total								
Entreprises nationales	88	73	71	69	68	69	71	68
Entreprises sous contrôle étranger	3	3	3	3	4	4	5	4
Succursales d'entreprises étrangères	31	34	34	29	28	30	29	27
Ensemble des entreprises	119	107	105	98	96	99	100	95
2.2 Nombre d'employés								
Entreprises d'assurance	..	..	..	..	..	..	..	..
Intermédiaires	..	..	..	..	..	..	..	..
Total	..	..	..	..	..	..	..	..

.. Non disponible

Note : Voir les métadonnées détaillées sur : *http://metalinks.oecd.org/ins/20200312/ecf7.*

Source : Statistiques de l'OCDE sur les assurances (base de données)

POLOGNE

Tableau 1. Agrégats sélectionnés

Millions PLN

	2011	2012	2013	2014	2015	2016	2017	2018
1.1 Opérations d'assurance conclues dans le pays déclarant								
1.1.1 Opérations d'assurance, par intérêt								
Primes brutes								
Entreprises nationales	57 151	62 627	57 863	54 927	54 804	56 039	62 339	62 161
Entreprises sous contrôle étranger	31 683	35 100	31 562	30 425	30 801	31 961	33 189	33 452
Succursales d'entreprises étrangères	..	..	..	..	..	..	..	..
Ensemble des entreprises	57 151	62 627	57 863	54 927	54 804	56 039	62 339	62 161
Primes cédées								
Entreprises nationales	3 852	4 598	4 214	4 170	5 197	6 765	7 216	7 235
Entreprises sous contrôle étranger	4 647	4 224	3 664	3 533	4 355	4 798	4 664	4 396
Succursales d'entreprises étrangères	..	..	..	..	..	..	..	..
Ensemble des entreprises	3 852	4 598	4 214	4 170	5 197	6 765	7 216	7 235
Primes nettes émises								
Entreprises nationales	53 299	58 029	53 649	50 757	49 606	49 274	55 123	54 927
Entreprises sous contrôle étranger	27 036	30 876	27 898	26 892	26 446	27 163	28 525	29 057
Succursales d'entreprises étrangères	..	..	..	..	..	..	..	..
Ensemble des entreprises	53 299	58 029	53 649	50 757	49 606	49 274	55 123	54 927
1.1.2 Opérations d'assurance par risque à l'étranger, primes brutes								
Vie	..	..	..	..	..	..	118	100
Non-vie	..	..	..	..	..	..	181	255
Mixtes total	..	..	..	..	..	..	..	..
Total	..	..	..	..	..	..	299	355
1.1.3 Paiement par catégories d'assurance, primes brutes (vie)								
Rentes	98	99	107	114	131	138	0	0
Unit linked	10 307	12 046	13 052	12 600	12 996	10 325	10 955	7 487
Autre assurance vie	21 415	24 203	18 082	15 933	14 377	13 370	13 583	14 216
Total assurance vie	31 820	36 348	31 241	28 646	27 505	23 833	24 539	21 702
***dont :** Contrats de retraite*	376	371	396	356	356	..	243	230
1.1.4 Paiement par catégories d'assurance, primes brutes (non-vie)								
L'assurance automobile	14 543	14 780	13 945	13 397	13 910	18 744	23 249	24 295
Les assurances transport (y compris maritime et aérien)	232	256	267	275	210	185	271	319
L'assurance de fret	107	119	117	126	116	120	..	..
L'assurance incendie et des dommages aux bien	5 056	5 441	5 973	5 715	5 938	6 246	6 877	7 618
L'assurance des pertes pécuniaires	1 631	1 526	1 858	2 149	1 893	1 805	1 713	1 812
L'assurance de la responsabilité civile générale	1 459	1 773	1 891	1 964	2 134	1 915	2 064	2 297
Les assurances accidents et maladie	1 688	1 801	1 926	2 007	2 273	2 222	2 347	2 715
***dont :** Maladie*	1 245	513	612	656	613	618	561	872
Autres assurances non-vie	575	554	622	627	804	947	1 256	1 403
Réassurance obligatoire	..	..	..	..	..	..	..	..
Total assurance non-vie	25 291	26 250	26 599	26 260	27 278	32 182	37 777	40 459
1.2 Paiements bruts des sinistres								
Vie								
Entreprises nationales	26 069	25 917	23 087	20 360	19 358	18 284	20 315	21 401
Entreprises sous contrôle étranger	12 116	13 331	10 927	9 783	8 795	9 543	9 295	10 029
Succursales d'entreprises étrangères	..	..	..	..	..	..	..	..
Ensemble des entreprises	26 069	25 917	23 087	20 360	19 358	18 284	20 315	21 401
Non-vie								
Entreprises nationales	13 738	14 046	13 711	13 811	15 488	18 393	19 931	21 011
Entreprises sous contrôle étranger	8 128	8 890	8 434	8 579	9 515	10 911	11 453	12 435
Succursales d'entreprises étrangères	..	..	..	..	..	..	..	..
Ensemble des entreprises	13 738	14 046	13 711	13 811	15 488	18 393	19 931	21 011
Mixtes, ensemble des entreprises	..	..	..	..	..	..	..	..
Total								
Entreprises nationales	39 807	39 963	36 798	34 171	34 846	36 677	40 246	42 412
Entreprises sous contrôle étranger	20 244	22 221	19 362	18 363	18 310	20 454	20 748	22 464
Succursales d'entreprises étrangères	..	..	..	..	..	..	..	..
Ensemble des entreprises	39 807	39 963	36 798	34 171	34 846	36 677	40 246	42 412
1.3 Commissions								
Vie								
Entreprises nationales	3 245	70	93	203	231	222	183	133
Entreprises sous contrôle étranger	2 591	69	70	191	223	218	179	127
Succursales d'entreprises étrangères	..	..	..	..	..	..	..	..
Ensemble des entreprises	3 245	70	93	203	231	222	183	133
Non-vie								
Entreprises nationales	4 015	657	740	651	719	1 115	1 545	1 795
Entreprises sous contrôle étranger	2 659	648	606	594	657	929	1 122	1 222
Succursales d'entreprises étrangères	..	..	..	..	..	..	..	..
Ensemble des entreprises	4 015	657	740	651	719	1 115	1 545	1 795
Mixtes, ensemble des entreprises	..	..	..	..	..	..	..	..
Total								
Entreprises nationales	7 260	727	833	854	950	1 337	1 727	1 928
Entreprises sous contrôle étranger	5 250	717	676	785	880	1 147	1 301	1 350
Succursales d'entreprises étrangères	..	..	..	..	..	..	..	..
Ensemble des entreprises	7 260	727	833	854	950	1 337	1 727	1 928

POLOGNE

Tableau 1. Agrégats sélectionnés *(suite)*

Millions PLN

	2011	2012	2013	2014	2015	2016	2017	2018
1.4 Dépenses brutes d'exploitation								
Vie								
Entreprises nationales	5 605	6 416	6 146	6 588	6 476	5 647	5 963	5 697
Entreprises sous contrôle étranger	3 944	4 244	3 831	4 369	4 182	3 797	3 491	3 276
Succursales d'entreprises étrangères	..	..	..	..	..	..	..	..
Ensemble des entreprises	5 605	6 416	6 146	6 588	6 476	5 647	5 963	5 697
Non-vie								
Entreprises nationales	7 276	7 733	7 775	8 018	8 335	9 104	12 793	14 073
Entreprises sous contrôle étranger	4 549	5 225	5 090	5 135	5 569	5 978	7 938	8 744
Succursales d'entreprises étrangères	..	..	..	..	..	..	..	..
Ensemble des entreprises	7 276	7 733	7 775	8 018	8 335	9 104	12 793	14 073
Mixtes, ensemble des entreprises	..	..	..	..	..	..	..	..
Total								
Entreprises nationales	12 882	14 149	13 921	14 606	14 811	14 751	18 756	19 770
Entreprises sous contrôle étranger	8 493	9 469	8 921	9 504	9 751	9 776	11 429	12 021
Succursales d'entreprises étrangères	..	..	..	..	..	..	..	..
Ensemble des entreprises	12 882	14 149	13 921	14 606	14 811	14 751	18 756	19 770
1.5 Opérations à l'étranger par succursale, primes brutes								
Vie								
Succursales et agences	19	26	..	79	92	..	95	80
Filiales	..	..	..	..	..	..	..	..
Total	19	26	..	79	92	..	95	80
Non-vie								
Succursales et agences	62	53	..	98	116	..	..	..
Filiales	49	..	..	..	..	..	..	..
Total	111	53	..	98	116	..	..	..
Mixtes total	..	..	..	..	..	..	..	..
Total								
Succursales et agences	82	79	..	177	208	..	95	80
Filiales	49	..	..	..	..	..	..	..
Total	130	79	..	177	208	..	95	80

.. Non disponible

Note : Voir les métadonnées détaillées sur : *http://metalinks.oecd.org/ins/20200312/028d.*

Source : Statistiques de l'OCDE sur les assurances (base de données)

POLOGNE

Tableau 2. Nombre d'entreprises et d'employés

	2011	2012	2013	2014	2015	2016	2017	2018
2.1 Nombre d'entreprises								
Vie								
Entreprises nationales	28	28	27	26	28	27	27	26
Entreprises sous contrôle étranger	22	23	21	19	21	21	20	18
Succursales d'entreprises étrangères	2	..	..	..	..	..	..	..
Ensemble des entreprises	30	28	27	26	28	27	27	26
Non-vie								
Entreprises nationales	32	30	30	30	32	33	33	33
Entreprises sous contrôle étranger	22	21	19	19	22	20	19	19
Succursales d'entreprises étrangères	11	..	..	..	..	..	..	..
Ensemble des entreprises	43	30	30	30	32	33	33	33
Mixtes, ensemble des entreprises	**0**	**0**	**0**	**0**	**0**	**0**	**..**	**..**
Réassurance								
Entreprises nationales	1	1	1	1	1	1	1	1
Entreprises sous contrôle étranger	1	1	1	1	1	1	1	1
Succursales d'entreprises étrangères	..	..	..	..	..	..	..	..
Ensemble des entreprises	1	1	1	1	1	1	1	1
Total								
Entreprises nationales	61	59	58	57	61	61	61	60
Entreprises sous contrôle étranger	45	45	41	39	44	42	40	38
Succursales d'entreprises étrangères	13	..	..	..	..	..	..	..
Ensemble des entreprises	74	59	58	57	61	61	61	38
2.2 Nombre d'employés								
Entreprises d'assurance	37 239	37 205	37 187	35 922	35 282	..	..	..
Intermédiaires	68 168	58 879	69 621	58 004	49 126	..	..	..
Total	105 407	96 083	106 808	93 926	84 408	..	..	..

.. Non disponible

Note : Voir les métadonnées détaillées sur : *http://metalinks.oecd.org/ins/20200312/028d*.

Source : Statistiques de l'OCDE sur les assurances (base de données)

PORTUGAL

Tableau 1. Agrégats sélectionnés

Millions EUR

	2011	2012	2013	2014	2015	2016	2017	2018
1.1 Opérations d'assurance conclues dans le pays déclarant								
1.1.1 Opérations d'assurance, par intérêt								
Primes brutes								
Entreprises nationales	11 165	10 553	12 802	14 051	12 568	10 913	11 455	12 590
Entreprises sous contrôle étranger	1 676	1 553	1 617	8 737	8 890	9 048	10 640	11 441
Succursales d'entreprises étrangères	73	0	0	0	0	0	0	0
Ensemble des entreprises	11 238	10 553	12 802	14 051	12 568	10 913	11 455	12 590
Primes cédées								
Entreprises nationales	982	1 096	1 144	1 118	1 194	1 214	1 307	1 338
Entreprises sous contrôle étranger	153	130	140	836	924	992	1 180	1 209
Succursales d'entreprises étrangères	23	0	0	0	0	0	0	0
Ensemble des entreprises	1 005	1 096	1 144	1 118	1 194	1 214	1 307	1 338
Primes nettes émises								
Entreprises nationales	10 183	9 457	11 658	12 933	11 374	9 698	10 148	11 252
Entreprises sous contrôle étranger	1 523	1 423	1 477	7 902	7 966	8 056	9 460	10 232
Succursales d'entreprises étrangères	50	0	0	0	0	0	0	0
Ensemble des entreprises	10 232	9 457	11 658	12 933	11 374	9 698	10 148	11 252
1.1.2 Opérations d'assurance par risque à l'étranger, primes brutes								
Vie	0	2	3	13	8	11	8	0
Non-vie	2	15	14	13	13	4	7	8
Mixtes	0	54	64	92	107	127	129	127
dont :								
Vie	0	27	27	53	63	70	74	65
Non-vie	0	27	38	39	44	57	55	63
Total	2	72	81	118	129	142	144	136
1.1.3 Paiement par catégories d'assurance, primes brutes (vie)								
Rentes	19	46	79	64	109	142	183	142
Unit linked	1 954	1 999	1 851	1 966	2 119	1 655	2 077	1 703
Autre assurance vie	5 240	4 633	7 094	8 220	6 254	4 708	4 450	5 934
Total Assurance Vie	7 213	6 678	9 023	10 249	8 481	6 504	6 710	7 779
***dont :** Contrats de retraite*	..	..	..	..	..	..	..	..
1.1.4 Paiement par catégories d'assurance, primes brutes (non-vie)								
L'assurance automobile	1 447	1 353	1 277	1 256	1 316	1 399	1 482	1 429
Les assurances transport (y compris maritime et aérien)	35	35	33	29	28	25	27	26
L'assurance de fret	26	25	25	24	23	22	22	0
L'assurance incendie et des dommages aux bien	686	702	700	699	745	771	795	764
L'assurance des pertes pécuniaires	54	63	09	70	73	84	83	47
L'assurance de la responsabilité civile générale	90	89	84	87	94	99	102	101
Les assurances accidents et maladie	1 480	1 430	1 413	1 452	1 602	1 783	1 999	2 141
***dont :** Maladie*	820	838	862	896	973	1 084	1 208	1 307
Autres assurances non-vie	170	177	178	183	205	225	235	239
Réassurance obligatoire	0	0	0	0	0	0	0	..
Total assurance non-vie	3 988	3 874	3 778	3 802	4 086	4 408	4 745	4 747
1.2 Paiements bruts des sinistres								
Vie								
Entreprises nationales	6 935	4 875	4 518	5 254	6 133	6 568	3 940	3 306
Entreprises sous contrôle étranger	505	461	374	2 667	2 724	2 252	2 853	2 749
Succursales d'entreprises étrangères	0	0	0	0	0	0	0	0
Ensemble des entreprises	6 935	4 875	4 518	5 254	6 133	6 568	3 940	3 306
Non-vie								
Entreprises nationales	1 588	1 471	1 446	1 407	1 520	1 336	1 413	1 530
Entreprises sous contrôle étranger	424	385	376	1 174	1 278	1 070	1 130	1 200
Succursales d'entreprises étrangères	0	0	0	0	0	0	0	0
Ensemble des entreprises	1 588	1 471	1 446	1 407	1 520	1 336	1 413	1 530
Mixtes								
Entreprises nationales	7 987	5 927	5 427	5 201	5 128	4 554	4 230	5 086
Entreprises sous contrôle étranger	517	541	562	3 991	3 922	4 501	4 180	4 606
Succursales d'entreprises étrangères	43	0	0	0	0	0	0	0
Ensemble des entreprises	8 030	5 927	5 427	5 201	5 128	4 554	4 230	5 086
dont :								
Vie	6 661	4 616	4 067	3 895	3 840	2 867	2 479	3 320
Entreprises nationales	6 621	4 616	4 067	3 895	3 840	2 867	2 479	3 320
Entreprises sous contrôle étranger	173	184	167	2 904	2 839	2 815	2 431	2 843
Succursales d'entreprises étrangères	41	0	0	0	0	0	0	0
Ensemble des entreprises	6 661	4 616	4 067	3 895	3 840	2 867	2 479	3 320
Non-vie	1 369	1 311	1 360	1 306	1 288	1 687	1 751	1 766
Entreprises nationales	1 367	1 311	1 360	1 306	1 288	1 687	1 751	1 766
Entreprises sous contrôle étranger	344	357	395	1 087	1 083	1 686	1 749	1 763
Succursales d'entreprises étrangères	2	0	0	0	0	0	0	0
Ensemble des entreprises	1 369	1 311	1 360	1 306	1 288	1 687	1 751	1 766
Total								
Entreprises nationales	16 510	12 274	11 391	11 861	12 782	12 458	9 582	9 922
Entreprises sous contrôle étranger	1 446	1 387	1 312	7 832	7 923	7 822	8 163	8 555
Succursales d'entreprises étrangères	43	0	0	0	0	0	0	0
Ensemble des entreprises	16 553	12 274	11 391	11 861	12 782	12 458	9 582	9 922

PORTUGAL

Tableau 1. Agrégats sélectionnés *(suite)*

Millions EUR

	2011	2012	2013	2014	2015	2016	2017	2018
1.3 Commissions								
Vie								
Entreprises nationales	38	47	144	40	77	105	103	89
Entreprises sous contrôle étranger	9	7	7	15	41	42	85	78
Succursales d'entreprises étrangères	0	0	0	0	0	0	0	0
Ensemble des entreprises	38	47	144	40	77	105	103	89
Non-vie								
Entreprises nationales	155	157	156	153	178	164	183	194
Entreprises sous contrôle étranger	44	40	38	117	133	98	115	124
Succursales d'entreprises étrangères	0	0	0	0	0	0	0	0
Ensemble des entreprises	155	157	156	153	178	164	183	194
Mixtes								
Entreprises nationales	273	272	291	301	295	286	351	350
Entreprises sous contrôle étranger	76	81	99	208	222	283	344	333
Succursales d'entreprises étrangères	20	0	0	0	0	0	0	0
Ensemble des entreprises	293	272	291	301	295	286	351	350
dont :								
Vie	114	87	98	100	82	49	58	75
Entreprises nationales	96	87	98	100	82	49	58	75
Entreprises sous contrôle étranger	20	21	28	42	44	47	52	58
Succursales d'entreprises étrangères	18	0	0	0	0	0	0	0
Ensemble des entreprises	114	87	98	100	82	49	58	75
Non-vie	179	185	193	201	214	237	293	275
Entreprises nationales	177	185	193	201	214	237	293	275
Entreprises sous contrôle étranger	56	60	71	165	178	236	291	275
Succursales d'entreprises étrangères	2	0	0	0	0	0	0	0
Ensemble des entreprises	179	185	193	201	214	237	293	275
Total								
Entreprises nationales	466	476	591	493	550	554	637	633
Entreprises sous contrôle étranger	130	128	144	339	396	423	543	534
Succursales d'entreprises étrangères	20	0	0	0	0	0	0	0
Ensemble des entreprises	486	476	591	493	550	554	637	633
1.4 Dépenses brutes d'exploitation								
Vie								
Entreprises nationales	202	206	314	212	244	300	298	280
Entreprises sous contrôle étranger	37	36	33	136	163	168	248	246
Succursales d'entreprises étrangères	0	0	0	0	0	0	0	0
Ensemble des entreprises	202	206	314	212	244	300	298	280
Non-vie								
Entreprises nationales	528	511	496	495	550	467	494	513
Entreprises sous contrôle étranger	155	144	133	398	441	357	388	402
Succursales d'entreprises étrangères	0	0	0	0	0	0	0	0
Ensemble des entreprises	528	511	496	495	550	467	494	513
Mixtes								
Entreprises nationales	710	723	715	717	720	711	851	823
Entreprises sous contrôle étranger	190	200	198	541	571	702	839	790
Succursales d'entreprises étrangères	39	0	0	0	0	0	0	0
Ensemble des entreprises	750	723	715	717	720	711	851	823
dont :								
Vie	258	221	234	230	222	148	173	206
Entreprises nationales	226	221	234	230	222	148	173	206
Entreprises sous contrôle étranger	48	49	48	125	145	140	162	175
Succursales d'entreprises étrangères	32	0	0	0	0	0	0	0
Ensemble des entreprises	258	221	234	230	222	148	173	206
Non-vie	492	502	481	487	497	562	678	617
Entreprises nationales	484	502	481	487	497	562	678	617
Entreprises sous contrôle étranger	142	151	151	416	427	562	677	615
Succursales d'entreprises étrangères	7	0	0	0	0	0	0	0
Ensemble des entreprises	492	502	481	487	497	562	678	617
Total								
Entreprises nationales	1 440	1 440	1 525	1 425	1 513	1 478	1 643	1 615
Entreprises sous contrôle étranger	381	380	364	1 076	1 176	1 227	1 474	1 438
Succursales d'entreprises étrangères	39	0	0	0	0	0	0	0
Ensemble des entreprises	1 480	1 440	1 525	1 425	1 513	1 478	1 643	1 615

PORTUGAL

Tableau 1. Agrégats sélectionnés *(suite)*

Millions EUR

	2011	2012	2013	2014	2015	2016	2017	2018
1.5 Opérations à l'étranger par succursale, primes brutes								
Vie								
Succursales et agences	6	2	3	13	8	11	8	0
Filiales	0	0	0	0	0	0	0	0
Total	6	2	3	13	8	11	8	0
Non-vie								
Succursales et agences	8	14	12	12	12	1	3	0
Filiales	0	0	0	0	0	0	0	0
Total	8	14	12	12	12	1	3	0
Mixtes								
Succursales et agences	55	54	64	92	107	127	129	195
Filiales	0	0	0	0	0	0	0	0
Total	55	54	64	92	107	127	129	195
dont :								
Vie	28	27	27	53	63	70	74	132
Succursales et agences	28	27	27	53	63	70	74	132
Filiales	0	0	0	0	0	0	0	0
Total	28	27	27	53	63	70	74	132
Non-vie	27	27	38	39	44	57	55	63
Succursales et agences	27	27	38	39	44	57	55	63
Filiales	0	0	0	0	0	0	0	0
Total	27	27	38	39	44	57	55	63
Total								
Succursales et agences	69	70	79	117	128	138	140	195
Filiales	0	0	0	0	0	0	0	0
Total	69	70	79	117	128	138	140	195

.. Non disponible

Note : Voir les métadonnées détaillées sur : *http://metalinks.oecd.org/ins/20200312/315b.*

Source : Statistiques de l'OCDE sur les assurances (base de données)

PORTUGAL

Tableau 2. Nombre d'entreprises et d'employés

	2011	2012	2013	2014	2015	2016	2017	2018
2.1 Nombre d'entreprises								
Vie								
Entreprises nationales	14	14	14	16	16	14	13	12
Entreprises sous contrôle étranger	5	5	5	10	10	9	9	10
Succursales d'entreprises étrangères	6	6	5	5	5	4	4	5
Ensemble des entreprises	20	20	19	21	21	18	17	17
Non-vie								
Entreprises nationales	21	21	21	21	24	23	23	23
Entreprises sous contrôle étranger	5	4	4	15	16	15	15	16
Succursales d'entreprises étrangères	24	25	24	23	21	19	19	23
Ensemble des entreprises	45	46	45	44	45	42	42	46
Mixtes								
Entreprises nationales	7	6	6	5	5	5	6	5
Entreprises sous contrôle étranger	2	2	2	3	3	4	4	3
Succursales d'entreprises étrangères	5	5	6	6	7	7	7	9
Ensemble des entreprises	12	11	12	11	12	12	13	14
Réassurance								
Entreprises nationales	1	1	1	1	1	1	1	1
Entreprises sous contrôle étranger	0	0	0	1	1	1	1	1
Succursales d'entreprises étrangères	0	0	0	0	0	0	0	0
Ensemble des entreprises	1	1	1	1	1	1	1	1
Total								
Entreprises nationales	43	42	42	43	46	43	43	41
Entreprises sous contrôle étranger	12	11	11	29	30	29	29	30
Succursales d'entreprises étrangères	35	36	35	34	33	30	30	37
Ensemble des entreprises	78	78	77	77	79	73	73	78
2.2 Nombre d'employés								
Entreprises d'assurance	10 937	8 807	9 224	9 252	9 441	9 387	9 381	8 781
Intermédiaires	25 397	24 624	24 207	23 465	22 738	21 426	20 258	18 999
Total	36 334	33 431	33 431	32 717	32 179	30 813	29 639	27 780

Note : Voir les métadonnées détaillées sur : *http://metalinks.oecd.org/ins/20200312/315b.*

Source : Statistiques de l'OCDE sur les assurances (base de données)

RÉPUBLIQUE SLOVAQUE

Tableau 1. Agrégats sélectionnés

Millions EUR

	2011	2012	2013	2014	2015	2016	2017	2018
1.1 Opérations d'assurance conclues dans le pays déclarant								
1.1.1 Opérations d'assurance, par intérêt								
Primes brutes								
Entreprises nationales	2 040	2 036	2 082	2 106	2 020	..	4 186	..
Entreprises sous contrôle étranger	1 875	1 863	1 901	1 918	1 827	..	..	..
Succursales d'entreprises étrangères	114	121	146	142	143	..	282	..
Ensemble des entreprises	2 154	2 157	2 228	2 248	2 163	..	4 468	..
Primes cédées								
Entreprises nationales	294	294	298	314	319	..	319	..
Entreprises sous contrôle étranger	268	267	268	283	287	..	..	..
Succursales d'entreprises étrangères	17	17	19	17	17	..	31	..
Ensemble des entreprises	312	311	316	331	336	..	350	..
Primes nettes émises								
Entreprises nationales	1 746	1 742	1 785	1 792	1 701	..	3 868	..
Entreprises sous contrôle étranger	1 606	1 596	1 633	1 635	1 540	..	..	..
Succursales d'entreprises étrangères	96	104	127	126	126	..	250	..
Ensemble des entreprises	1 842	1 846	1 912	1 917	1 827	..	4 118	..
1.1.2 Opérations d'assurance par risque à l'étranger, primes brutes								
Vie	..	..	..	..	..	..	..	..
Non-vie	..	..	..	..	..	..	..	..
Mixtes	..	..	..	..	..	..	..	..
dont :								
Vie	..	..	..	..	..	..	..	..
Non-vie	..	..	..	..	..	..	..	..
Total	..	..	..	..	..	..	..	..
1.1.3 Paiement par catégories d'assurance, primes brutes (vie)								
Rentes	619	607	649	623	586	..	2	..
Unit linked	338	409	423	417	351	..	166	..
Autre assurance vie	137	146	164	180	171	..	950	..
Total Assurance Vie	1 094	1 162	1 236	1 220	1 108	..	1 119	..
***dont :** Contrats de retraite*	15	13	12	12	12	..	..	..
1.1.4 Paiement par catégories d'assurance, primes brutes (non-vie)								
L'assurance automobile	568	548	528	532	547	..	309	..
Les assurances transport (y compris maritime et aérien)	6	7	6	6	6	..	10	..
L'assurance de fret	8	8	8	8	8	..	..	..
L'assurance incendie et des dommages aux bien	248	247	250	257	257	..	276	..
L'assurance des pertes pécuniaires	25	21	27	33	34	..	11	..
L'assurance de la responsabilité civile générale	65	68	73	78	78	..	80	..
Les assurances accidents et maladie	38	40	45	49	44	..	..	..
***dont :** Maladie*	2	2	2	2	3	..	..	..
Autres assurances non-vie	31	32	34	35	39	..	397	..
Réassurance obligatoire	19	21	21	32	42	..	..	..
Total assurance non-vie	1 009	996	992	1 028	1 055	..	1 083	..
1.2 Paiements bruts des sinistres								
Vie								
Entreprises nationales	97	93	91	107	98	186	76	..
Entreprises sous contrôle étranger	97	93	91	107	98	..	73	..
Succursales d'entreprises étrangères	0	0	0	0	2	..	117	..
Ensemble des entreprises	97	93	91	108	100	..	193	..
Non-vie								
Entreprises nationales	5	1	0	0	0	..	..	..
Entreprises sous contrôle étranger	5	1	0	0	0	..	..	..
Succursales d'entreprises étrangères	24	44	27	29	32	..	21	..
Ensemble des entreprises	29	45	27	29	32	..	..	..
Mixtes								
Entreprises nationales	1 075	1 083	1 117	1 084	1 057	2 291	..	..
Entreprises sous contrôle étranger	945	948	979	948	911	1 909	76	..
Succursales d'entreprises étrangères	5	12	14	16	16	..	21	..
Ensemble des entreprises	1 079	1 094	1 131	1 099	1 073	..	..	..
dont :								
Vie	566	640	658	646	575	..	..	..
Entreprises nationales	562	632	647	634	563	1 794	..	..
Entreprises sous contrôle étranger	463	527	544	533	457	1 459	72	..
Succursales d'entreprises étrangères	4	8	11	12	12	..	17	..
Ensemble des entreprises	566	640	658	646	575	..	..	..
Non-vie	513	455	473	453	497	..	..	..
Entreprises nationales	513	451	470	450	494	497	..	..
Entreprises sous contrôle étranger	483	421	435	415	454	450	4	..
Succursales d'entreprises étrangères	0	4	4	3	3	..	5	..
Ensemble des entreprises	513	455	473	453	497	..	..	..
Total								
Entreprises nationales	1 177	1 176	1 208	1 191	1 155	2 477	76	..
Entreprises sous contrôle étranger	1 047	1 042	1 070	1 055	1 010	1 909	149	..
Succursales d'entreprises étrangères	30	55	42	44	49	..	159	..
Ensemble des entreprises	1 206	1 232	1 249	1 236	1 205	..	193	..

RÉPUBLIQUE SLOVAQUE

Tableau 1. Agrégats sélectionnés *(suite)*

Millions EUR

	2011	2012	2013	2014	2015	2016	2017	2018
1.3 Commissions								
Vie								
Entreprises nationales	26	28	29	33	37	..	..	..
Entreprises sous contrôle étranger	26	28	29	33	37	..	..	..
Succursales d'entreprises étrangères	1	1	1	1	2	..	23	..
Ensemble des entreprises	27	29	30	34	39	..	..	..
Non-vie								
Entreprises nationales	2	1	0	0	0	..	..	..
Entreprises sous contrôle étranger	2	1	0	0	0	..	..	..
Succursales d'entreprises étrangères	9	11	13	15	18	..	21	..
Ensemble des entreprises	11	12	13	15	18	..	..	..
Mixtes								
Entreprises nationales	230	238	251	259	250	..	..	..
Entreprises sous contrôle étranger	219	225	238	244	233	..	..	..
Succursales d'entreprises étrangères	17	17	18	4	16	..	20	..
Ensemble des entreprises	247	255	269	264	266	..	..	..
dont :								
Vie	97	102	107	95	89	..	..	..
Entreprises nationales	82	86	93	95	77	..	..	..
Entreprises sous contrôle étranger	79	81	90	91	73	..	..	..
Succursales d'entreprises étrangères	16	16	14	0	12	..	13	..
Ensemble des entreprises	97	102	107	95	89	..	..	..
Non-vie	149	154	162	168	177	..	..	..
Entreprises nationales	149	152	158	164	173	..	..	..
Entreprises sous contrôle étranger	141	143	149	153	160	..	..	..
Succursales d'entreprises étrangères	1	2	4	4	5	..	7	..
Ensemble des entreprises	149	154	162	168	177	..	..	..
Total								
Entreprises nationales	258	266	279	292	287	..	..	..
Entreprises sous contrôle étranger	247	253	267	277	270	..	..	..
Succursales d'entreprises étrangères	27	30	32	21	36	..	64	..
Ensemble des entreprises	285	296	311	313	323	..	..	..
1.4 Dépenses brutes d'exploitation								
Vie								
Entreprises nationales	58	58	57	63	72	..	55	..
Entreprises sous contrôle étranger	58	58	57	63	72	..	..	..
Succursales d'entreprises étrangères	2	3	2	2	3	..	51	..
Ensemble des entreprises	60	60	59	65	75	..	105	..
Non-vie								
Entreprises nationales	6	2	0	0	0	..	..	..
Entreprises sous contrôle étranger	6	2	0	0	0	..	..	..
Succursales d'entreprises étrangères	23	26	30	31	32	..	41	..
Ensemble des entreprises	29	28	30	31	32	..	41	..
Mixtes								
Entreprises nationales	492	510	522	529	505	..	502	..
Entreprises sous contrôle étranger	465	481	492	498	472	..	..	..
Succursales d'entreprises étrangères	23	29	28	7	25	..	29	..
Ensemble des entreprises	515	539	549	536	531	..	531	..
dont :								
Vie	212	231	228	212	187	..	179	..
Entreprises nationales	190	207	207	212	170	..	161	..
Entreprises sous contrôle étranger	180	195	197	202	160	..	..	..
Succursales d'entreprises étrangères	22	24	21	1	17	..	19	..
Ensemble des entreprises	212	231	228	212	187	..	179	..
Non-vie	302	308	321	324	344	..	351	..
Entreprises nationales	301	303	314	317	336	..	341	..
Entreprises sous contrôle étranger	285	286	295	295	312	..	..	..
Succursales d'entreprises étrangères	1	5	7	6	8	..	10	..
Ensemble des entreprises	302	308	321	324	344	..	351	..
Total								
Entreprises nationales	555	569	578	592	578	..	556	..
Entreprises sous contrôle étranger	529	541	549	561	544	..	..	..
Succursales d'entreprises étrangères	48	57	60	40	60	..	121	..
Ensemble des entreprises	603	627	639	632	638	..	677	..

RÉPUBLIQUE SLOVAQUE

Tableau 1. Agrégats sélectionnés *(suite)*

Millions EUR

	2011	2012	2013	2014	2015	2016	2017	2018
1.5 Opérations à l'étranger par succursale, primes brutes								
Vie								
Succursales et agences	0	0	0	0	1	..	..	..
Filiales	0	0	0	1	5	..	..	..
Total	0	0	0	1	6	..	..	..
Non-vie								
Succursales et agences	0	0	0	0	0	..	..	..
Filiales	0	0	0	0	0	..	..	..
Total	0	0	0	0	0	..	..	..
Mixtes								
Succursales et agences	0	1	1	2	2	..	..	..
Filiales	4	3	3	4	6	..	..	..
Total	4	4	5	6	8	..	..	..
dont :								
Vie	0	0	0	0	0	..	..	..
Succursales et agences	0	0	0	0	0	..	..	..
Filiales	0	0	0	0	0	..	..	..
Total	0	0	0	0	0	..	..	..
Non-vie	4	4	5	6	8	..	..	..
Succursales et agences	0	1	1	2	2	..	..	..
Filiales	4	3	3	4	6	..	..	..
Total	4	4	5	6	8	..	..	..
Total								
Succursales et agences	0	1	1	2	3	..	..	..
Filiales	4	3	3	5	10	..	..	..
Total	4	4	5	7	14	..	..	..

.. Non disponible

Note : Voir les métadonnées détaillées sur : *http://metalinks.oecd.org/ins/20200312/7abd.*

Source : Statistiques de l'OCDE sur les assurances (base de données)

RÉPUBLIQUE SLOVAQUE

Tableau 2. Nombre d'entreprises et d'employés

	2011	2012	2013	2014	2015	2016	2017	2018
2.1 Nombre d'entreprises								
Vie								
Entreprises nationales	6	5	5	5	5	3	3	..
Entreprises sous contrôle étranger	6	5	5	5	5	3	2	..
Succursales d'entreprises étrangères	2	1	1	1	1	2	2	..
Ensemble des entreprises	8	6	6	6	6	5	5	..
Non-vie								
Entreprises nationales	2	1	0	0	0	0	0	..
Entreprises sous contrôle étranger	2	1	0	0	0	0	0	..
Succursales d'entreprises étrangères	13	16	17	17	17	19	19	..
Ensemble des entreprises	15	17	17	17	17	19	19	..
Mixtes								
Entreprises nationales	12	12	12	12	12	12	12	..
Entreprises sous contrôle étranger	10	10	10	10	10	12	10	..
Succursales d'entreprises étrangères	2	2	2	2	2	18	2	..
Ensemble des entreprises	14	14	14	14	14	30	14	..
Réassurance								
Entreprises nationales	0	0	0	0	0	0	0	..
Entreprises sous contrôle étranger	0	0	0	0	0	0	0	..
Succursales d'entreprises étrangères	1	1	1	1	1	0	0	..
Ensemble des entreprises	1	1	1	1	1	0	0	..
Total								
Entreprises nationales	20	18	17	17	17	15	15	..
Entreprises sous contrôle étranger	18	16	15	15	15	15	12	..
Succursales d'entreprises étrangères	18	20	21	21	21	39	23	..
Ensemble des entreprises	38	38	38	38	38	54	38	..
2.2 Nombre d'employés								
Entreprises d'assurance	6 087	5 878	5 778	5 937	..	..	..	..
Intermédiaires	1 020	1 373	..	1 358	..	..	..	..
Total	7 107	7 251	..	7 295	..	..	..	..

.. Non disponible

Note : Voir les métadonnées détaillées sur : *http://metalinks.oecd.org/ins/20200312/7abd.*

Source : Statistiques de l'OCDE sur les assurances (base de données)

SLOVÉNIE

Tableau 1. Agrégats sélectionnés

Millions EUR

	2011	2012	2013	2014	2015	2016	2017	2018
1.1 Opérations d'assurance conclues dans le pays déclarant								
1.1.1 Opérations d'assurance, par intérêt								
Primes brutes								
Entreprises nationales	2 184	2 192	2 114	2 095	2 150	2 182	2 298	2 424
Entreprises sous contrôle étranger	169	166	166	166	172	180	186	191
Succursales d'entreprises étrangères	..	..	..	..	..	..	..	..
Ensemble des entreprises	2 184	2 192	2 114	2 095	2 150	2 182	2 298	2 424
Primes cédées								
Entreprises nationales	279	283	258	274	256	269	310	320
Entreprises sous contrôle étranger	40	27	27	28	33	39	42	42
Succursales d'entreprises étrangères	..	..	..	..	..	..	..	..
Ensemble des entreprises	279	283	258	274	256	269	310	320
Primes nettes émises								
Entreprises nationales	1 905	1 909	1 856	1 821	1 894	1 914	1 988	2 105
Entreprises sous contrôle étranger	128	139	140	137	139	141	144	149
Succursales d'entreprises étrangères	..	..	..	..	..	..	..	..
Ensemble des entreprises	1 905	1 909	1 856	1 821	1 894	1 914	1 988	2 105
1.1.2 Opérations d'assurance par risque à l'étranger, primes brutes								
Vie	0	0	..	..	..	..	..	..
Non-vie	..	..	0	0	0	..	..	..
Mixtes	0	2	2	1	1	..	..	..
dont :								
Vie	..	..	0	0	1	..	..	..
Non-vie	0	2	1	1	0	..	..	..
Total	0	2	2	2	2	..	..	..
1.1.3 Paiement par catégories d'assurance, primes brutes (vie)								
Rentes	..	..	..	..	..	..	..	..
Unit linked	228	219	201	195	215	213	223	225
Autre assurance vie	252	266	273	284	283	279	293	301
Total Assurance Vie	479	485	473	479	498	492	516	526
***dont :** Contrats de retraite*	51	65	45	37	37	39	41	41
1.1.4 Paiement par catégories d'assurance, primes brutes (non-vie)								
L'assurance automobile	601	559	513	495	484	499	539	590
Les assurances transport (y compris maritime et aérien)	15	18	15	16	18	18	19	21
L'assurance de fret	15	15	14	13	15	16	16	16
L'assurance incendie et des dommages aux bien	389	396	370	372	393	405	415	439
L'assurance des pertes pécuniaires	60	48	49	56	62	62	64	60
L'assurance de la responsabilité civile générale	58	61	63	65	64	72	73	79
Les assurances accidents et maladie	544	580	585	574	591	591	623	661
***dont :** Maladie*	428	467	480	470	484	489	522	556
Autres assurances non-vie	32	30	31	24	25	28	33	34
Réassurance obligatoire	0	0	..	0	0	0	0	0
Total assurance non-vie	1 704	1 706	1 641	1 616	1 652	1 690	1 782	1 898
1.2 Paiements bruts des sinistres								
Vie								
Entreprises nationales	35	40	31	36	52	50	46	..
Entreprises sous contrôle étranger	0	0	0	1	0	2	..	..
Succursales d'entreprises étrangères	..	..	..	..	..	..	..	..
Ensemble des entreprises	35	40	31	36	52	50	46	..
Non-vie								
Entreprises nationales	443	463	482	449	499	491	532	556
Entreprises sous contrôle étranger	0	..	..	..	1	0	..	0
Succursales d'entreprises étrangères	..	..	..	..	..	..	..	..
Ensemble des entreprises	443	463	482	449	499	491	532	556
Mixtes								
Entreprises nationales	878	902	951	941	911	903	995	1 115
Entreprises sous contrôle étranger	77	84	93	90	91	95	104	111
Succursales d'entreprises étrangères	..	..	..	..	..	..	..	..
Ensemble des entreprises	878	902	951	941	911	903	995	1 115
dont :								
Vie	229	259	299	304	305	314	347	402
Entreprises nationales	229	259	299	304	305	314	347	402
Entreprises sous contrôle étranger	41	47	51	50	51	50	50	49
Succursales d'entreprises étrangères	..	..	..	..	..	..	..	..
Ensemble des entreprises	229	259	299	304	305	314	347	402
Non-vie	649	642	651	637	606	590	648	713
Entreprises nationales	649	642	651	637	606	590	648	713
Entreprises sous contrôle étranger	36	38	42	41	40	45	54	62
Succursales d'entreprises étrangères	..	..	..	..	..	..	..	..
Ensemble des entreprises	649	642	651	637	606	590	648	713
Total								
Entreprises nationales	1 355	1 404	1 464	1 426	1 461	1 445	1 573	1 670
Entreprises sous contrôle étranger	78	85	93	91	91	97	104	111
Succursales d'entreprises étrangères	..	..	..	..	..	..	..	..
Ensemble des entreprises	1 355	1 404	1 464	1 426	1 461	1 445	1 573	1 670

SLOVÉNIE

Tableau 1. Agrégats sélectionnés *(suite)*

Millions EUR

	2011	2012	2013	2014	2015	2016	2017	2018
1.3 Commissions								
Vie								
Entreprises nationales	7	6	3	3	3	3	4	..
Entreprises sous contrôle étranger	0	0	0	0	0	0	..	..
Succursales d'entreprises étrangères	..	..	..	..	..	..	..	..
Ensemble des entreprises	7	6	3	3	3	3	4	..
Non-vie								
Entreprises nationales	2	2	4	7	8	7	8	9
Entreprises sous contrôle étranger	0	..	..	..	0	0	..	0
Succursales d'entreprises étrangères	..	..	..	..	..	..	..	..
Ensemble des entreprises	2	2	4	7	8	7	8	9
Mixtes								
Entreprises nationales	90	80	84	86	89	86	92	104
Entreprises sous contrôle étranger	19	19	19	20	21	28	22	23
Succursales d'entreprises étrangères	..	..	..	..	..	..	..	..
Ensemble des entreprises	90	80	84	86	89	86	92	104
dont :								
Vie	36	27	32	32	34	32	32	35
Entreprises nationales	36	27	32	32	34	32	32	35
Entreprises sous contrôle étranger	9	10	10	10	10	15	9	9
Succursales d'entreprises étrangères	..	..	..	..	..	..	..	..
Ensemble des entreprises	36	27	32	32	34	32	32	35
Non-vie	53	53	52	54	56	54	60	68
Entreprises nationales	53	53	52	54	56	54	60	68
Entreprises sous contrôle étranger	9	9	9	10	11	13	13	14
Succursales d'entreprises étrangères	..	..	..	..	..	..	..	..
Ensemble des entreprises	53	53	52	54	56	54	60	68
Total								
Entreprises nationales	99	89	91	96	100	96	104	112
Entreprises sous contrôle étranger	19	20	19	20	21	28	22	23
Succursales d'entreprises étrangères	..	..	..	..	..	..	..	..
Ensemble des entreprises	99	89	91	96	100	96	104	112
1.4 Dépenses brutes d'exploitation								
Vie								
Entreprises nationales	26	28	14	15	16	12	15	..
Entreprises sous contrôle étranger	1	2	2	1	1	1	..	..
Succursales d'entreprises étrangères	..	..	..	..	..	..	..	..
Ensemble des entreprises	26	28	14	15	16	12	15	..
Non-vie								
Entreprises nationales	74	80	81	86	90	97	97	105
Entreprises sous contrôle étranger	1	..	..	..	0	1	..	1
Succursales d'entreprises étrangères	..	..	..	..	..	..	..	..
Ensemble des entreprises	74	80	81	86	90	97	97	105
Mixtes								
Entreprises nationales	356	361	366	362	368	378	388	418
Entreprises sous contrôle étranger	52	56	47	57	60	60	66	68
Succursales d'entreprises étrangères	..	..	..	..	..	..	..	..
Ensemble des entreprises	356	361	366	362	368	378	388	418
dont :								
Vie	91	93	104	99	100	99	102	116
Entreprises nationales	91	93	104	99	100	99	102	116
Entreprises sous contrôle étranger	26	28	26	27	28	26	27	27
Succursales d'entreprises étrangères	..	..	..	..	..	..	..	..
Ensemble des entreprises	91	93	104	99	100	99	102	116
Non-vie	265	269	263	263	268	279	286	302
Entreprises nationales	265	269	263	263	268	279	286	302
Entreprises sous contrôle étranger	26	28	21	30	32	33	39	41
Succursales d'entreprises étrangères	..	..	..	..	..	..	..	..
Ensemble des entreprises	265	269	263	263	268	279	286	302
Total								
Entreprises nationales	456	469	461	462	474	487	500	523
Entreprises sous contrôle étranger	55	57	49	59	62	62	66	69
Succursales d'entreprises étrangères	..	..	..	..	..	..	..	..
Ensemble des entreprises	456	469	461	462	474	487	500	523

SLOVÉNIE

Tableau 1. Agrégats sélectionnés *(suite)*

Millions EUR

	2011	2012	2013	2014	2015	2016	2017	2018
1.5 Opérations à l'étranger par succursale, primes brutes								
Vie								
Succursales et agences	0	..	..	..	..	..	..	..
Filiales	..	..	..	..	..	..	..	..
Total	0	..	..	..	..	..	..	..
Non-vie								
Succursales et agences	..	..	..	..	..	..	1	1
Filiales	..	..	..	..	..	..	..	..
Total	..	..	..	..	..	..	1	1
Mixtes								
Succursales et agences	0	..	..	..	2	..	31	44
Filiales	..	..	..	..	..	..	..	..
Total	0	..	..	..	2	..	31	44
dont :								
Vie	..	..	..	..	2	..	6	7
Succursales et agences	..	..	..	..	2	..	6	7
Filiales	..	..	..	..	..	..	..	..
Total	..	..	..	..	2	..	6	7
Non-vie	0	..	..	..	0	..	25	37
Succursales et agences	0	..	..	..	0	..	25	37
Filiales	..	..	..	..	..	..	..	..
Total	0	..	..	..	0	..	25	37
Total								
Succursales et agences	0	..	..	..	2	..	32	45
Filiales	..	..	..	..	..	..	..	..
Total	0	..	..	..	2	..	32	45

.. Non disponible

Note : Voir les métadonnées détaillées sur : *http://metalinks.oecd.org/ins/20200312/f0d1.*

Source : Statistiques de l'OCDE sur les assurances (base de données)

SLOVÉNIE

Tableau 2. Nombre d'entreprises et d'employés

	2011	2012	2013	2014	2015	2016	2017	2018
2.1 Nombre d'entreprises								
Vie								
Entreprises nationales	4	4	3	3	3	3	2	0
Entreprises sous contrôle étranger	1	1	1	1	1	1	0	0
Succursales d'entreprises étrangères	0	0	0	0	0	0	0	0
Ensemble des entreprises	4	4	3	3	3	3	2	0
Non-vie								
Entreprises nationales	4	3	3	3	4	4	4	4
Entreprises sous contrôle étranger	1	0	0	0	0	0	0	1
Succursales d'entreprises étrangères	1	3	4	4	4	4	4	3
Ensemble des entreprises	5	6	7	7	8	8	8	7
Mixtes								
Entreprises nationales	8	8	8	8	8	7	7	9
Entreprises sous contrôle étranger	3	3	3	3	3	3	3	3
Succursales d'entreprises étrangères	2	2	2	2	2	2	2	4
Ensemble des entreprises	10	10	10	10	10	9	9	13
Réassurance								
Entreprises nationales	2	2	2	2	2	2	2	2
Entreprises sous contrôle étranger	0	0	0	0	0	0	0	0
Succursales d'entreprises étrangères	0	0	0	0	0	0	0	0
Ensemble des entreprises	2	2	2	2	2	2	2	2
Total								
Entreprises nationales	18	17	16	16	17	16	15	15
Entreprises sous contrôle étranger	5	4	4	4	4	4	3	4
Succursales d'entreprises étrangères	3	5	6	6	6	6	6	7
Ensemble des entreprises	21	22	22	22	23	22	21	22
2.2 Nombre d'employés								
Entreprises d'assurance	..	..	..	..	..	..	..	..
Intermédiaires	..	..	..	..	..	..	..	..
Total	..	..	..	..	..	..	..	..

.. Non disponible

Note : Voir les métadonnées détaillées sur : *http://metalinks.oecd.org/ins/20200312/f0d1.*

Source : Statistiques de l'OCDE sur les assurances (base de données)

ESPAGNE

Tableau 1. Agrégats sélectionnés

Millions EUR

	2011	2012	2013	2014	2015	2016	2017	2018
1.1 Opérations d'assurance conclues dans le pays déclarant								
1.1.1 Opérations d'assurance, par intérêt								
Primes brutes								
Entreprises nationales	61 922	56 608	58 110	57 662	59 048	66 541	65 719	66 538
Entreprises sous contrôle étranger	8 045	14 689	12 578	12 542	11 038	..	..	..
Succursales d'entreprises étrangères	133	117	0	0	0	..	..	..
Ensemble des entreprises	62 055	56 725	58 110	57 662	59 048	66 541	65 719	66 538
Primes cédées								
Entreprises nationales	4 305	4 235	5 831	5 019	5 161	6 014	6 206	6 020
Entreprises sous contrôle étranger	793	1 094	1 058	923	736	..	..	..
Succursales d'entreprises étrangères	44	42	0	0	0	..	..	..
Ensemble des entreprises	4 349	4 277	5 831	5 019	5 161	6 014	6 206	6 020
Primes nettes émises								
Entreprises nationales	57 617	52 373	52 279	52 643	53 886	60 527	59 513	60 518
Entreprises sous contrôle étranger	7 252	13 594	11 520	11 620	10 301	..	..	..
Succursales d'entreprises étrangères	89	75	0	0	0	..	..	..
Ensemble des entreprises	57 706	52 448	52 279	52 643	53 886	60 527	59 513	60 518
1.1.2 Opérations d'assurance par risque à l'étranger, primes brutes								
Vie	1	16	22	7	11	13	9	11
Non-vie	73	138	79	73	59	45	20	3
Mixtes	79	54	52	44	61	49	26	147
dont :								
Vie	42	39	42	34	46	35	2	28
Non-vie	36	16	10	9	15	14	24	119
Total	153	209	153	123	130	107	55	160
1.1.3 Paiement par catégories d'assurance, primes brutes (vie)								
Rentes	8 992	7 052	7 946	6 406	5 881	8 746	8 318	7 583
Unit linked	4 077	3 748	3 062	2 816	2 721	2 981	4 431	4 432
Autre assurance vie	16 704	15 828	14 865	16 021	17 128	19 330	16 270	16 559
Total Assurance Vie	29 773	26 629	25 873	25 244	25 730	31 056	29 019	28 574
***dont :** Contrats de retraite*	..	..	..	..	..	..	..	..
1.1.4 Paiement par catégories d'assurance, primes brutes (non-vie)								
L'assurance automobile	10 698	9 961	9 610	9 445	9 695	10 451	10 918	11 212
Les assurances transport (y compris maritime et aérien)	480	329	390	361	369	369	367	389
L'assurance de fret	268	194	294	268	261	270	281	301
L'assurance incendie et des dommages aux bien	2 701	913	2 246	2 315	2 610	2 895	2 770	3 425
L'assurance des pertes pécuniaires	359	311	175	178	208	283	247	252
L'assurance de la responsabilité civile générale	1 274	1 096	1 077	1 009	1 011	1 049	1 100	1 181
Les assurances accidents et maladie	7 630	7 629	7 888	8 227	8 449	8 879	9 329	9 744
***dont :** Maladie*	6 650	6 777	7 031	7 356	7 536	7 902	8 224	8 652
Autres assurances non-vie	10 410	10 502	10 531	10 558	10 729	11 001	11 264	11 029
Réassurance obligatoire	0	0	0	0	0	0	..	..
Total assurance non-vie	33 820	30 933	32 211	32 362	33 332	35 197	36 275	37 532
1.2 Paiements bruts des sinistres								
Vie								
Entreprises nationales	12 763	15 189	14 147	16 777	18 872	3 070	3 685	3 096
Entreprises sous contrôle étranger	1 996	2 127	1 814	1 688	1 582	..	..	..
Succursales d'entreprises étrangères	0	0	0	0	0	..	..	..
Ensemble des entreprises	12 763	15 189	14 147	16 777	18 872	3 070	3 685	3 096
Non-vie								
Entreprises nationales	9 573	9 489	9 463	9 250	9 593	9 453	10 280	9 702
Entreprises sous contrôle étranger	4 025	3 926	3 947	3 890	2 592	..	..	..
Succursales d'entreprises étrangères	0	0	0	0	0	..	..	..
Ensemble des entreprises	9 573	9 489	9 463	9 250	9 593	9 453	10 280	9 702
Mixtes								
Entreprises nationales	23 611	22 204	21 477	21 596	20 659	32 425	35 292	35 464
Entreprises sous contrôle étranger	5 663	6 495	5 208	5 230	5 136	..	..	..
Succursales d'entreprises étrangères	63	49	0	0	0	..	..	..
Ensemble des entreprises	23 674	22 252	21 477	21 596	20 659	32 425	35 292	35 464
dont :								
Vie	11 327	11 547	9 702	9 986	8 948	20 670	22 722	21 474
Entreprises nationales	11 288	11 511	9 702	9 986	8 948	20 670	22 722	21 474
Entreprises sous contrôle étranger	2 437	3 836	2 320	2 497	2 292	..	..	..
Succursales d'entreprises étrangères	38	36	0	0	0	..	..	..
Ensemble des entreprises	11 327	11 547	9 702	9 986	8 948	20 670	22 722	21 474
Non-vie	12 347	10 705	11 775	11 610	11 711	11 755	12 571	13 989
Entreprises nationales	12 323	10 693	11 775	11 610	11 711	11 755	12 571	13 989
Entreprises sous contrôle étranger	3 226	2 659	2 888	2 733	2 843	..	..	..
Succursales d'entreprises étrangères	24	12	0	0	0	..	..	..
Ensemble des entreprises	12 347	10 705	11 775	11 610	11 711	11 755	12 571	13 989
Total								
Entreprises nationales	45 947	46 882	45 088	47 622	49 125	44 947	49 258	48 262
Entreprises sous contrôle étranger	11 684	12 548	10 968	10 809	9 310	..	..	..
Succursales d'entreprises étrangères	63	49	0	0	0	..	..	..
Ensemble des entreprises	46 009	46 930	45 088	47 622	49 125	44 947	49 258	48 262

ESPAGNE

Tableau 1. Agrégats sélectionnés *(suite)*

Millions EUR

	2011	2012	2013	2014	2015	2016	2017	2018
1.3 Commissions								
Vie								
Entreprises nationales	..	..	..	660	712	234	257	273
Entreprises sous contrôle étranger	..	..	..	86	71	..	..	..
Succursales d'entreprises étrangères	..	..	..	0	0	..	..	..
Ensemble des entreprises	..	..	..	660	712	234	257	273
Non-vie								
Entreprises nationales	..	..	..	1 472	1 436	1 433	1 522	1 524
Entreprises sous contrôle étranger	..	..	..	642	517	..	..	..
Succursales d'entreprises étrangères	..	..	..	0	0	..	..	..
Ensemble des entreprises	..	..	..	1 472	1 436	1 433	1 522	1 524
Mixtes								
Entreprises nationales	..	..	..	2 270	2 635	3 328	4 629	3 786
Entreprises sous contrôle étranger	..	..	..	669	710	..	..	..
Succursales d'entreprises étrangères	..	..	..	0	0	..	..	..
Ensemble des entreprises	..	..	..	2 270	2 635	3 328	4 629	3 786
dont :								
Vie	..	..	..	418	379	979	1 185	1 114
Entreprises nationales	..	..	..	418	379	979	1 185	1 114
Entreprises sous contrôle étranger	..	..	..	94	103	..	..	..
Succursales d'entreprises étrangères	..	..	..	0	0	..	..	..
Ensemble des entreprises	..	..	..	418	379	979	1 185	1 114
Non-vie	..	..	..	1 852	2 255	2 349	3 444	2 672
Entreprises nationales	..	..	..	1 852	2 255	2 349	3 444	2 672
Entreprises sous contrôle étranger	..	..	..	576	607	..	..	..
Succursales d'entreprises étrangères	..	..	..	0	0	..	..	..
Ensemble des entreprises	..	..	..	1 852	2 255	2 349	3 444	2 672
Total								
Entreprises nationales	..	..	..	4 403	4 782	4 995	6 408	5 583
Entreprises sous contrôle étranger	..	..	..	1 398	1 298	..	..	..
Succursales d'entreprises étrangères	..	..	..	0	0	..	..	..
Ensemble des entreprises	..	..	..	4 403	4 782	4 995	6 408	5 583
1.4 Dépenses brutes d'exploitation								
Vie								
Entreprises nationales	171	220	968	994	1 075	425	455	484
Entreprises sous contrôle étranger	42	39	201	190	192	..	..	..
Succursales d'entreprises étrangères	0	0	0	..	..	..	..	..
Ensemble des entreprises	171	220	968	994	1 075	425	455	484
Non-vie								
Entreprises nationales	487	491	3 046	2 880	2 832	2 876	3 081	3 065
Entreprises sous contrôle étranger	254	242	1 272	1 289	947	..	..	..
Succursales d'entreprises étrangères	0	0	0	..	..	..	..	..
Ensemble des entreprises	487	491	3 046	2 880	2 832	2 876	3 081	3 065
Mixtes								
Entreprises nationales	622	564	5 322	5 034	5 250	6 332	6 550	6 855
Entreprises sous contrôle étranger	140	120	1 152	1 070	1 100	..	..	..
Succursales d'entreprises étrangères	6	5	1	..	4	..	..	..
Ensemble des entreprises	628	569	5 323	5 034	5 254	6 332	6 550	6 855
dont :								
Vie	119	87	809	797	729	1 489	1 546	1 677
Entreprises nationales	117	85	809	797	729	1 489	1 546	1 677
Entreprises sous contrôle étranger	25	26	162	178	186	..	..	..
Succursales d'entreprises étrangères	2	2	0	..	..	..	..	..
Ensemble des entreprises	119	87	809	797	729	1 489	1 546	1 677
Non-vie	509	482	4 515	4 237	4 525	4 843	5 004	5 178
Entreprises nationales	506	479	4 514	4 237	4 521	4 843	5 004	5 178
Entreprises sous contrôle étranger	116	94	990	892	913	..	..	..
Succursales d'entreprises étrangères	4	3	1	0	4	..	..	..
Ensemble des entreprises	509	482	4 515	4 237	4 525	4 843	5 004	5 178
Total								
Entreprises nationales	1 280	1 275	9 337	8 907	9 157	9 633	10 087	10 405
Entreprises sous contrôle étranger	436	401	2 625	2 549	2 239	..	..	..
Succursales d'entreprises étrangères	6	5	1	..	4	..	..	..
Ensemble des entreprises	1 286	1 280	9 338	8 907	9 161	9 633	10 087	10 405

ESPAGNE

Tableau 1. Agrégats sélectionnés *(suite)*

Millions EUR

	2011	2012	2013	2014	2015	2016	2017	2018
1.5 Opérations à l'étranger par succursale, primes brutes								
Vie								
Succursales et agences	938	323	274	0	0	0	0	1
Filiales	..	..	..	..	..	..	..	..
Total	..	..	..	..	..	0	0	1
Non-vie								
Succursales et agences	296	419	592	654	701	1 694	1 841	1 537
Filiales	..	..	..	..	..	..	..	..
Total	..	..	..	..	..	1 694	1 841	1 537
Mixtes								
Succursales et agences	759	135	885	1 286	1 361	1 262	1 385	2 155
Filiales	..	..	..	..	..	..	..	..
Total	..	..	..	..	..	1 262	1 385	2 155
dont :								
Vie	..	..	..	..	..	518	574	812
Succursales et agences	157	23	212	559	694	518	574	812
Filiales	..	..	..	..	..	..	..	..
Total	..	..	..	..	..	518	574	812
Non-vie	..	..	..	..	..	744	812	1 344
Succursales et agences	602	113	673	728	667	744	812	1 344
Filiales	..	..	..	..	..	..	..	..
Total	..	..	..	..	..	744	812	1 344
Total								
Succursales et agences	1 994	878	1 751	1 940	2 062	2 955	3 226	3 693
Filiales	..	..	..	..	..	..	..	..
Total	..	..	..	..	..	2 955	3 226	3 693

.. Non disponible

Note : Voir les métadonnées détaillées sur : *http://metalinks.oecd.org/ins/20200312/7733.*

Source : Statistiques de l'OCDE sur les assurances (base de données)

ESPAGNE

Tableau 2. Nombre d'entreprises et d'employés

	2011	2012	2013	2014	2015	2016	2017	2018
2.1 Nombre d'entreprises								
Vie								
Entreprises nationales	89	84	83	79	78	32	32	29
Entreprises sous contrôle étranger	11	10	10	9	8	..	..	..
Succursales d'entreprises étrangères	0	0	0	0	0	..	..	..
Ensemble des entreprises	89	84	83	79	78	32	32	29
Non-vie								
Entreprises nationales	140	136	132	127	118	121	111	105
Entreprises sous contrôle étranger	19	18	19	19	17	..	..	..
Succursales d'entreprises étrangères	0	0	0	0	1	..	..	..
Ensemble des entreprises	140	136	132	127	119	121	111	105
Mixtes								
Entreprises nationales	47	46	47	45	41	75	74	74
Entreprises sous contrôle étranger	10	10	8	8	8	..	..	..
Succursales d'entreprises étrangères	2	2	1	1	0	..	..	..
Ensemble des entreprises	49	48	48	46	41	75	74	74
Réassurance								
Entreprises nationales	2	2	2	3	3	3	3	3
Entreprises sous contrôle étranger	..	0	0	0	0	..	..	..
Succursales d'entreprises étrangères	0	0	0	0	0	..	..	..
Ensemble des entreprises	2	2	2	3	3	3	3	3
Total								
Entreprises nationales	278	268	264	254	240	231	220	211
Entreprises sous contrôle étranger	40	38	37	36	33	..	..	..
Succursales d'entreprises étrangères	2	2	1	1	1	..	..	..
Ensemble des entreprises	280	270	265	255	241	231	220	211
2.2 Nombre d'employés								
Entreprises d'assurance	46 557	46 439	46 324	45 535	45 218	47 453	47 498	47 380
Intermédiaires	..	..	121 427	129 549	..	..	..	..
Total	..	..	167 751	175 084	..	..	..	..

.. Non disponible

Note : Voir les métadonnées détaillées sur : *http://metalinks.oecd.org/ins/20200312/7733.*

Source : Statistiques de l'OCDE sur les assurances (base de données)

SUÈDE

Tableau 1. Agrégats sélectionnés

Millions SEK

	2011	2012	2013	2014	2015	2016	2017	2018
1.1 Opérations d'assurance conclues dans le pays déclarant								
1.1.1 Opérations d'assurance, par intérêt								
Primes brutes								
Entreprises nationales	182 225	167 132	177 197	332 028	339 533	334 834	379 418	426 318
Entreprises sous contrôle étranger	63 298	65 752	66 854	66 041	62 537	67 208	78 911	97 388
Succursales d'entreprises étrangères	..	..	..	10 260	..	..	..	..
Ensemble des entreprises	182 225	167 132	177 197	342 288	339 533	334 834	379 418	426 318
Primes cédées								
Entreprises nationales	12 870	13 068	12 967	15 157	10 306	9 139	10 693	11 095
Entreprises sous contrôle étranger	4 583	5 428	4 727	3 870	4 441	4 296	5 538	6 138
Succursales d'entreprises étrangères	..	..	..	..	..	..	..	..
Ensemble des entreprises	12 870	13 068	12 967	15 157	10 306	9 139	10 693	11 095
Primes nettes émises								
Entreprises nationales	169 355	154 064	164 230	316 871	329 227	325 695	368 725	415 223
Entreprises sous contrôle étranger	58 715	60 324	62 127	62 171	58 096	62 912	73 373	91 250
Succursales d'entreprises étrangères	..	..	..	10 260	..	..	..	..
Ensemble des entreprises	169 355	154 064	164 230	327 131	329 227	325 695	368 725	415 223
1.1.2 Opérations d'assurance par risque à l'étranger, primes brutes								
Vie	..	..	..	581	667	60	58	58
Non-vie	..	..	..	28 134	27 121	26 941	30 482	40 549
Mixtes total	..	..	..	..	..	..	..	..
Total	..	..	..	28 715	27 788	27 001	30 540	40 607
1.1.3 Paiement par catégories d'assurance, primes brutes (vie)								
Rentes	72 263	73 378	73 377	205 927	169 626	94 037	107 773	126 049
Unit linked	3 790	1 708	1 188	2 366	75 221	85 696	97 951	107 143
Autre assurance vie	13 615	13 229	13 591	29 900	3 957	71 084	82 841	89 138
Total assurance vie	89 668	88 315	88 156	238 192	248 804	250 817	288 565	322 330
***dont :** Contrats de retraite*	..	..	..	..	..	..	..	..
1.1.4 Paiement par catégories d'assurance, primes brutes (non-vie)								
L'assurance automobile	..	..	..	30 360	21 348	..	..	..
Les assurances transport (y compris maritime et aérien)	..	..	..	2 627	749	..	..	..
L'assurance de fret	..	..	..	..	..	..	..	..
L'assurance incendie et des dommages aux bien	..	..	..	29 146	36 720	..	..	..
L'assurance des pertes pécuniaires	..	..	..	459	1 070	..	..	..
L'assurance de la responsabilité civile générale	..	..	..	4 045	4 119	..	..	..
Les assurances accidents et maladie	..	..	..	5 674	5 155	..	..	..
***dont :** Maladie*	..	..	..	..	..	..	..	..
Autres assurances non-vie	..	..	..	9 165	21 483	..	..	..
Réassurance obligatoire	..	..	..	13 811	..	..	..	..
Total assurance non-vie	91 819	76 947	84 766	95 287	90 644	83 954	90 800	103 940
1.2 Paiements bruts des sinistres								
Vie								
Entreprises nationales	53 464	58 780	64 657	60 930	64 815	76 869	76 390	77 434
Entreprises sous contrôle étranger	7 533	3 499	6 337	6 055	5 719	5 852	5 784	5 704
Succursales d'entreprises étrangères	..	..	..	5 999	..	..	..	..
Ensemble des entreprises	53 464	58 780	64 657	66 929	64 815	76 869	76 390	77 434
Non-vie								
Entreprises nationales	68 400	69 882	69 100	75 805	64 537	65 941	66 635	77 278
Entreprises sous contrôle étranger	31 370	31 639	31 398	31 024	23 701	22 495	25 544	32 791
Succursales d'entreprises étrangères	..	..	..	5 328	..	..	..	..
Ensemble des entreprises	68 400	69 882	69 100	81 133	64 537	65 941	66 635	77 278
Mixtes, ensemble des entreprises	..	..	..	..	..	..	..	..
Total								
Entreprises nationales	121 864	128 662	133 757	136 735	129 352	142 810	143 025	154 712
Entreprises sous contrôle étranger	38 903	35 138	37 735	37 079	29 420	28 347	31 328	38 495
Succursales d'entreprises étrangères	..	..	..	11 327	..	..	..	..
Ensemble des entreprises	121 864	128 662	133 757	148 062	129 352	142 810	143 025	154 712
1.3 Commissions								
Vie								
Entreprises nationales	..	..	..	4 167	3 782	3 063	3 545	3 494
Entreprises sous contrôle étranger	..	..	..	1 302	610	274	589	587
Succursales d'entreprises étrangères	..	..	..	121	..	..	..	..
Ensemble des entreprises	..	..	..	4 288	3 782	3 063	3 545	3 494
Non-vie								
Entreprises nationales	..	..	..	4 168	4 264	3 848	3 953	3 711
Entreprises sous contrôle étranger	..	..	..	2 049	2 589	2 362	2 482	2 634
Succursales d'entreprises étrangères	..	..	..	786	..	..	..	..
Ensemble des entreprises	..	..	..	4 954	4 264	3 848	3 953	3 711
Mixtes, ensemble des entreprises	..	..	..	..	..	..	..	..
Total								
Entreprises nationales	..	..	..	8 335	8 046	6 911	7 498	7 205
Entreprises sous contrôle étranger	..	..	..	3 351	3 199	2 636	3 071	3 221
Succursales d'entreprises étrangères	..	..	..	907	..	..	..	..
Ensemble des entreprises	..	..	..	9 242	8 046	6 911	7 498	7 205

SUÈDE

Tableau 1. Agrégats sélectionnés *(suite)*

Millions SEK

	2011	2012	2013	2014	2015	2016	2017	2018
1.4 Dépenses brutes d'exploitation								
Vie								
Entreprises nationales	10 785	11 509	12 115	12 738	13 573	12 617	13 248	15 095
Entreprises sous contrôle étranger	3 488	3 557	3 630	3 639	2 122	1 297	1 918	1 901
Succursales d'entreprises étrangères	..	..	..	..	..	..	..	..
Ensemble des entreprises	10 785	11 509	12 115	12 738	13 573	12 617	13 248	15 095
Non-vie								
Entreprises nationales	14 468	14 989	15 004	16 878	16 854	15 781	15 863	18 250
Entreprises sous contrôle étranger	7 262	7 138	7 248	8 238	7 704	7 205	7 691	9 496
Succursales d'entreprises étrangères	..	..	..	..	..	..	..	..
Ensemble des entreprises	14 468	14 989	15 004	16 878	16 854	15 781	15 863	18 250
Mixtes, ensemble des entreprises	..	..	..	..	..	..	..	..
Total								
Entreprises nationales	25 253	26 498	27 119	29 616	30 427	28 398	29 111	33 345
Entreprises sous contrôle étranger	10 750	10 695	10 878	11 877	9 826	8 502	9 609	11 397
Succursales d'entreprises étrangères	..	..	..	..	..	..	..	..
Ensemble des entreprises	25 253	26 498	27 119	29 616	30 427	28 398	29 111	33 345
1.5 Opérations à l'étranger par succursale, primes brutes								
Vie								
Succursales et agences	108	234	..	243	279	347	347	447
Filiales	..	..	..	..	..	..	..	..
Total	108	234	..	243	279	347	347	447
Non-vie								
Succursales et agences	18 526	18 948	..	18 630	18 207	24 226	24 226	34 479
Filiales	..	..	..	..	..	..	..	..
Total	18 526	18 948	..	18 630	18 207	24 226	24 226	34 479
Mixtes total	..	..	..	..	..	..	..	..
Total								
Succursales et agences	18 634	19 182	..	18 873	18 486	24 573	24 573	34 926
Filiales	..	..	..	..	..	..	..	..
Total	18 634	19 182	..	18 873	18 486	24 573	24 573	34 926

.. Non disponible

Note : Voir les métadonnées détaillées sur : *http://metalinks.oecd.org/ins/20200312/28df.*

Source : Statistiques de l'OCDE sur les assurances (base de données)

SUÈDE

Tableau 2. Nombre d'entreprises et d'employés

	2011	2012	2013	2014	2015	2016	2017	2018
2.1 Nombre d'entreprises								
Vie								
Entreprises nationales	39	39	39	39	38	37	36	35
Entreprises sous contrôle étranger	8	9	8	8	8	6	6	4
Succursales d'entreprises étrangères	5	5	5	6	8	6	4	4
Ensemble des entreprises	44	44	44	45	46	43	46	39
Non-vie								
Entreprises nationales	139	131	130	130	127	120	117	127
Entreprises sous contrôle étranger	18	46	44	34	24	14	15	8
Succursales d'entreprises étrangères	31	32	32	28	33	31	25	9
Ensemble des entreprises	170	163	162	158	160	151	157	136
Mixtes, ensemble des entreprises	**0**	**0**	**0**	**0**	**0**	**0**	..	..
Réassurance								
Entreprises nationales	3	2	1	1	1	0	..	..
Entreprises sous contrôle étranger	2	0	0	0	1	0	..	..
Succursales d'entreprises étrangères	..	0	..	0	0	..	..	..
Ensemble des entreprises	3	2	1	1	1	..	..	..
Total								
Entreprises nationales	181	172	170	170	166	157	153	162
Entreprises sous contrôle étranger	28	55	52	42	33	20	21	12
Succursales d'entreprises étrangères	36	37	37	34	41	37	29	13
Ensemble des entreprises	217	209	207	204	207	194	203	175
2.2 Nombre d'employés								
Entreprises d'assurance	18 848	19 158	19 059	19 573	18 792	20 600	21 900	20 865
Intermédiaires	2 000	2 000	2 000	3 849	3 235	3 540	3 585	3 789
Total	20 848	21 158	21 059	23 422	22 027	..	25 485	24 654

.. Non disponible

Note : Voir les métadonnées détaillées sur : *http://metalinks.oecd.org/ins/20200312/28df.*

Source : Statistiques de l'OCDE sur les assurances (base de données)

SUISSE

Tableau 1. Agrégats sélectionnés

Millions CHF

	2011	2012	2013	2014	2015	2016	2017	2018
1.1 Opérations d'assurance conclues dans le pays déclarant								
1.1.1 Opérations d'assurance, par intérêt								
Primes brutes								
Entreprises nationales	61 417	63 507	66 569	66 312	65 628	63 975	63 967	65 722
Entreprises sous contrôle étranger	13 600	14 322	15 423	14 214	13 846	12 578	11 699	12 241
Succursales d'entreprises étrangères	2 062	2 331	2 267	1 923	2 091	2 522	2 768	2 198
Ensemble des entreprises	63 479	65 838	68 836	68 235	67 720	66 497	66 735	67 920
Primes cédées								
Entreprises nationales	4 000	4 479	4 536	4 346	4 141	3 363	4 085	4 283
Entreprises sous contrôle étranger	1 024	1 219	963	831	731	506	502	613
Succursales d'entreprises étrangères	467	487	532	533	553	813	874	776
Ensemble des entreprises	4 467	4 965	5 068	4 879	4 694	4 176	4 959	5 059
Primes nettes émises								
Entreprises nationales	57 417	59 028	62 033	61 966	61 487	60 612	59 882	61 439
Entreprises sous contrôle étranger	12 577	13 102	14 460	13 383	13 115	12 072	11 197	11 628
Succursales d'entreprises étrangères	1 595	1 845	1 735	1 390	1 539	1 709	1 894	1 422
Ensemble des entreprises	59 012	60 873	63 768	63 356	63 026	62 321	61 776	62 861
1.1.2 Opérations d'assurance par risque à l'étranger, primes brutes								
Vie	..	..	..	..	..	..	..	..
Non-vie	..	..	..	..	..	..	..	..
Mixtes total	..	..	..	..	..	..	..	..
Total	..	..	..	..	..	..	..	..
1.1.3 Paiement par catégories d'assurance, primes brutes (vie)								
Rentes	737	677	564	441	495	428	317	246
Unit linked	2 423	2 637	2 403	1 730	1 755	1 738	1 861	1 947
Autre assurance vie	27 397	27 841	29 707	30 478	30 359	28 518	27 445	27 607
Total assurance vie	30 557	31 155	32 675	32 649	32 609	30 684	29 623	29 800
dont : *Contrats de retraite*	..	..	..	..	..	..	..	..
1.1.4 Paiement par catégories d'assurance, primes brutes (non-vie)								
L'assurance automobile	6 382	6 526	6 556	6 580	6 595	6 598	6 742	6 804
Les assurances transport (y compris maritime et aérien)	804	968	1 060	876	732	657	681	635
L'assurance de fret	..	..	..	..	..	..	..	..
L'assurance incendie et des dommages aux bien	7 457	8 150	8 206	8 123	7 909	7 411	7 397	7 804
L'assurance des pertes pécuniaires	832	932	1 042	1 096	897	1 095	1 108	1 055
L'assurance de la responsabilité civile générale	3 243	3 514	3 558	3 658	3 562	3 293	3 447	3 416
Les assurances accidents et maladie	12 551	13 093	13 889	13 414	13 387	14 585	15 626	16 692
dont : *Maladie*	9 383	9 656	9 911	9 934	10 266	10 606	11 361	11 901
Autres assurances non-vie	1 036	1 151	1 351	1 378	1 525	1 649	1 715	1 361
Réassurance obligatoire	..	..	..	..	..	..	..	..
Total assurance non-vie	32 306	34 334	35 661	35 125	34 607	35 288	36 716	37 767
1.2 Paiements bruts des sinistres								
Vie								
Entreprises nationales	27 182	25 817	27 624	27 943	27 794	29 083	29 352	44 908
Entreprises sous contrôle étranger	7 354	7 060	8 854	7 917	8 123	8 578	8 159	11 255
Succursales d'entreprises étrangères	104	186	306	3	3	3	3	7
Ensemble des entreprises	27 286	26 003	27 930	27 946	27 797	29 086	29 355	44 915
Non-vie								
Entreprises nationales	15 548	20 279	19 735	20 149	20 621	20 498	20 716	42 021
Entreprises sous contrôle étranger	1 974	2 292	2 171	2 281	2 671	2 471	2 299	4 534
Succursales d'entreprises étrangères	404	667	798	874	902	1 105	1 164	1 219
Ensemble des entreprises	15 952	20 946	20 533	21 023	21 523	21 603	21 880	43 240
Mixtes, ensemble des entreprises	..	..	..	..	..	..	..	..
Total								
Entreprises nationales	42 730	46 096	47 359	48 092	48 415	49 581	50 068	86 929
Entreprises sous contrôle étranger	9 328	9 352	11 025	10 198	10 794	11 049	10 458	15 789
Succursales d'entreprises étrangères	509	853	1 104	877	905	1 108	1 167	1 226
Ensemble des entreprises	43 238	46 949	48 463	48 969	49 320	50 689	51 235	88 155
1.3 Commissions								
Vie								
Entreprises nationales	848	875	904	920	856	856	836	829
Entreprises sous contrôle étranger	107	103	148	114	169	169	163	163
Succursales d'entreprises étrangères	8	8	11	0	0	1	1	1
Ensemble des entreprises	856	883	915	920	856	857	837	830
Non-vie								
Entreprises nationales	1 886	1 955	2 067	1 597	2 188	2 289	2 078	1 403
Entreprises sous contrôle étranger	450	442	372	381	441	450	453	458
Succursales d'entreprises étrangères	85	88	95	91	78	65	24	72
Ensemble des entreprises	1 970	2 043	2 162	1 688	2 266	2 354	2 102	1 475
Mixtes, ensemble des entreprises	..	..	..	..	..	..	..	..
Total								
Entreprises nationales	2 734	2 830	2 971	2 517	3 044	3 145	2 914	2 232
Entreprises sous contrôle étranger	557	545	520	495	610	619	616	621
Succursales d'entreprises étrangères	92	96	106	91	78	66	25	73
Ensemble des entreprises	2 826	2 926	3 077	2 608	3 122	3 211	2 939	2 305

SUISSE

Tableau 1. Agrégats sélectionnés *(suite)*

Millions CHF

	2011	2012	2013	2014	2015	2016	2017	2018
1.4 Dépenses brutes d'exploitation								
Vie								
Entreprises nationales	2 444	1 390	1 289	1 364	1 078	1 085	1 091	1 117
Entreprises sous contrôle étranger	450	239	176	209	156	156	160	186
Succursales d'entreprises étrangères	11	4	4	2	1	1	2	3
Ensemble des entreprises	2 455	1 394	1 293	1 366	1 079	1 086	1 093	1 120
Non-vie								
Entreprises nationales	7 179	3 835	3 745	5 520	2 975	2 981	3 185	3 388
Entreprises sous contrôle étranger	1 039	371	416	420	341	310	316	353
Succursales d'entreprises étrangères	408	80	100	108	103	215	195	186
Ensemble des entreprises	7 588	3 915	3 845	5 628	3 078	3 196	3 380	3 574
Mixtes, ensemble des entreprises	..	..	..	..	..	..	..	..
Total								
Entreprises nationales	9 624	5 225	5 034	6 884	4 053	4 066	4 276	4 505
Entreprises sous contrôle étranger	1 489	610	592	629	497	466	476	539
Succursales d'entreprises étrangères	419	84	104	110	104	216	197	189
Ensemble des entreprises	10 043	5 309	5 138	6 994	4 157	4 282	4 473	4 694
1.5 Opérations à l'étranger par succursale, primes brutes								
Vie								
Succursales et agences	2 036	2 006	1 967	1 794	1 604	1 567	1 613	1 653
Filiales	..	..	..	..	..	..	..	..
Total	2 036	2 006	1 967	1 794	1 604	1 567	1 613	1 653
Non-vie								
Succursales et agences	13 446	15 417	15 563	15 331	14 100	12 578	12 689	6 664
Filiales	..	..	..	..	..	..	..	..
Total	13 446	15 417	15 563	15 331	14 100	12 578	12 689	6 664
Mixtes total	..	..	..	..	..	..	..	..
Total								
Succursales et agences	15 482	17 423	17 531	17 125	15 704	14 145	14 302	8 317
Filiales	..	..	..	..	..	..	..	..
Total	15 482	17 423	17 531	17 125	15 704	14 145	14 302	8 317

.. Non disponible

Note : Voir les métadonnées détaillées sur : *http://metalinks.oecd.org/ins/20200312/bf66.*

Source : Statistiques de l'OCDE sur les assurances (base de données)

SUISSE

Tableau 2. Nombre d'entreprises et d'employés

	2011	2012	2013	2014	2015	2016	2017	2018
2.1 Nombre d'entreprises								
Vie								
Entreprises nationales	20	19	19	18	17	16	16	16
Entreprises sous contrôle étranger	1	1	1	1	1	1	1	1
Succursales d'entreprises étrangères	4	4	4	3	3	3	3	3
Ensemble des entreprises	24	23	23	21	20	19	19	19
Non-vie								
Entreprises nationales	79	81	80	79	76	74	73	70
Entreprises sous contrôle étranger	6	6	6	6	6	5	5	5
Succursales d'entreprises étrangères	45	42	44	48	46	46	45	44
Ensemble des entreprises	124	123	124	127	122	120	118	114
Mixtes, ensemble des entreprises	**0**	**0**	**0**	**0**	**0**	**0**	..	..
Réassurance								
Entreprises nationales	62	61	62	62	59	55	55	54
Entreprises sous contrôle étranger	7	7	7	7	7	7	6	6
Succursales d'entreprises étrangères	..	..	..	..	..	..	..	..
Ensemble des entreprises	62	61	62	62	59	55	55	54
Total								
Entreprises nationales	161	161	161	159	152	145	144	140
Entreprises sous contrôle étranger	14	14	14	14	14	13	12	12
Succursales d'entreprises étrangères	49	46	48	51	49	49	48	47
Ensemble des entreprises	210	207	209	210	201	194	192	187
2.2 Nombre d'employés								
Entreprises d'assurance	..	..	..	..	..	..	..	..
Intermédiaires	..	..	..	..	..	..	..	..
Total	..	..	..	..	..	..	..	..

.. Non disponible

Note : Voir les métadonnées détaillées sur : *http://metalinks.oecd.org/ins/20200312/bf66.*

Source : Statistiques de l'OCDE sur les assurances (base de données)

TURQUIE

Tableau 1. Agrégats sélectionnés

Millions TRY

	2011	2012	2013	2014	2015	2016	2017	2018
1.1 Opérations d'assurance conclues dans le pays déclarant								
1.1.1 Opérations d'assurance, par intérêt								
Primes brutes								
Entreprises nationales	17 131	20 427	25 084	26 872	31 903	41 280	47 495	54 416
Entreprises sous contrôle étranger	8 956	10 122	14 981	15 528	20 981	25 640	26 984	29 792
Succursales d'entreprises étrangères	32	46	68	77	126	152	201	304
Ensemble des entreprises	17 164	20 473	25 152	26 949	32 029	41 431	47 696	54 720
Primes cédées								
Entreprises nationales	4 287	4 483	6 077	6 686	7 984	9 816	13 268	15 814
Entreprises sous contrôle étranger	2 229	2 192	3 458	3 510	4 773	5 482	6 672	7 850
Succursales d'entreprises étrangères	22	33	49	57	74	76	96	131
Ensemble des entreprises	4 309	4 516	6 126	6 743	8 059	9 892	13 364	15 945
Primes nettes émises								
Entreprises nationales	12 845	15 944	19 006	20 186	23 919	31 464	34 227	38 601
Entreprises sous contrôle étranger	6 728	7 931	11 522	12 018	16 208	20 158	20 312	21 942
Succursales d'entreprises étrangères	10	13	20	20	52	76	105	173
Ensemble des entreprises	12 854	15 957	19 026	20 206	23 971	31 540	34 332	38 774
1.1.2 Opérations d'assurance par risque à l'étranger, primes brutes								
Vie	..	..	..	3 280	..	6 166	..	..
Non-vie	..	..	..	22 711	..	34 322	..	..
Mixtes	..	..	..	958	..	943	..	..
dont :								
Vie	..	..	..	24	..	19	..	..
Non-vie	..	..	..	934	..	924	..	..
Total	..	..	..	26 948	..	41 431	..	..
1.1.3 Paiement par catégories d'assurance, primes brutes (vie)								
Rentes	..	..	..	..	..	..	..	..
Unit linked	..	..	..	..	..	..	..	..
Autre assurance vie	..	..	..	..	..	..	..	..
Total Assurance Vie	3 087	3 107	3 354	3 895	3 720	5 916	6 766	6 835
***dont :** Contrats de retraite*	..	..	..	..	..	..	..	..
1.1.4 Paiement par catégories d'assurance, primes brutes (non-vie)								
L'assurance automobile	6 761	8 091	10 411	10 648	13 102	19 156	19 981	23 614
Les assurances transport (y compris maritime et aérien)	268	263	253	321	423	455	490	706
L'assurance de fret	359	378	416	530	580	585	652	828
L'assurance incendie et des dommages aux bien	3 783	4 390	5 512	6 992	8 105	9 032	10 101	12 208
L'assurance des pertes pécuniaires	204	228	302	318	443	439	549	666
L'assurance de la responsabilité civile générale	386	420	500	679	811	863	1 028	1 389
Les assurances accidents et maladie	2 657	2 897	3 352	4 010	4 685	4 582	6 708	8 051
***dont :** Maladie*	1 999	2 227	2 472	0	0	..	5 025	6 245
Autres assurances non-vie	77	61	74	147	99	134	226	167
Réassurance obligatoire	..	..	..	..	0	..	..	..
Total assurance non-vie	14 496	16 727	20 828	23 645	28 249	35 246	39 735	47 628
1.2 Paiements bruts des sinistres								
Vie								
Entreprises nationales	1 935	2 037	2 355	2 085	2 557	2 957	3 293	3 609
Entreprises sous contrôle étranger	582	483	1 128	760	1 194	1 485	1 757	2 061
Succursales d'entreprises étrangères	..	..	..	..	..	0	..	0
Ensemble des entreprises	1 935	2 037	2 355	2 085	2 557	2 957	3 293	3 609
Non-vie								
Entreprises nationales	7 968	9 163	9 440	11 314	13 322	15 041	18 341	23 049
Entreprises sous contrôle étranger	4 786	5 327	6 301	7 496	8 700	-9 940	11 648	13 543
Succursales d'entreprises étrangères	2	3	11	10	34	128	77	121
Ensemble des entreprises	7 969	9 166	9 451	11 325	13 356	15 168	18 417	23 170
Mixtes								
Entreprises nationales	..	..	619	592	664	572	617	771
Entreprises sous contrôle étranger	..	..	..	..	..	..	1	5
Succursales d'entreprises étrangères	..	..	..	..	..	..	..	..
Ensemble des entreprises	0	721	619	592	664	572	617	771
dont :								
Vie	0	6	7	11	6	9	15	7
Entreprises nationales	..	..	7	11	6	9	15	7
Entreprises sous contrôle étranger	..	..	..	..	..	..	0	0
Succursales d'entreprises étrangères	..	..	..	..	..	..	..	..
Ensemble des entreprises	0	6	7	11	6	9	15	7
Non-vie	0	715	612	581	657	564	602	764
Entreprises nationales	..	..	612	581	657	564	602	764
Entreprises sous contrôle étranger	..	..	..	..	..	..	1	5
Succursales d'entreprises étrangères	..	..	..	..	..	..	..	..
Ensemble des entreprises	0	715	612	581	657	564	602	764
Total								
Entreprises nationales	9 903	11 200	12 413	13 991	16 543	18 570	22 251	27 430
Entreprises sous contrôle étranger	5 369	5 810	7 429	8 256	9 894	-8 455	13 406	15 609
Succursales d'entreprises étrangères	2	3	11	10	34	128	77	121
Ensemble des entreprises	9 905	11 924	12 425	14 001	16 578	18 698	22 328	27 551

TURQUIE

Tableau 1. Agrégats sélectionnés *(suite)*

Millions TRY

	2011	2012	2013	2014	2015	2016	2017	2018
1.3 Commissions								
Vie								
Entreprises nationales	..	..	..	..	..	..	..	..
Entreprises sous contrôle étranger	..	..	..	..	..	..	..	..
Succursales d'entreprises étrangères	..	..	..	..	..	..	..	..
Ensemble des entreprises	..	..	..	..	..	..	..	..
Non-vie								
Entreprises nationales	..	..	..	..	..	..	..	..
Entreprises sous contrôle étranger	..	..	..	..	..	..	..	..
Succursales d'entreprises étrangères	..	..	..	..	..	..	..	..
Ensemble des entreprises	..	..	..	..	..	..	..	..
Mixtes								
Entreprises nationales	..	..	..	..	..	..	..	..
Entreprises sous contrôle étranger	..	..	..	..	..	..	..	..
Succursales d'entreprises étrangères	..	..	..	..	..	..	..	..
Ensemble des entreprises	..	..	..	..	..	..	..	..
dont :								
Vie								
Entreprises nationales	..	..	..	..	..	..	..	..
Entreprises sous contrôle étranger	..	..	..	..	..	..	..	..
Succursales d'entreprises étrangères	..	..	..	..	..	..	..	..
Ensemble des entreprises	..	..	..	..	..	..	..	..
Non-vie	..	..	..	..	..	..	..	..
Entreprises nationales	..	..	..	..	..	..	..	..
Entreprises sous contrôle étranger	..	..	..	..	..	..	..	..
Succursales d'entreprises étrangères	..	..	..	..	..	..	..	..
Ensemble des entreprises	..	..	..	..	..	..	..	..
Total								
Entreprises nationales	..	..	..	..	..	..	..	..
Entreprises sous contrôle étranger	..	..	..	..	..	..	..	..
Succursales d'entreprises étrangères	..	..	..	..	..	..	..	..
Ensemble des entreprises	..	..	..	..	..	..	..	..
1.4 Dépenses brutes d'exploitation								
Vie								
Entreprises nationales	836	978	2 009	1 198	1 595	1 970	2 644	2 961
Entreprises sous contrôle étranger	361	422	1 242	765	1 033	1 241	1 724	1 926
Succursales d'entreprises étrangères	..	..	..	..	..	..	..	..
Ensemble des entreprises	836	978	2 009	1 198	1 595	1 970	2 644	2 961
Non-vie								
Entreprises nationales	2 859	3 230	3 726	4 309	4 648	5 579	6 263	6 689
Entreprises sous contrôle étranger	1 827	1 976	2 564	2 944	3 110	3 847	4 170	4 183
Succursales d'entreprises étrangères	8	12	19	20	24	26	30	44
Ensemble des entreprises	2 867	3 242	3 745	4 329	4 672	5 604	6 293	6 733
Mixtes								
Entreprises nationales	..	..	..	..	309	316	333	436
Entreprises sous contrôle étranger	..	..	..	..	..	5	2	3
Succursales d'entreprises étrangères	..	..	..	..	..	..	..	..
Ensemble des entreprises	0	285	294	289	309	316	333	436
dont :								
Vie	0	8	10	8	10	10	5	8
Entreprises nationales	..	..	..	..	10	10	5	8
Entreprises sous contrôle étranger	..	..	..	..	..	..	0	0
Succursales d'entreprises étrangères	..	..	..	..	..	..	..	..
Ensemble des entreprises	0	8	10	8	10	10	5	8
Non-vie	0	277	284	281	299	306	328	429
Entreprises nationales	..	..	..	..	299	306	328	429
Entreprises sous contrôle étranger	..	..	..	..	..	5	2	3
Succursales d'entreprises étrangères	..	..	..	..	..	..	..	..
Ensemble des entreprises	0	277	284	281	299	306	328	429
Total								
Entreprises nationales	3 694	4 209	5 735	5 507	6 552	7 865	9 240	10 087
Entreprises sous contrôle étranger	2 188	2 399	3 806	3 708	4 143	5 092	5 895	6 112
Succursales d'entreprises étrangères	8	12	19	20	24	26	30	44
Ensemble des entreprises	3 702	4 506	6 048	5 816	6 576	7 890	9 270	10 130

TURQUIE

Tableau 1. Agrégats sélectionnés *(suite)*

Millions TRY

	2011	2012	2013	2014	2015	2016	2017	2018
1.5 Opérations à l'étranger par succursale, primes brutes								
Vie								
Succursales et agences	..	..	..	..	..	..	..	..
Filiales	..	..	..	..	..	..	..	..
Total	..	..	..	..	..	..	..	..
Non-vie								
Succursales et agences	..	..	..	..	..	..	..	..
Filiales	..	..	..	..	..	..	..	..
Total	..	..	..	..	..	..	..	..
Mixtes								
Succursales et agences	..	..	..	..	..	..	..	..
Filiales	..	..	..	..	..	..	..	..
Total	..	..	..	..	..	..	..	..
dont :								
Vie	..	..	..	..	..	..	..	..
Succursales et agences	..	..	..	..	..	..	..	..
Filiales	..	..	..	..	..	..	..	..
Total	..	..	..	..	..	..	..	..
Non-vie	..	..	..	..	..	..	..	..
Succursales et agences	..	..	..	..	..	..	..	..
Filiales	..	..	..	..	..	..	..	..
Total	..	..	..	..	..	..	..	..
Total								
Succursales et agences	..	..	..	..	..	..	..	..
Filiales	..	..	..	..	..	..	..	..
Total	..	..	..	..	..	..	..	..

.. Non disponible

Note : Voir les métadonnées détaillées sur : *http://metalinks.oecd.org/ins/20200312/6e4f.*

Source : Statistiques de l'OCDE sur les assurances (base de données)

TURQUIE

Tableau 2. Nombre d'entreprises et d'employés

	2011	2012	2013	2014	2015	2016	2017	2018
2.1 Nombre d'entreprises								
Vie								
Entreprises nationales	24	23	24	25	23	22	22	22
Entreprises sous contrôle étranger	14	13	16	16	15	15	15	15
Succursales d'entreprises étrangères	..	0	..	0	..	0	0	..
Ensemble des entreprises	24	23	24	25	23	22	22	22
Non-vie								
Entreprises nationales	33	33	34	36	36	35	37	36
Entreprises sous contrôle étranger	23	22	22	24	22	23	23	20
Succursales d'entreprises étrangères	2	2	2	2	2	2	2	2
Ensemble des entreprises	35	35	36	38	38	37	39	38
Mixtes								
Entreprises nationales	..	0	..	0	..	0	0	0
Entreprises sous contrôle étranger	..	0	..	0	..	0	0	0
Succursales d'entreprises étrangères	..	0	..	0	..	0	0	0
Ensemble des entreprises	..	0	..	0	..	0	0	0
Réassurance								
Entreprises nationales	2	1	1	1	1	2	2	2
Entreprises sous contrôle étranger	..	0	..	0	..	1	1	1
Succursales d'entreprises étrangères	..	0	..	0	..	0	0	0
Ensemble des entreprises	2	1	1	1	1	2	2	2
Total								
Entreprises nationales	59	57	59	62	60	59	61	62
Entreprises sous contrôle étranger	37	35	38	40	37	39	39	38
Succursales d'entreprises étrangères	2	2	2	2	2	2	2	2
Ensemble des entreprises	61	59	61	64	62	61	63	62
2.2 Nombre d'employés								
Entreprises d'assurance	10 123	17 304	18 297	19 305	19 274	19 240	19 883	19 117
Intermédiaires	16 706	16 994	15 603	15 587	18 931	35 992	40 231	20 605
Total	26 829	34 298	33 900	34 892	38 205	55 232	60 114	39 722

.. Non disponible

Note : Voir les métadonnées détaillées sur : *http://metalinks.oecd.org/ins/20200312/6e4f.*

Source : Statistiques de l'OCDE sur les assurances (base de données)

ROYAUME-UNI

Tableau 1. Agrégats sélectionnés

Millions GBP

	2011	2012	2013	2014	2015	2016	2017	2018
1.1 Opérations d'assurance conclues dans le pays déclarant								
1.1.1 Opérations d'assurance, par intérêt								
Primes brutes								
Entreprises nationales	208 608	230 559	215 494	219 832	217 673	298 817	305 746	352 480
Entreprises sous contrôle étranger	60 570	75 289	69 361	57 959	58 471	..	..	..
Succursales d'entreprises étrangères	3 204	2 735	2 237	2 407	2 741	247	471	400
Ensemble des entreprises	211 811	233 294	217 731	222 239	220 414	299 064	306 217	351 620
Primes cédées								
Entreprises nationales	24 305	28 545	27 456	33 780	24 299	68 763	36 758	68 170
Entreprises sous contrôle étranger	7 946	8 285	9 270	11 048	10 801	0	..	..
Succursales d'entreprises étrangères	356	179	53	47	52	115	199	113
Ensemble des entreprises	24 661	28 724	27 509	33 827	24 351	68 878	36 957	68 283
Primes nettes émises								
Entreprises nationales	184 303	202 014	188 038	186 052	193 374	230 054	268 988	284 310
Entreprises sous contrôle étranger	52 623	67 004	60 091	46 911	47 670	..	..	..
Succursales d'entreprises étrangères	2 847	2 555	2 184	2 361	2 689	132	272	287
Ensemble des entreprises	187 150	204 570	190 222	188 412	196 062	230 186	269 260	283 337
1.1.2 Opérations d'assurance par risque à l'étranger, primes brutes								
Vie	..	..	..	..	..	..	..	..
Non-vie	..	..	..	..	..	..	..	..
Mixtes	..	..	..	..	..	..	..	..
dont :								
Vie	..	..	..	..	..	..	..	..
Non-vie	..	..	..	..	..	..	..	..
Total	..	..	..	..	..	..	..	..
1.1.3 Paiement par catégories d'assurance, primes brutes (vie)								
Rentes	31 964	..	20 899	22 295	17 278	..	..	..
Unit linked	98 203	..	112 727	114 296	117 452	..	..	..
Autre assurance vie	14 777	..	9 393	11 834	10 622	..	..	..
Total Assurance Vie	144 943	163 481	143 018	148 425	145 353	121 964	187 390	204 870
***dont :** Contrats de retraite*	125 482	143 813	104 333	132 542	128 601	..	..	..
1.1.4 Paiement par catégories d'assurance, primes brutes (non-vie)								
L'assurance automobile	12 786	12 643	12 133	12 069	12 883	18 956	16 564	15 520
Les assurances transport (y compris maritime et aérien)	3 513	3 634	3 805	3 098	2 604	9 395	9 610	10 636
L'assurance de fret	718	778	942	885	808	..	..	..
L'assurance incendie et des dommages aux bien	15 413	16 087	16 500	15 969	15 544	30 491	32 392	33 815
L'assurance des pertes pécuniaires	5 498	5 707	5 717	5 966	5 791	5 064	5 921	6 018
L'assurance de la responsabilité civile générale	8 561	8 750	10 218	10 503	10 000	16 201	16 585	18 635
Les assurances accidents et maladie	6 907	7 287	7 895	7 662	7 821	10 872	13 590	15 548
***dont :** Maladie*	..	..	..	..	..	8 287	7 817	11 055
Autres assurances non-vie	2 815	2 442	2 859	2 962	3 177	2 407	2 341	2 497
Réassurance obligatoire	..	..	..	..	..	..	..	..
Total assurance non-vie	56 212	57 328	60 070	59 206	58 936	93 387	97 003	102 669
1.2 Paiements bruts des sinistres								
Vie								
Entreprises nationales	162 040	166 655	166 084	161 503	172 514	131 443	227 698	263 732
Entreprises sous contrôle étranger	36 240	51 269	42 535	26 653	29 078	..	..	..
Succursales d'entreprises étrangères	5	4	-1	4	5	..	..	..
Ensemble des entreprises	162 044	166 658	166 083	161 507	172 518	131 443	227 698	263 732
Non-vie								
Entreprises nationales	31 223	30 566	33 152	32 079	30 897	30 260	32 185	30 902
Entreprises sous contrôle étranger	15 499	16 160	17 593	17 062	16 387	..	..	..
Succursales d'entreprises étrangères	2 082	1 785	1 405	1 469	1 871	43	..	280
Ensemble des entreprises	33 305	32 351	34 557	33 548	32 768	30 303	32 185	31 182
Mixtes								
Entreprises nationales	19 413	20 735	21 625	22 527	23 077	50 234	64 884	65 265
Entreprises sous contrôle étranger	1 006	615	754	2 170	2 734	..	..	..
Succursales d'entreprises étrangères	880	1 729	0	0	0	..	..	..
Ensemble des entreprises	20 293	22 464	21 625	22 527	23 077	50 234	64 884	65 265
dont :								
Vie	19 063	21 386	20 366	21 254	21 794	23 337	30 083	31 495
Entreprises nationales	18 219	19 657	20 366	21 254	21 794	23 337	30 083	31 495
Entreprises sous contrôle étranger	721	342	326	1 876	2 413	..	..	..
Succursales d'entreprises étrangères	845	1 729	0	0	0	..	..	..
Ensemble des entreprises	19 063	21 386	20 366	21 254	21 794	23 337	30 083	31 495
Non-vie	1 229	1 077	1 259	1 273	1 283	26 897	34 801	33 770
Entreprises nationales	1 194	1 077	1 259	1 273	1 283	26 897	34 801	33 770
Entreprises sous contrôle étranger	284	273	428	294	321	..	..	..
Succursales d'entreprises étrangères	35	0	0	0	0	..	..	..
Ensemble des entreprises	1 229	1 077	1 259	1 273	1 283	26 897	34 801	33 770
Total								
Entreprises nationales	212 675	217 956	220 861	216 108	226 488	211 938	324 767	359 899
Entreprises sous contrôle étranger	52 744	68 043	60 882	45 885	48 198	..	..	..
Succursales d'entreprises étrangères	2 967	3 517	1 404	1 474	1 875	43	..	280
Ensemble des entreprises	215 642	221 473	222 265	217 582	228 363	211 981	324 767	360 179

ROYAUME-UNI

Tableau 1. Agrégats sélectionnés *(suite)*

Millions GBP

	2011	2012	2013	2014	2015	2016	2017	2018
1.3 Commissions								
Vie								
Entreprises nationales	..	..	..	..	..	..	..	..
Entreprises sous contrôle étranger	..	..	..	..	..	..	..	..
Succursales d'entreprises étrangères	..	..	..	..	..	..	..	..
Ensemble des entreprises	..	..	..	..	..	..	..	..
Non-vie								
Entreprises nationales	..	..	..	..	..	..	..	..
Entreprises sous contrôle étranger	..	..	..	..	..	..	..	..
Succursales d'entreprises étrangères	..	..	..	..	..	..	..	..
Ensemble des entreprises	..	..	..	..	..	..	..	..
Mixtes								
Entreprises nationales	..	..	..	..	..	..	..	..
Entreprises sous contrôle étranger	..	..	..	..	..	..	..	..
Succursales d'entreprises étrangères	..	..	..	..	..	..	..	..
Ensemble des entreprises	..	..	..	..	..	..	..	..
dont :								
Vie								
Entreprises nationales	..	..	..	..	..	..	..	..
Entreprises sous contrôle étranger	..	..	..	..	..	..	..	..
Succursales d'entreprises étrangères	..	..	..	..	..	..	..	..
Ensemble des entreprises	..	..	..	..	..	..	..	..
Non-vie	..	..	..	..	..	..	..	..
Entreprises nationales	..	..	..	..	..	..	..	..
Entreprises sous contrôle étranger	..	..	..	..	..	..	..	..
Succursales d'entreprises étrangères	..	..	..	..	..	..	..	..
Ensemble des entreprises	..	..	..	..	..	..	..	..
Total								
Entreprises nationales	..	..	..	..	..	..	..	..
Entreprises sous contrôle étranger	..	..	..	..	..	..	..	..
Succursales d'entreprises étrangères	..	..	..	..	..	..	..	..
Ensemble des entreprises	..	..	..	..	..	..	..	..
1.4 Dépenses brutes d'exploitation								
Vie								
Entreprises nationales	6 488	6 511	6 453	6 694	6 794	8 085	3 332	8 978
Entreprises sous contrôle étranger	989	961	976	929	850	..	..	..
Succursales d'entreprises étrangères	1	1	0	1	1	..	..	..
Ensemble des entreprises	6 489	6 512	6 453	6 695	6 795	8 085	3 332	8 978
Non-vie								
Entreprises nationales	6 110	6 843	7 125	6 782	6 639	15 414	15 040	16 657
Entreprises sous contrôle étranger	2 921	3 168	3 589	3 549	3 562	..	..	..
Succursales d'entreprises étrangères	152	200	167	174	186	59	117	119
Ensemble des entreprises	6 262	7 044	7 292	6 956	6 825	15 474	15 103	16 776
Mixtes								
Entreprises nationales	1 936	1 856	1 978	2 127	2 325	16 675	18 958	18 816
Entreprises sous contrôle étranger	261	195	172	277	328	..	..	..
Succursales d'entreprises étrangères	79	22	0	0	0	..	..	..
Ensemble des entreprises	2 015	1 877	1 978	2 127	2 325	16 675	18 958	18 816
dont :								
Vie	1 751	1 637	1 736	1 874	2 038	3 140	2 574	2 916
Entreprises nationales	1 709	1 616	1 736	1 874	2 038	3 140	2 574	2 917
Entreprises sous contrôle étranger	156	102	91	185	211	..	..	..
Succursales d'entreprises étrangères	42	22	0	0	0	..	..	..
Ensemble des entreprises	1 751	1 637	1 736	1 874	2 038	3 140	2 574	2 916
Non-vie	264	240	242	252	287	13 535	15 088	15 899
Entreprises nationales	227	240	242	252	287	13 535	15 088	15 899
Entreprises sous contrôle étranger	105	94	82	92	117	..	..	..
Succursales d'entreprises étrangères	37	0	0	0	0	..	..	..
Ensemble des entreprises	264	240	242	252	287	13 535	15 088	15 899
Total								
Entreprises nationales	14 534	15 209	15 556	15 602	15 759	40 174	37 330	44 451
Entreprises sous contrôle étranger	4 171	4 324	4 737	4 754	4 740	..	..	..
Succursales d'entreprises étrangères	233	224	167	175	187	59	117	119
Ensemble des entreprises	14 767	15 433	15 723	15 777	15 946	40 234	37 393	44 570

ROYAUME-UNI

Tableau 1. Agrégats sélectionnés *(suite)*

Millions GBP

	2011	2012	2013	2014	2015	2016	2017	2018
1.5 Opérations à l'étranger par succursale, primes brutes								
Vie								
Succursales et agences	..	..	..	..	..	..	..	..
Filiales	..	..	..	..	..	..	..	..
Total	..	..	..	..	..	..	..	..
Non-vie								
Succursales et agences	..	..	..	..	..	..	..	..
Filiales	..	..	..	..	..	..	..	..
Total	..	..	..	..	..	..	..	..
Mixtes								
Succursales et agences	..	..	..	..	..	..	..	..
Filiales	..	..	..	..	..	..	..	..
Total	..	..	..	..	..	..	..	..
dont :								
Vie	..	..	..	..	..	..	..	..
Succursales et agences	..	..	..	..	..	..	..	..
Filiales	..	..	..	..	..	..	..	..
Total	..	..	..	..	..	..	..	..
Non-vie	..	..	..	..	..	..	..	..
Succursales et agences	..	..	..	..	..	..	..	..
Filiales	..	..	..	..	..	..	..	..
Total	..	..	..	..	..	..	..	..
Total								
Succursales et agences	..	..	..	..	..	..	..	..
Filiales	..	..	..	..	..	..	..	..
Total	..	..	..	..	..	..	..	..

.. Non disponible

Note : Voir les métadonnées détaillées sur : *http://metalinks.oecd.org/ins/20200312/d345.*

Source : Statistiques de l'OCDE sur les assurances (base de données)

ROYAUME-UNI

Tableau 2. Nombre d'entreprises et d'employés

	2011	2012	2013	2014	2015	2016	2017	2018
2.1 Nombre d'entreprises								
Vie								
Entreprises nationales	184	184	183	181	181	74	75	69
Entreprises sous contrôle étranger	15	15	15	14	14	..	..	..
Succursales d'entreprises étrangères	1	1	1	1	1	1	1	0
Ensemble des entreprises	185	185	184	182	182	75	76	69
Non-vie								
Entreprises nationales	242	234	227	214	209	168	165	153
Entreprises sous contrôle étranger	107	104	99	92	89	..	..	..
Succursales d'entreprises étrangères	16	15	10	12	7	13	11	12
Ensemble des entreprises	258	249	237	226	216	181	176	165
Mixtes								
Entreprises nationales	21	21	21	25	25	21	22	19
Entreprises sous contrôle étranger	7	7	7	8	8	..	..	..
Succursales d'entreprises étrangères	2	2	2	2	2	1	1	1
Ensemble des entreprises	23	23	23	27	27	22	23	20
Réassurance								
Entreprises nationales	31	31	30	29	26	16	19	17
Entreprises sous contrôle étranger	20	19	18	16	13	..	..	..
Succursales d'entreprises étrangères	2	2	2	2	3	0	0	1
Ensemble des entreprises	33	33	32	31	29	16	19	18
Total								
Entreprises nationales	478	470	461	449	441	279	281	258
Entreprises sous contrôle étranger	149	145	139	130	124	..	..	..
Succursales d'entreprises étrangères	21	20	15	17	13	15	13	14
Ensemble des entreprises	499	490	476	466	454	294	294	272
2.2 Nombre d'employés								
Entreprises d'assurance	..	..	..	..	..	..	..	..
Intermédiaires	..	..	..	..	..	..	..	..
Total	..	..	..	..	..	..	..	..

.. Non disponible

Note : Voir les métadonnées détaillées sur : *http://metalinks.oecd.org/ins/20200312/d345.*

Source : Statistiques de l'OCDE sur les assurances (base de données)

ÉTATS-UNIS

Tableau 1. Agrégats sélectionnés

Millions USD

	2011	2012	2013	2014	2015	2016	2017	2018
1.1 Opérations d'assurance conclues dans le pays déclarant								
1.1.1 Opérations d'assurance, par intérêt								
Primes brutes								
Entreprises nationales	2 154 120	2 278 908	2 289 259	2 430 627	2 619 954	2 702 786	2 835 259	2 631 364
Entreprises sous contrôle étranger	349 856	317 074	321 246	330 660	324 083	393 449	401 025	273 750
Succursales d'entreprises étrangères	731	909	662	696	1 129	1 007	1 034	920
Ensemble des entreprises	2 154 851	2 279 817	2 289 921	2 431 323	2 621 083	2 703 793	2 836 293	2 632 284
Primes cédées								
Entreprises nationales	560 386	601 133	657 662	609 531	713 961	743 307	810 265	429 234
Entreprises sous contrôle étranger	170 330	140 316	175 424	134 223	139 675	195 708	226 256	108 845
Succursales d'entreprises étrangères	254	298	275	287	252	260	274	307
Ensemble des entreprises	560 640	601 431	657 937	609 818	714 213	743 567	810 539	429 541
Primes nettes émises								
Entreprises nationales	1 593 733	1 677 776	1 631 597	1 821 096	1 905 993	1 959 479	2 024 995	2 202 129
Entreprises sous contrôle étranger	179 526	176 758	145 822	196 437	184 408	197 742	174 769	164 906
Succursales d'entreprises étrangères	478	611	387	409	877	747	760	613
Ensemble des entreprises	1 594 211	1 678 387	1 631 984	1 821 505	1 906 870	1 960 226	2 025 755	2 202 742
1.1.2 Opérations d'assurance par risque à l'étranger, primes brutes								
Vie	..	38 347	22 113	..	..	..	..	..
Non-vie	..	..	..	..	..	..	..	..
Mixtes total	..	..	..	..	..	..	..	..
Total	..	38 347	22 113	..	..	..	..	..
1.1.3 Paiement par catégories d'assurance, primes brutes (vie)								
Rentes	255 059	272 564	248 568	261 327	264 944	254 313	247 002	277 044
Unit linked	..	..	..	..	..	..	..	..
Autre assurance vie	811 561	557 259	533 515	527 280	561 674	581 948	612 083	632 578
Total assurance vie	1 066 620	829 823	782 083	788 607	826 618	836 261	859 085	909 623
***dont :** Contrats de retraite*	..	..	..	..	..	..	..	..
1.1.4 Paiement par catégories d'assurance, primes brutes (non-vie)								
L'assurance automobile	315 167	329 520	342 548	379 889	393 897	422 808	459 200	297 284
Les assurances transport (y compris maritime et aérien)	3 337	3 545	3 245	3 070	2 911	4 815	2 732	2 187
L'assurance de fret	28 836	31 107	33 819	36 319	39 175	41 305	43 059	30 091
L'assurance incendie et des dommages aux bien	215 618	224 336	232 328	243 389	248 174	250 765	258 294	174 853
L'assurance des pertes pécuniaires	34 165	34 967	35 133	33 690	36 271	38 699	41 003	36 874
L'assurance de la responsabilité civile générale	172 997	183 263	191 562	204 069	208 722	211 362	218 298	144 286
Les assurances accidents et maladie	516 841	550 291	566 173	646 938	714 394	761 509	799 804	803 339
***dont :** Maladie*	..	..	..	..	..	..	..	..
Autres assurances non-vie	3 018	3 179	3 505	3 780	3 728	3 921	4 493	3 716
Réassurance obligatoire	0	..	..	0	0	0	..	..
Total assurance non-vie	1 289 979	1 360 207	1 408 312	1 551 144	1 647 272	1 735 184	1 826 883	1 492 630
1.2 Paiements bruts des sinistres								
Vie								
Entreprises nationales	345 963	356 040	369 618	357 201	376 240	396 611	416 664	436 219
Entreprises sous contrôle étranger	61 430	66 275	66 267	69 748	68 967	79 082	86 000	92 293
Succursales d'entreprises étrangères	0	0	0	0	0	0	0	0
Ensemble des entreprises	345 963	356 040	369 618	357 201	376 240	396 611	416 664	436 219
Non-vie								
Entreprises nationales	3 355 889	920 214	917 856	980 750	1 077 317	1 145 423	1 228 757	1 055 839
Entreprises sous contrôle étranger	539 753	80 801	84 201	76 540	79 309	84 878	95 499	71 727
Succursales d'entreprises étrangères	2 253	723	234	240	359	504	609	649
Ensemble des entreprises	3 358 142	920 937	918 090	980 990	1 077 676	1 145 927	1 229 366	1 056 488
Mixtes, ensemble des entreprises	..	..	..	..	..	..	..	..
Total								
Entreprises nationales	3 701 852	1 276 254	1 287 474	1 337 951	1 453 557	1 542 034	1 645 421	1 492 058
Entreprises sous contrôle étranger	601 184	147 076	150 468	146 288	148 276	163 960	181 499	164 020
Succursales d'entreprises étrangères	2 253	723	234	240	359	504	609	649
Ensemble des entreprises	3 704 105	1 276 977	1 287 708	1 338 191	1 453 916	1 542 538	1 646 030	1 492 707
1.3 Commissions								
Vie								
Entreprises nationales	..	..	..	53 082	56 784	67 963	59 387	..
Entreprises sous contrôle étranger	..	..	..	11 165	10 339	10 639	10 700	..
Succursales d'entreprises étrangères	..	..	..	0	0	0	0	..
Ensemble des entreprises	..	..	..	53 082	56 784	67 963	59 387	..
Non-vie								
Entreprises nationales	..	..	..	..	..	..	..	..
Entreprises sous contrôle étranger	..	..	..	..	..	..	..	..
Succursales d'entreprises étrangères	..	..	..	..	..	..	..	..
Ensemble des entreprises	..	..	..	..	..	..	..	..
Mixtes, ensemble des entreprises	..	..	..	..	..	..	..	..
Total								
Entreprises nationales	..	..	..	53 082	56 784	67 963	59 387	..
Entreprises sous contrôle étranger	..	..	..	11 165	10 339	10 639	10 700	..
Succursales d'entreprises étrangères	..	..	..	0	0	0	0	..
Ensemble des entreprises	..	..	..	53 082	56 784	67 963	59 387	..

ÉTATS-UNIS

Tableau 1. Agrégats sélectionnés *(suite)*

Millions USD

	2011	2012	2013	2014	2015	2016	2017	2018
1.4 Dépenses brutes d'exploitation								
Vie								
Entreprises nationales	66 258	67 534	65 424	67 225	68 488	69 722	75 161	75 904
Entreprises sous contrôle étranger	9 782	9 962	9 814	10 285	9 952	11 175	11 838	12 374
Succursales d'entreprises étrangères	0	0	0	0	0	..	..	0
Ensemble des entreprises	66 258	67 534	65 424	67 225	68 488	69 722	75 161	75 904
Non-vie								
Entreprises nationales	239 829	250 270	261 844	281 766	298 911	308 839	310 003	343 131
Entreprises sous contrôle étranger	28 759	22 153	23 185	23 274	23 035	26 711	26 891	31 608
Succursales d'entreprises étrangères	283	312	165	194	410	354	360	300
Ensemble des entreprises	240 112	250 582	262 009	281 960	299 321	309 193	310 363	343 431
Mixtes, ensemble des entreprises	..	..	..	..	..	..	..	..
Total								
Entreprises nationales	306 087	317 804	327 268	348 991	367 399	378 561	385 164	419 035
Entreprises sous contrôle étranger	38 542	32 115	32 999	33 559	32 987	37 886	38 729	43 982
Succursales d'entreprises étrangères	283	312	165	194	410	354	360	300
Ensemble des entreprises	306 370	318 116	327 433	349 185	367 809	378 915	385 524	419 335
1.5 Opérations à l'étranger par succursale, primes brutes								
Vie								
Succursales et agences	..	..	..	..	..	..	..	..
Filiales	..	..	..	..	..	..	..	..
Total	..	..	..	..	..	..	..	..
Non-vie								
Succursales et agences	..	..	..	..	..	..	..	..
Filiales	..	..	..	..	..	..	..	..
Total	..	..	..	..	..	..	..	..
Mixtes total	..	..	..	..	..	..	..	..
Total								
Succursales et agences	..	..	..	..	..	..	..	..
Filiales	..	..	..	..	..	..	..	..
Total	..	..	..	..	..	..	..	..

.. Non disponible

Note : Voir les métadonnées détaillées sur : *http://metalinks.oecd.org/ins/20200312/af0b.*

Source : Statistiques de l'OCDE sur les assurances (base de données)

ÉTATS-UNIS

Tableau 2. Nombre d'entreprises et d'employés

	2011	2012	2013	2014	2015	2016	2017	2018
2.1 Nombre d'entreprises								
Vie								
Entreprises nationales	904	904	995	1 031	1 030	738	735	715
Entreprises sous contrôle étranger	168	162	156	158	158	168	157	157
Succursales d'entreprises étrangères	..	..	..	..	..	..	..	0
Ensemble des entreprises	904	904	995	1 031	1 030	738	735	715
Non-vie								
Entreprises nationales	3 426	3 428	3 425	3 404	3 185	3 205	3 419	3 430
Entreprises sous contrôle étranger	388	407	403	404	390	418	405	399
Succursales d'entreprises étrangères	8	9	11	9	13	19	13	14
Ensemble des entreprises	3 434	3 437	3 436	3 413	3 198	3 224	3 432	3 444
Mixtes, ensemble des entreprises	**0**	**0**	**0**	**0**	**0**	**0**	**..**	**..**
Réassurance								
Entreprises nationales	251	250	247	234	354	221	228	235
Entreprises sous contrôle étranger	73	62	65	64	76	52	44	48
Succursales d'entreprises étrangères	1	1	1	1	4	2	1	1
Ensemble des entreprises	252	251	248	235	358	223	229	283
Total								
Entreprises nationales	4 581	4 582	4 667	4 669	4 569	4 164	4 382	4 380
Entreprises sous contrôle étranger	629	631	624	626	624	638	606	604
Succursales d'entreprises étrangères	9	10	12	10	17	21	14	15
Ensemble des entreprises	4 590	4 592	4 679	4 679	4 586	4 185	4 396	4 442
2.2 Nombre d'employés								
Entreprises d'assurance	..	..	..	..	..	..	..	..
Intermédiaires	..	..	..	..	..	..	..	..
Total	..	..	..	..	..	..	..	..

.. Non disponible

Note : Voir les métadonnées détaillées sur : *http://metalinks.oecd.org/ins/20200312/af0b*.

Source : Statistiques de l'OCDE sur les assurances (base de données)

www.ingramcontent.com/pod-product-compliance
Lightning Source LLC
LaVergne TN
LVHW080655011026
849160LV00014B/1439
* 9 7 8 9 2 6 4 3 1 3 1 6 3 *